아이패드
드로잉&페인팅
with 프로크리에이트

디즈니, 블리자드,
넷플릭스에서 활약하는
프로 작가 8명의
기법을 모두 담았다!

3dtotal Publishing 지음
김혜연 옮김

이지스퍼블리싱

지은이 **3dtotal**Publishing

3dtotal Publishing은 1999년 톰 그린웨이가 설립한 CG 아티스트를 위한 웹 사이트 3dtotal.com의 자회사로, 전 세계에서 활약하는 업계 최고의 프로 작가들을 모아 책을 만듭니다. 상세한 가이드는 물론 프로젝트를 단계별로 알기 쉽게 설명해 프로 작가들의 창의성 높은 통찰력과 조언을 수록했습니다. 이와 더불어 프로크리에이트에 필요한 자료와 영상을 아낌없이 제공하며 독자들이 첫걸음을 뗀 순간부터 프로 작가의 길에 오르기까지 응원합니다. 또한 3dtotal Publishing은 2020년부터 숲을 다시 만드는 자선 단체들과 손을 잡고, 책이 한 권 팔릴 때마다 일정 액수를 기부하고 있습니다.

- 웹 사이트: 3dtotalpublishing.com

옮긴이 김혜연

고려대학교를 졸업하고 미국에서 다양한 장르의 책을 번역하고 있습니다. 이 책 《아이패드 드로잉&페인팅 with 프로크리에이트》의 전체 내용을 직접 따라 해 보면서 국내 독자들이 쉽게 읽을 수 있게 번역했습니다. 옮긴 책으로는 《감성 수채화》, 《감성 크레용》, 《프랑스 자수 스티치 A to Z 2》, 《바느질 A to Z》, 《소로의 메인숲》, 《팰컨》, 《북유럽 신화, 재밌고도 멋진 이야기》 등이 있습니다.

아이패드 드로잉&페인팅 with 프로크리에이트
— 디즈니, 블리자드, 넷플릭스에서 활약하는 프로 작가 8명의 기법을 모두 담았다!

초판 발행 | 2020년 9월 8일
초판 3쇄 | 2022년 6월 3일

지은이 | 3dtotal Publishing
옮긴이 | 김혜연
발행인 | 이지연
펴낸곳 | 이지스퍼블리싱(주)
출판사 등록번호 | 제313-2010-123호
주소 | 서울시 마포구 잔다리로 109 이지스빌딩 3층(우편번호 04003)
대표전화 | 02-325-1722 팩스 | 02-326-1723
홈페이지 | www.easyspub.co.kr 이메일 | service@easyspub.co.kr

총괄 • 최윤미 | 책임 편집 • 이희영 | 기획편집 1팀 • 임승빈, 이수경, 지수민 | 교정교열 • 박명희
표지 • 내지 디자인 및 편집 • 트인글터 | 인쇄 • 보광문화사 | 독자지원 • 박애림, 김수경
영업 및 교재 문의 • 이주동, 김요한(support@easyspub.co.kr)

BEGINNER'S GUIDE TO DIGITAL PAINTING IN PROCREATE
Copyright © 3dtotal Publishing
All rights reserved. No part of this book can be reproduced in any form or by any means, without the prior written consent of the publisher. All artwork, unless stated otherwise, is copyright © 2020 3dtotal Publishing or the featured artists. All artwork that is not copyright of 3dtotal Publishing or the featured artists is marked accordingly.
No part of this book may be used or reproduced in any manner whatever without written permission except in the case of brief quotations embodied in critical articles or reviews.

Korean Translation Copyright © 2020 by Easys Publishing
Korean translation rights arranged with 3dtotal.com Ltd Through BC Agency

- 잘못된 책은 구입한 서점에서 바꿔 드립니다.
- 이 책의 한국어판 저작권은 BC에이전시를 통해 저작권자와 독점계약을 맺은 이지스퍼블리싱㈜에 있습니다.
- 이 책은 허락 없이 복제할 수 없습니다. 무단 게재나 불법 스캔본 등을 발견하면 출판사나 한국저작권보호원에 신고하여 저작권자와 출판권자를 보호해 주십시오.
  (한국저작권보호원 불법복제 신고전화 1588-0910, https://www.copy112.or.kr).

ISBN 979-11-6303-184-0 13000
가격 20,000원

차례

첫째마당 | 기초 사용법 편 — 프로크리에이트 시작하기

- 들어가며_ 6
- 참여 작가 소개 & 갤러리_ 8
- 이 책의 구성과 활용법_ 14

- 01 • 첫 화면 익숙해지기_ 18
- 02 • 기본 설정과 캔버스 만들기_ 20
- 03 • 제스처_두 손을 자유롭게_ 28
- 04 • 브러시_드로잉 & 페인팅의 마술사_ 32
- 05 • 색상_다섯 가지 모드 활용하기_ 44

- 06 • 레이어_관리 방법 배우기_ 48
- 07 • 선택_내가 원하는 부분만!_ 56
- 08 • 변형_모양을 내 마음대로!_ 60
- 09 • 조정_다양한 효과_ 64
- 10 • 동작_알아 두면 편리한 옵션_ 72

일러두기 원저에서 프로크리에이트 4.0 버전을 기준으로 작성된 내용은 저자의 동의를 얻어 최신 프로크리에이트 5 버전에 맞춰 내용 추가 · 수정 편집하였습니다.

둘째마당 | 프로젝트 도전 편 — 전문 작가이 완성작 8가지 따라 그리기

11 · **동화** 동화 속 빨간 지붕 서점_ 80
12 · **인물 캐릭터** 귀엽고 사랑스러운 인물 캐릭터_ 98
13 · **판타지** 몽환적인 분위기가 나는 행성의 사막_ 114
14 · **애니메이션** 공상 만화에 나오는 상상의 동물_ 130
15 · **2D 아트** 구아슈 물감으로 그린 듯한 일러스트레이션_ 146
16 · **콘셉트 아트** 역동성과 속도감이 느껴지는 SF 우주선_ 164
17 · **풍경화** 걷고 싶은 숲속 풍경_ 180
18 · **영화 캐릭터** SF 영화의 외계 생명체 캐릭터_ 196

용어 해설 & 도구 설명_ 212
찾아보기_ 214

들어가며

프로크리에이트의 세계에 오신 것을 환영합니다! 디지털 드로잉&페인팅이 처음인 분도, 포토샵이나 다른 소프트웨어를 다양하게 써본 분도 환영합니다. 여러분 모두를 위해 이 책을 준비했으니까요.

프로크리에이트는 아이패드와 애플 펜슬로 디지털 드로잉과 페인팅을 하는 앱입니다(아이폰에서는 '프로크리에이트 포켓'이란 앱을 쓸 수 있어요). 프로크리에이트를 개발한 새비지 인터랙티브(Savage Interactive)사는 아티스트 커뮤니티에서 컴퓨터 그래픽(CG: computer graphic) 작가들과 소통해 왔습니다. 그 결과 매우 직관적이면서도 탁월한 디지털 소프트웨어가 탄생할 수 있었죠.

프로크리에이트는 접근하기 쉬운 메뉴와 반응성이 뛰어난 터치스크린 제스처 제어는 물론, 손끝에서 멋진 예술 작품을 탄생시키는 데 필요한 도구를 모두 갖추고 있습니다. 아이패드가 있다면 누구나 부담 없이 선택할 수 있는 앱이라는 점도 매력적이죠. 그 덕분에 프로크리에이트는 빠르게 퍼져 나가 일러스트레이션과 엔터테인먼트 업계에서 광범위하게 사용하는 앱이 되었답니다.

프로크리에이트는 아이패드에서 사용하는 앱인 만큼 집, 버스나 전철 안, 야외 등 언제 어디서나 그림을 그릴 수 있다는 점이 아주 이상적이에요. 애플 기기 전용 앱이라는 점은 컴퓨터에 소프트웨어를 설치하거나 하드웨어 호환 문제로 골치 아플 일도 없다는 뜻입니다. 앱스토어에서 한번 구입하고 나면 더 이상 신경 쓸 일이 없으니까요.

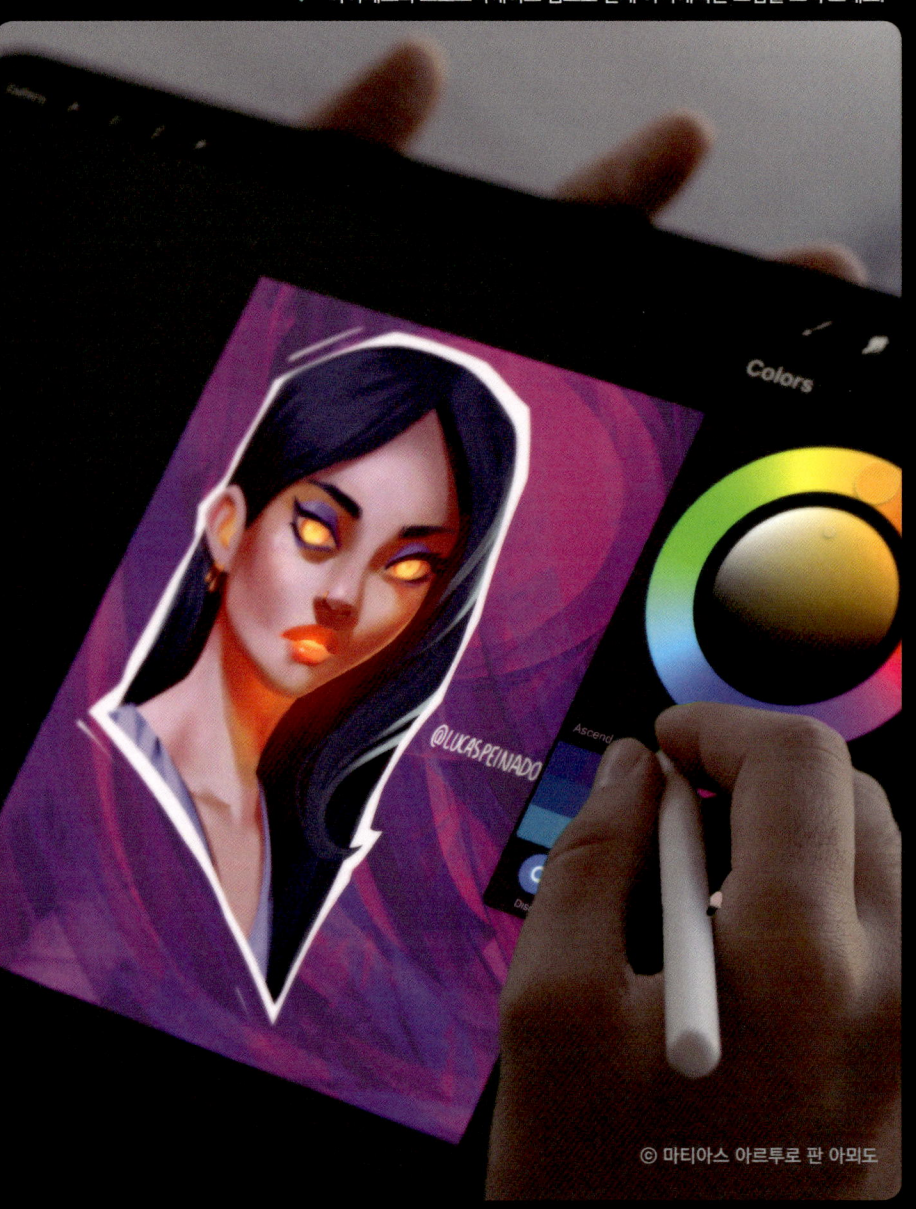

▼ 아이패드와 프로크리에이트 앱으로 언제 어디서든 그림을 그려 보세요.

© 마티아스 아르투로 판 아뫼도

애플 펜슬을 추천해요!

프로크리에이트에서는 애플 펜슬과 서드파티 스타일러스 펜(이하 줄여서 스타일러스 펜) 모두 사용할 수 있습니다. 스타일러스 펜도 쓰는 데 별 문제는 없지만 프로크리에이트를 최대한 활용하고 싶다면 애플 펜슬이 좋습니다. 애플 펜슬은 뛰어난 압력·기울기 감지 기능 덕분에 전통 회화 느낌까지 낼 수 있을 만큼 다양한 획을 만들어 최상의 결과를 기대할 수 있으니까요.

디지털 드로잉 & 페인팅이란?

컴퓨터 그래픽을 처음 경험하는 분을 위해 디지털 드로잉 & 페인팅이란 무엇인지 간단히 소개할게요. 개념을 알고 나면 스크린에 그림을 그릴 준비를 하는 데 도움이 될 거예요. 디지털 기기에서 특히 프로크리에이트 같은 소프트웨어를 사용해 그림을 그리는 것은 일반 미술 재료를 사용하는 전통 방식과 비슷한 점이 많지만, 작업의 흐름은 크게 다를 수 있습니다. 아마도 가장 눈에 띄는 점은 이미지가 보통 여러 레이어로 구성되고, 각 레이어가 어떻게 상호 작용을 할지 그림을 그리는 사람이 선택할 수 있다는 거예요.

예를 들어 물감을 덧칠하는 것처럼 한 레이어가 다른 레이어의 영향을 받도록 하고 싶을 때도 있고, 어떤 부분을 덮어서 가리는 것처럼 다른 레이어와 무관하게 작업하고 싶을 때도 있겠죠. 이렇게 레이어로 작업하면 각 구역과 작업 단계를 분리할 수 있어서 시간을 절약하고 독창적인 부분에 더 집중할 수 있습니다.

프로크리에이트에서는 나만의 브러시를 만들고 모양을 조절할 수도 있어요. 이미지 조정도 버튼 하나만 터치하면 됩니다. 따라서 일반 미술 재료를 사용할 때 경험할 수 없었던 융통성과 속도를 누릴 수 있습니다. 게다가 다양한 도구와 색을 한 자리에서 전부 쓸 수도 있어요. 바쁜 산업 현장에서 작업할 때는 물론, 외출했을 때에도 아주 편리하죠. 붓을 사용하고 나서 씻을 필요도 없고 종이가 망가질까 봐 걱정할 필요도 없답니다.

화면 위에서 그림을 그린다고 생각하면 처음에는 걱정될 수도 있지만 프로크리에이트의 설정은 직관적이어서 작업 과정이 이해하기 쉽고 재미있어요. 앱을 꾸준히 사용하고 많이 연습하는 것이 빨리 익숙해지는 지름길입니다.

그럼 이제 페이지를 넘겨서 어떻게 하면 이 책을 최대한 잘 활용할 수 있을지, 디지털 드로잉 & 페인팅의 세계를 탐험하는 여정에서 어떻게 하면 더 많은 것을 배울 수 있을지 알아보세요.

참여 작가 소개 & 갤러리

이지 버턴
Izzy Burton
프리랜서 디렉터 & 일러스트레이터 작가
izzyburton.co.uk

애니메이션과 일러스트레이션 분야에서 활동하는 프리랜서 디렉터 겸 작가입니다. 현재 패션 픽쳐스 스튜디오의 〈그린하우스〉에서 기획과 트러블메이커스 스튜디오에서 디렉터를 맡고 있고 브라이트 에이전시(Bright Agency)에서 일러스트레이터로 활동하고 있습니다. 단편 애니메이션 〈바이어(Via)〉의 디렉터를 담당했습니다.

▶ 프로젝트 실습 80쪽

▲ 프로젝트 실습 98쪽

아벨린 스토카트
Aveline Stokart
캐릭터 디자이너 & 코믹 북 작가
avelinestokart.com

캐릭터 디자이너 겸 코믹 북 작가입니다. 캐릭터 디자인과 새로운 세계를 만드는 일에 흥미를 갖고 몰두 중입니다. 벨기에 아트앤디자인 대학에서 3D 애니메이션을 공부했고 현재 프리랜서로 출판과 애니메이션 분야에서 여러 클라이언트와 협업하고 있습니다.

사무엘 인킬레이넨
Samuel Inkiläinen
프리랜서 2D 작가
samuelinkilainen.com

디지털 2D 아티스트입니다. 아날로그 수채 느낌이 섞인 환상적이고 몽환적인 분위기의 디지털 풍경화에 열정을 쏟고 있습니다.

▲ 프로젝트 실습 114쪽

참여 작가 소개 & 갤러리

니컬러스 콜
Nicholas Kole

프리랜서 캐릭터 디자이너 &
일러스트레이터 작가
nicholaskole.art

엔터테인먼트 분야에서 작가로 10년째 활동 중이며, 현재 아이패드와 프로크리에이트를 이용해 전업으로 용과 마법사를 그리고 있습니다. 디즈니, 드림웍스, 블리자드, 닌텐도, 워너브러더스, 리옷 등 다양한 클라이언트와 함께 작업했으며 가장 최근에는 비디오 게임 〈스파이로 리그나이티드 트릴로지(Spyro Reignited Trilogy)〉의 캐릭터 디자인을 담당했습니다.

▲ 프로젝트 실습 130쪽

▲ 프로젝트 실습 146쪽

맥스 울리치니
Max Ulichney
아트 디렉터 & MaxPacks 브러시
제작자 & 일러스트레이터
maxulichney.com

일러스트레이터이자 애니메이션 아트 디렉터입니다. 직접 개발한 Max-Packs 프로크리에이트 브러시가 전 세계적으로 사랑받는 것에 자부심을 가지고 있습니다. 현재 첫 어린이 책을 준비하고 있습니다.

도미니크 마이어
Dominik Mayer
프리랜서 콘셉트 작가 & 일러스트레이터
artstation.com/dtmayer

▲ 프로젝트 실습 164쪽

콘셉트 작가이자 일러스트레이터로, 다양한 비디오 게임, 보드 게임, 카드 게임, 영화 제작에 참여하고 있습니다. 새로운 우주, 독특한 세계, 환상적인 이야기와 디자인에 열정을 품고 창작에 몰두하고 있습니다.

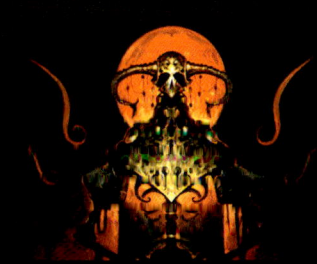

지모네 그뤼네발트
Simone Grünewald

프리랜서 일러스트레이터 &
캐릭터 디자이너
instagram.com/schmoe draws

인스타그램, 유튜브, 패트리온에서는 쉬뫼드라우즈(Schmoedraws)라는 아이디로 잘 알려져 있습니다. 10년 넘게 게임 업계에서 일하고 있으며 총 책임자에 이르기까지 작가로 활약했고 여러 게임에서 그래픽 디자인을 맡았습니다.

▲ 프로젝트 실습 180쪽

샘 나소르
Sam Nassour
아트 디렉터 & 비주얼 개발 작가
samnassour.com

애니메이션과 엔터테인먼트 업계에서 활약하는 아트 디렉터 겸 비주얼 개발 작가입니다. 카툰 네트워크, 디즈니 TV, 넷플릭스를 포함해 여러 스튜디오와 협업하고 있습니다. 최근 블루 주 스튜디오의 TV 시리즈 〈패딩턴〉에 참여했고 이스케이프 스튜디오에서 캐릭터 디자인 강의를 하고 있습니다.

▲ 프로젝트 실습 196쪽

루카스 페이나도르
Lucas Peinador
일러스트레이터 & 콘셉트 작가
lucaspeinador.com

비디오 게임 업계에서 일러스트레이터이자 콘셉트 아티스트로 활동하고 있습니다. 열정적인 콘텐츠 크리에이터로 작가 지망생들과 지식을 공유하고 그들을 참된 길로 이끌기 위해 노력하고 있습니다. 뛰어난 살사 댄서이기도 합답니다.

이 책의 구성과 활용법

이 책은 프로크리에이트를 처음 접하는 창작인을 위해 디지털 드로잉&페인팅 전문가들과 협력해서 만들었습니다.

첫째마당에서는 프로크리에이트의 전체 인터페이스를 간단히 살펴본 뒤 파일을 만들고 관리하는 방법을 알아봅니다. 이어서 손가락으로 터치 스크린을 자유롭게 사용하는 제스처를 비롯해 브러시, 색상, 레이어, 선택, 변형, 조정, 동작 등 프로크리에이트의 다양한 기능을 살펴볼 거예요. 화면을 바꾸는 각종 제스처와 디지털로 그림을 그릴 때 필요한 기법을 다루고, 어떻게 하면 작업 흐름에 이런 요소를 원활하게 적용할 수 있을지도 알아봅니다. 여기에서 소개하는 내용을 꼼꼼하게 읽고 여러 가지 도구를 사용해 보면서 익숙해지도록 연습해 보세요.

입문자를 위한 내용을 다 읽고 기초를 다졌다면, 그다음엔 **둘째마당**에서 프로젝트 8개를 살펴볼 차례입니다. 프로젝트에서는 폭넓은 주제와 스타일, 접근 방식을 만날 수 있습니다. 단계별 설명에서는 프로크리에이트에서 작품을 그리고 완성하는 방법을 배웁니다.

각 프로젝트의 첫머리에 제시한 '학습 목표'에서는 단계별로 배울 창의성 높은 기법을 한눈에 파악할 수 있습니다.

또, 이 책 전체에 걸쳐 등장하는 '아티스트의 팁' 코너에서는 창의적인 통찰력이나 실습하는 데 도움이 될 만한 소소한 조언 등을 얻을 수 있습니다. 끝으로 '용어 해설'과 '도구 모음'을 정리해 놓았습니다.

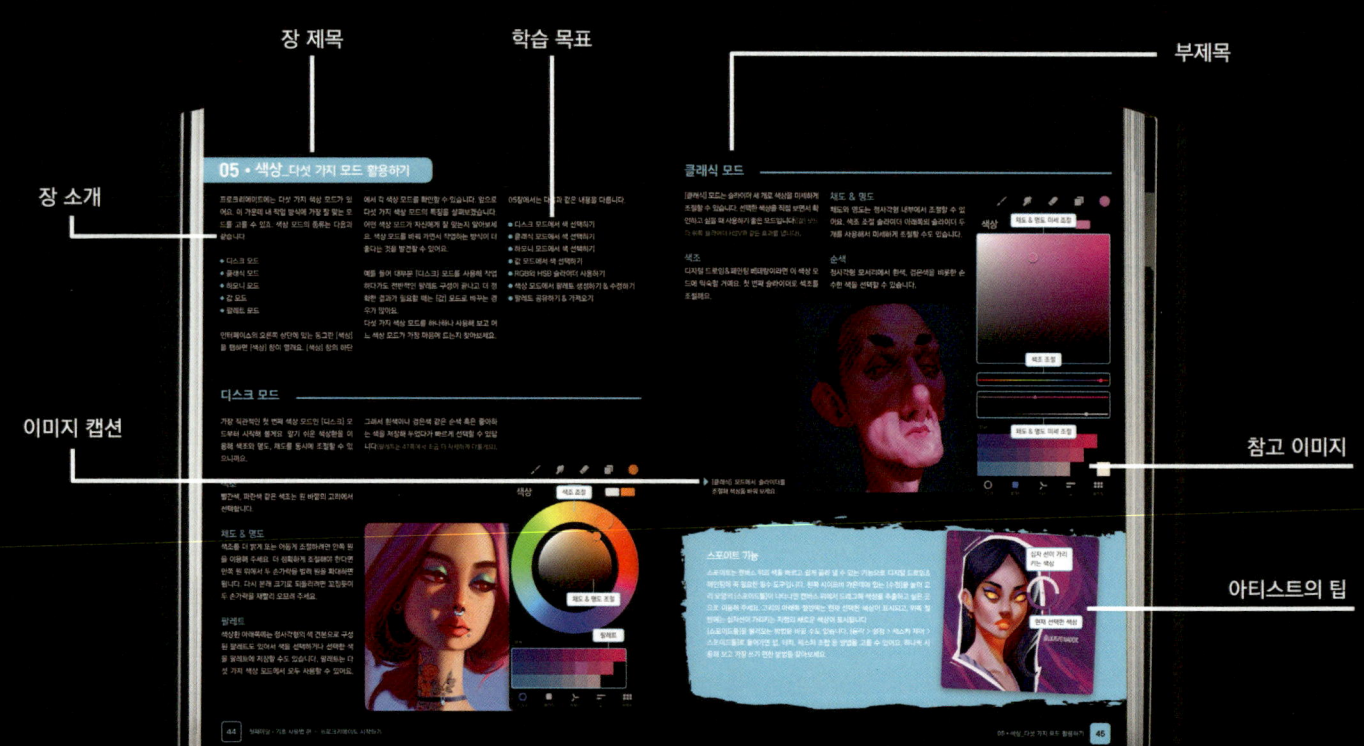

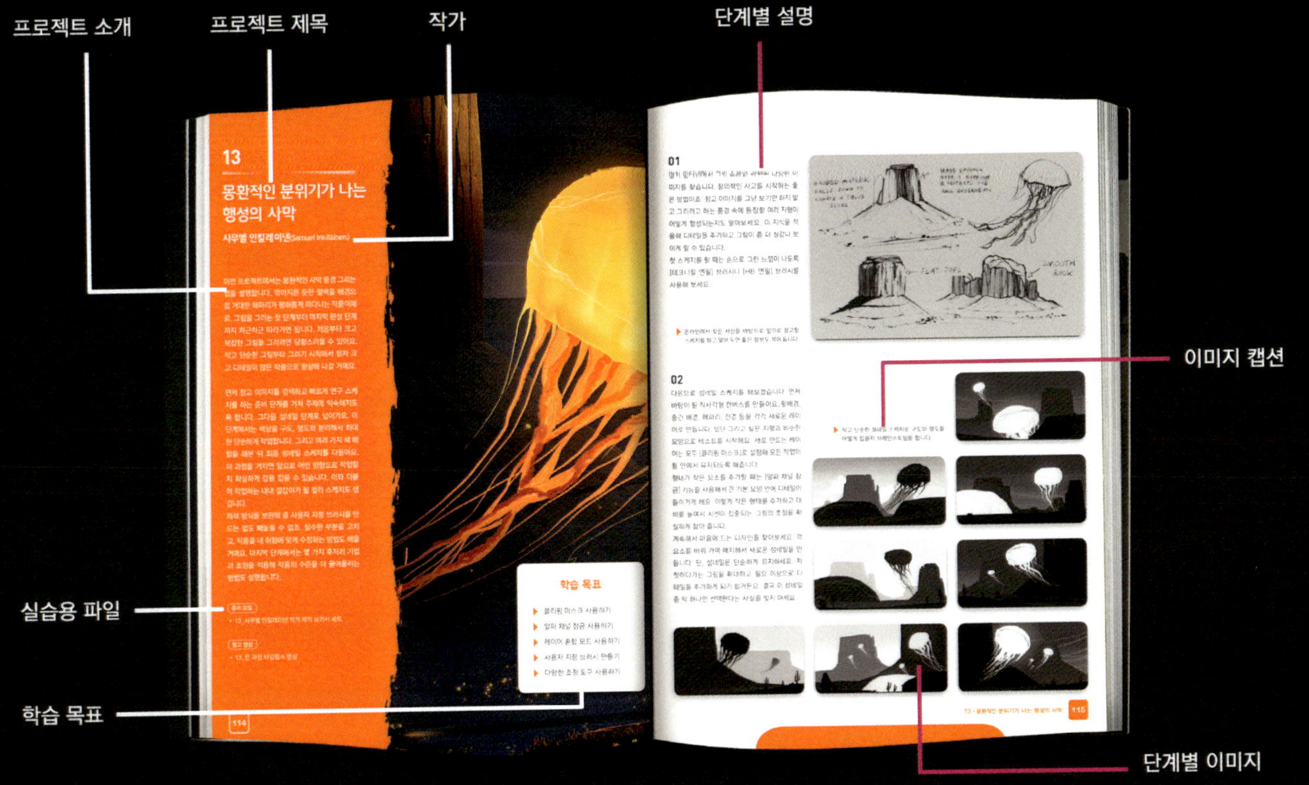

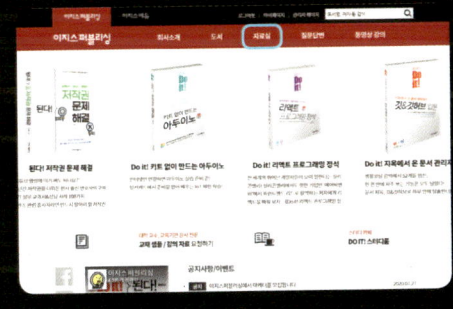

실습용 파일 내려받기

프로크리에이트를 배우는 데 어려움이 없도록 둘째마당 프로젝트에서 작가 8명이 사용한 실습용 파일을 제공합니다. 둘째마당 8개 프로젝트에서 사용한 사용자 지정 브러시와 전 과정을 기록한 타임랩스(time-laps) 영상, 스케치 이미지 등이 포함되어 있습니다.

프로젝트를 시작하기 전에 먼저 이지스퍼블리싱 홈페이지(www.easyspub.co.kr) 자료실에서 실습 파일을 내려받는 것을 잊지 마세요.

▶ 실습용 파일: 이지스퍼블리싱 홈페이지 (www.easyspub.co.kr) 자료실

꼭 확인하세요! 터치스크린 제스처

프로크리에이트에서는 손가락을 이용한 여러 가지 제스처로 특정한 기능을 사용할 수 있습니다. 노트북에서 마우스 대신 패드를 사용해 봤다면 쉽게 이해할 수 있을 거예요. 예를 들어 화면을 디치하는 것을 '탭'한다고 해요. 두 손가락으로 탭하면 실행 취소 기능이 작동해요(제스처는 03장에서 자세히 설명합니다). 제스처의 기능을 익히고 제대로 활용할 수 있도록 연습해 보세요.

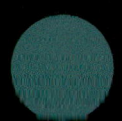

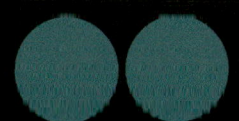

첫째마당 기초 사용법 편 – 프로크리에이트 시작하기

이 책에서 어떤 내용을 다룰지 짐작했을 거예요. 그럼 어떤 것부터 시작해야 할까요? 바로 프로크리에이트에서 제공하는 도구를 알아볼 차례예요. 이제 탭하고 스와이프하고 그림을 그리면서 살펴볼 준비를 하세요.

새 캔버스를 만들 때에도 유용한 옵션이 다양하다는 것을 알 수 있을 거예요. 그리고 이것을 시작으로 창의력을 최고로 끌어올릴 수 있는 여러 기능과 기법을 배웁니다. 작품을 관리하는 방법과 터치스크린을 빠르고 편리하게 사용하는 제스처부터 시작해서 브러시, 색상, 레이어, 효과 등 디지털 페인팅을 하는 데 필요한 지식을 모두 익힐 수 있답니다. 나만의 맞춤형 앱으로 설정하는 방법도 소개합니다.

이제 아이패드를 꺼내 아이 펜슬을 들고 실전 훈련을 시작해 볼까요? 내 손으로 멋진 디지털 아트를 완성하는 날이 금방 다가올 거예요.

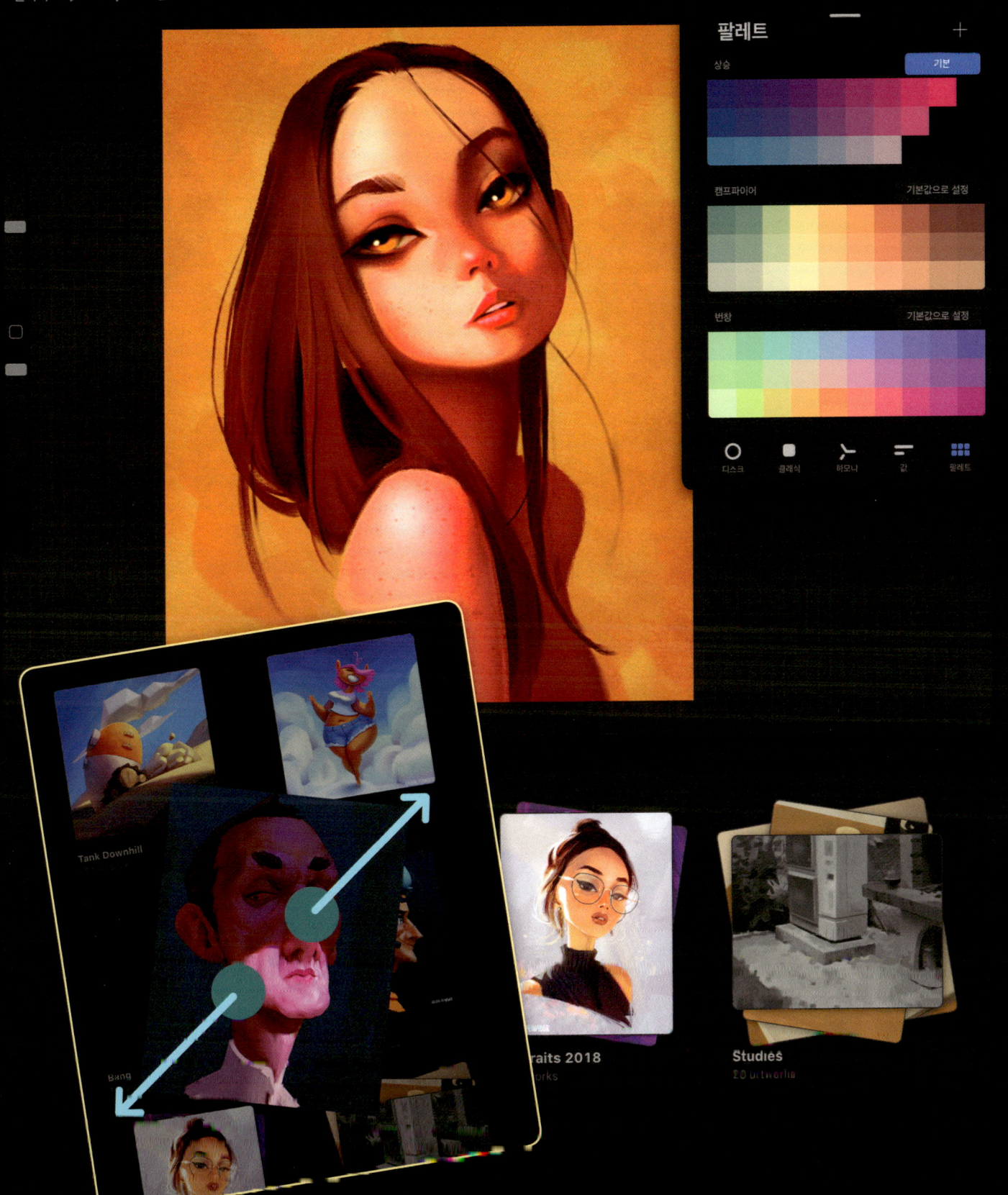

01 • 첫 화면 익숙해지기

01장에서는 다음과 같은 내용을 다룹니다.

- 사용자 인터페이스(UI)의 주요 구성 요소
- 갤러리와 캔버스 화면

프로크리에이트의 사용자 인터페이스(UI: user interface, 이하 인터페이스)를 살펴보겠습니다. 앱을 실행하면 맨 처음 나타나는 인터페이스 화면은 파일을 생성·관리할 수 있는 갤러리인데요. 프로크리에이트에서 제공하는 예시 이미지가 몇 개 보일 거예요.

갤러리 왼쪽 상단의 프로크리에이트 로고인 [Procreate]를 탭하면 소프트웨어 버전을 확인할 수 있습니다. 프로크리에이트는 추가 비용 없이 꾸준히 업데이트할 수 있어서 항상 최적화된 소프트웨어를 보장해 줍니다.

갤러리 오른쪽 상단에는 메뉴 4개가 있어요. 앞에서부터 [선택], [가져오기], [사진], ➕ 입니다. 즉, 파일 선택하기, 새로운 파일 불러오기, 아이패드나 사진 앱에서 사진 가져오기, 사용자가 지정한 크기로 새로운 캔버스 만들기를 할 수 있어요.

예시 이미지를 탭하거나 메뉴 중에서 ➕를 탭하면 새로운 캔버스를 만드는 화면이 나타납니다. 이곳에서 캔버스 크기를 지정할 수 있어요. 앞으로 프로크리에이트 앱을 쓰면서 시간을 가장 많이 보낼 곳이에요.

아이패드의 화면 회전을 고정해 두지 않았다면 가로, 세로 어느 방향으로든 그림을 그릴 수 있습니다. 인터페이스가 기기의 방향에 맞춰서 자동으로 조정됩니다.

▼ 프로크리에이트의 갤러리 화면에서는 사용자의 모든 작품을 볼 수 있어요.

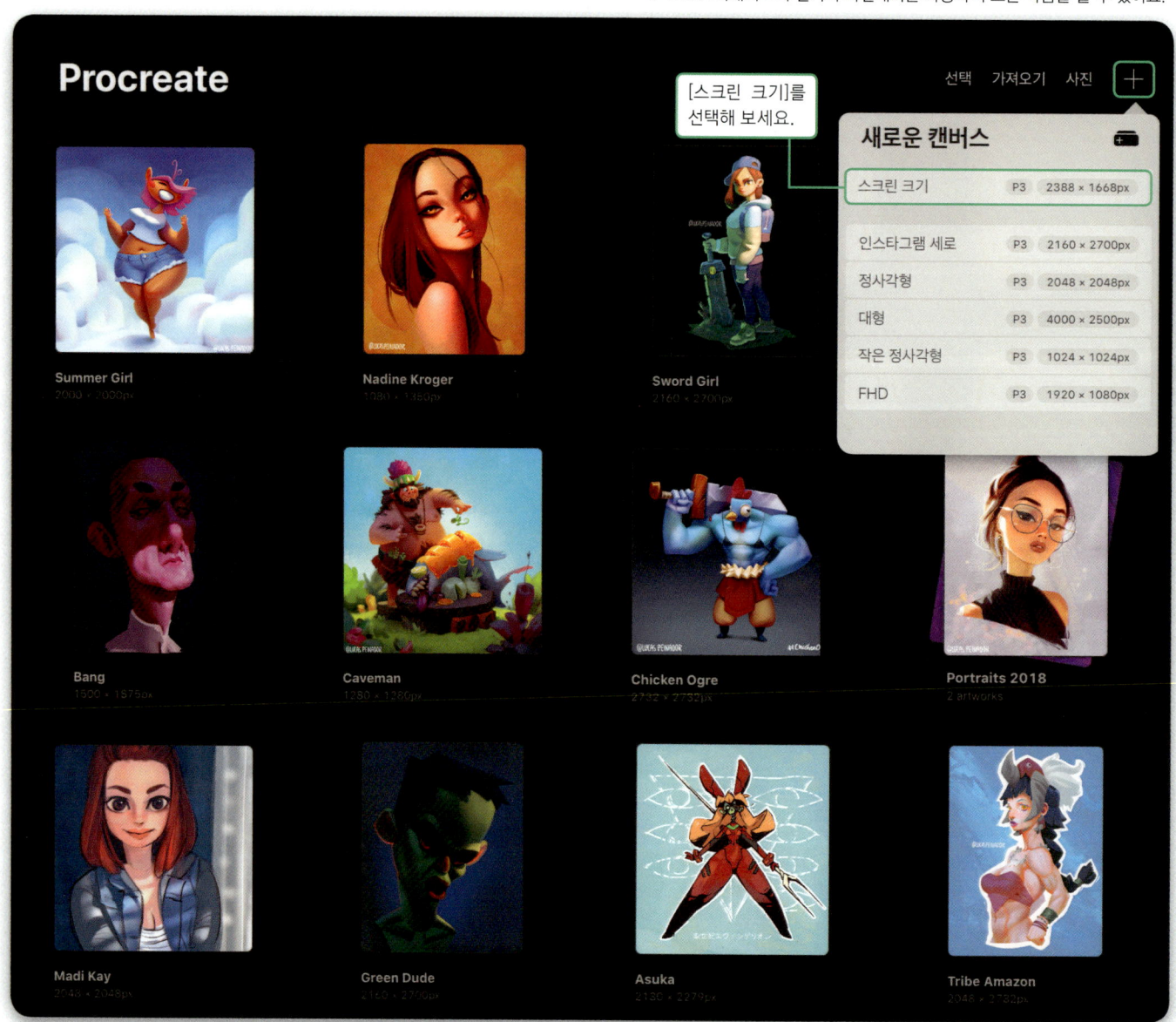

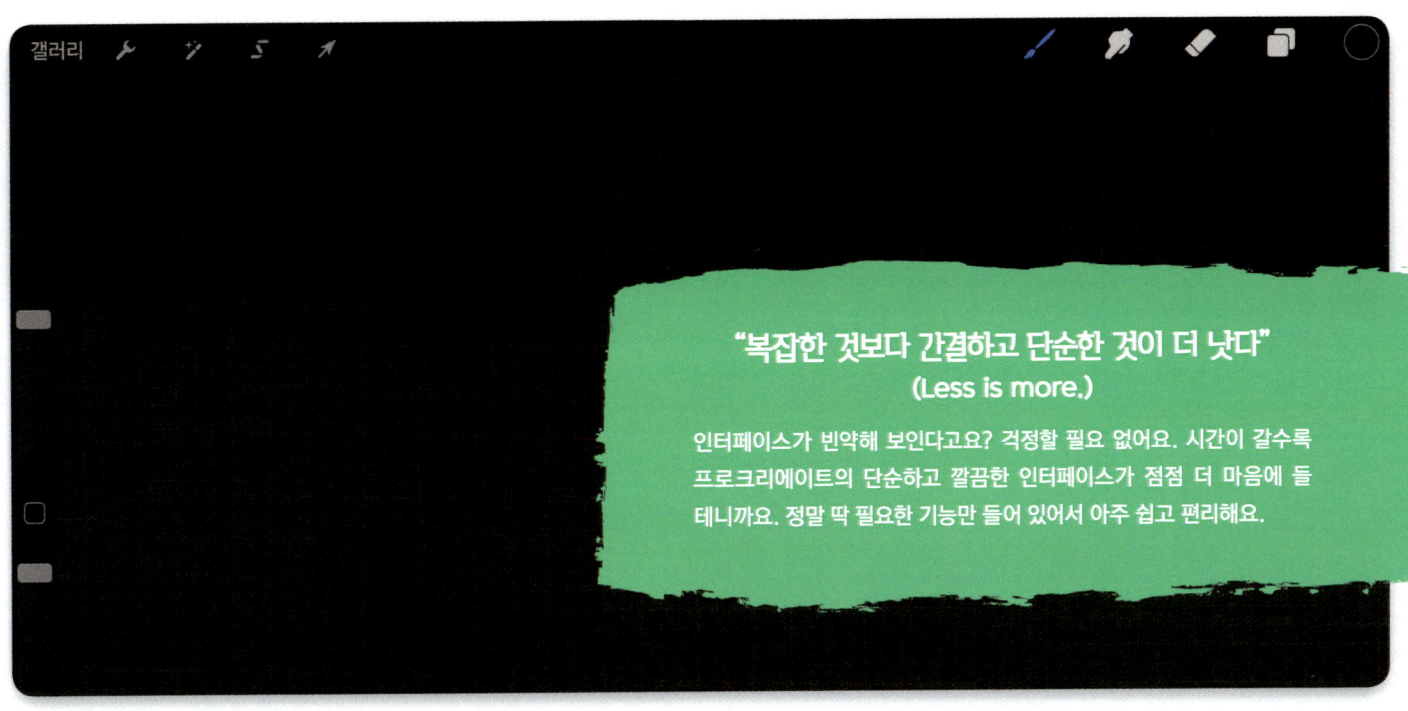

"복잡한 것보다 간결하고 단순한 것이 더 낫다"
(Less is more.)

인터페이스가 빈약해 보인다고요? 걱정할 필요 없어요. 시간이 갈수록 프로크리에이트의 단순하고 깔끔한 인터페이스가 점점 더 마음에 들 테니까요. 정말 딱 필요한 기능만 들어 있어서 아주 쉽고 편리해요.

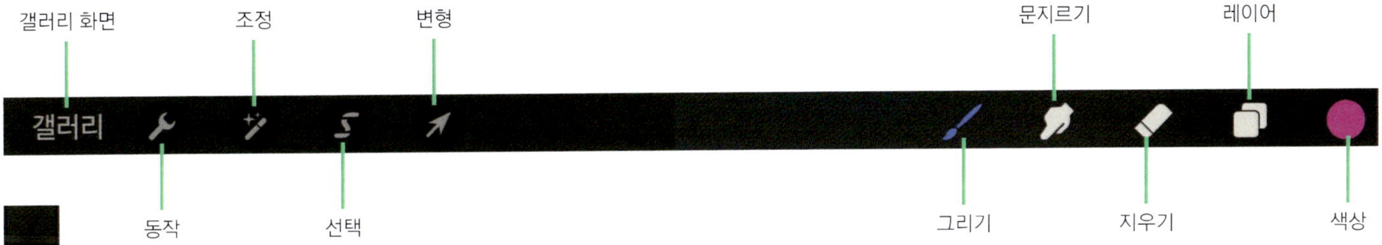

갤러리 화면	조정	변형		문지르기	레이어
	동작	선택	그리기	지우기	색상

- 브러시 크기 슬라이더
- 수정
- 브러시 불투명도 슬라이더
- 실행 취소
- 다시 실행

▲ 그림을 그릴 때 필요한 기능이 모두 들어 있어요.

왼쪽 사이드바

화면 왼쪽 사이드바에는 브러시의 불투명도(브러시를 사용했을 때 나타나는 색의 투명한 정도)와 크기를 조절하는 슬라이더가 있습니다. 편리한 [수정]은 35쪽에서 다시 설명할게요.
아래쪽에는 [실행 취소]와 [다시 실행]이 있어서 그림을 그리면서 이전 단계와 다음 단계를 왔다 갔다 할 수 있습니다.

상단 툴바

캔버스 화면이 나타나면 좌우 상단에 툴바가 보입니다. 왼쪽에는 갤러리로 돌아갈 수 있는 [갤러리]와 [동작], [조정], [선택], [변형]이 차례로 위치합니다. 이런 기능은 56쪽부터 첫째마당 끝까지 다룰 거예요.
상단 툴바 오른쪽에는 [그리기], [문지르기], [지우기]가 있고 다음으로 [레이어]와 [색상]이 위치합니다. 이 아이콘을 선택하면 관련된 창이 나타납니다(새로 뜨는 창에는 빠른 메뉴 [추가 콘텐츠], [설정], [옵션] 등이 있습니다). 예를 들어 [레이어]를 탭하면 [레이어] 창이 나타나죠.

01 · 첫 화면 익숙해지기

02 • 기본 설정과 캔버스 만들기

프로크리에이트의 기본 인터페이스에 익숙해졌다면 이제 그림을 그릴 새로운 캔버스를 설정해 보겠습니다. 그리고 갤러리 관리하는 방법을 살펴볼게요.

02장에서는 다음과 같은 내용을 다룹니다.

- 새로운 캔버스 생성하기
- 갤러리의 파일 삭제, 복제, 공유하기
- 작업할 파일 유형 선택하기
- 파일 순서 바꾸기
- 스택 기능으로 여러 파일 모으기
- 파일 미리보기 기능으로 빠르게 훑어보기
- 파일을 여러 개 선택해서 한번에 처리하기

Nadine Kroger
1080 × 1350px

새로운 캔버스 만들기

프리셋 사이즈
프로크리에이트에서 새로운 캔버스를 만드는 방법은 여러 가지가 있습니다. 빈 캔버스를 만들고 싶다면 화면 상단 오른쪽에 있는 ➕를 누르면 되는데요. 그러면 캔버스의 크기를 고를 수 있는 빠른 메뉴가 나타납니다.
이렇게 미리 정해 놓은 크기로 캔버스를 만들려면 선택하고 싶은 크기를 탭하기만 하면 됩니다. 그러면 곧바로 선택한 크기의 캔버스 화면이 열려요.

사용자 지정 캔버스
사용자가 원하는 크기로 캔버스를 만들 수도 있습니다. 새로운 캔버스 화면에서 오른쪽 상단의 ➕를 탭해 보세요. 캔버스의 너비와 높이, 픽셀의 밀도, 색상 모드 등을 설정할 수 있어요. 파일 이름도 새롭게 지정해 줄 수 있습니다.

설정을 모두 끝낸 뒤 마지막으로 오른쪽의 [창작]을 탭하기만 하면 캔버스 화면이 열립니다. 이렇게 한 번 설정한 사용자 지정 캔버스는 다음에 새로운 캔버스를 만들 때 옵션으로 나타나요.

파일 & 사진 가져오기
[가져오기]를 탭하면 아이패드의 파일 폴더나 아이클라우드, 구글 드라이브 등에서 파일을 가져올 수 있는 창으로 이동합니다. [사진]을 탭하면 아이패드의 사진 앱에 저장된 파일을 가져올 수 있죠. 스크린샷이나 아이패드로 촬영한 사진을 열고 싶을 때 유용해요.
이 두 기능을 더 빠르게 사용하고 싶다면 파일을 프로크리에이트 [갤러리]로 드래그하면 됩니다. 가져온 파일마다 새로운 캔버스가 만들어져요.

Caveman
1280 × 1280px

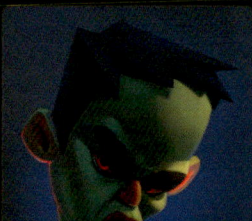

Sword Girl
2160 × 2700px

새로운 캔버스		
스크린 크기	P3	2048 × 1536px
사각형	sRGB	2048 × 2048px
4K	sRGB	4096 × 1714px
A4	sRGB	210 × 297mm
4 × 6 사진	sRGB	6" × 4"
종이	sRGB	11" × 8.5"
코믹	CMYK	6" × 9.5"

새로운 캔버스		
스크린 크기	P3	2388 × 1668px
인스타그램 세로	P3	2160 × 2700px
정사각형	P3	2048 × 2048px
대형	P3	4000 × 2500px
작은 정사각형	P3	1024 × 1024px
FHD	P3	1920 × 1080px

▲ 자주 사용하는 캔버스 크기를 저장해 두면 편리해요.

Chicken Ogre
2732 × 2732px

나만의 프리셋 만들기

자주 쓰는 해상도를 미리 프리셋으로 만들어 이름을 저장해 두면 편리해요. 크기가 같은 캔버스에서 픽업하는 일이 많은 경우에 이렇게 해 두면 작업을 본격적으로 시작하기 전 준비 작업을 할 때 시간을 절약할 수 있습니다.

파일 삭제, 복제, 공유하기

프로크리에이터에서는 파일을 삭제, 복제, 공유하기도 쉽습니다. 갤러리에 있는 파일 위에서 손가락을 왼쪽으로 쓸어 스와이프하면 [공유, 복제, 삭제]가 나타납니다.

삭제
옵션에서 [삭제]를 탭하면 파일이 지워집니다. 한번 삭제한 파일은 복구할 수 없으니 자주 신경써서 백업해 주세요.

복제
옵션에서 [복제]를 탭하면 파일의 복사본이 만들어집니다. 그림에 과감하게 변화를 주거나 각기 다른 버전으로 모두 보존하고 싶을 때 유용해요.

공유
마지막으로 옵션에서 [공유]를 탭하면 그림을 여러 파일 형식으로 내보낼 수 있습니다.

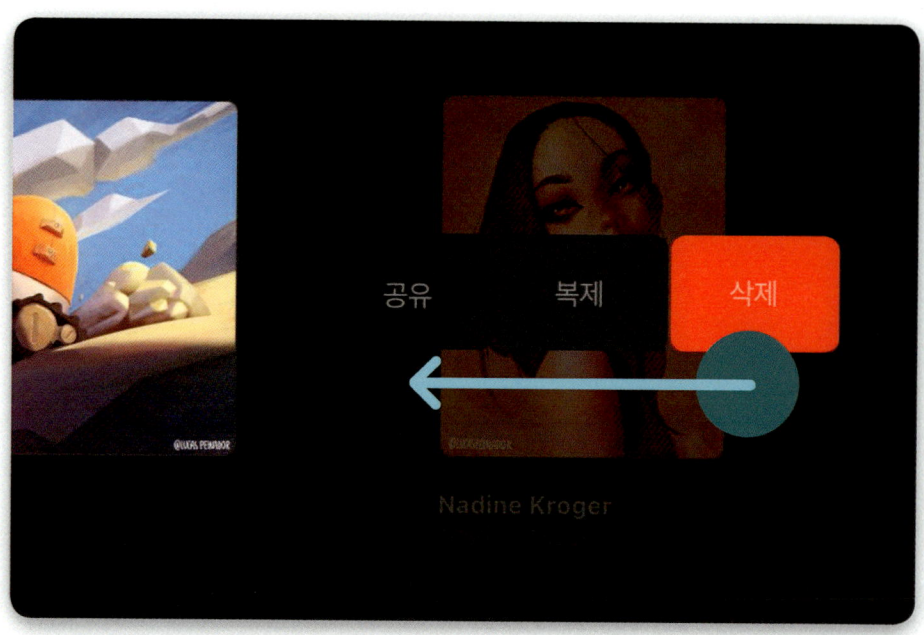

▲ 왼쪽으로 스와이프해서 파일을 공유, 복제, 삭제할 수 있어요.

지원하는 파일 형식

프로크리에이트는 고유의 PROCREATE 형식부터 포토샵의 PSD 포맷까지 다양한 파일 형식을 제공하여 점점 개방적인 소프트웨어로 발전해 왔습니다. 그럼 사용할 수 있는 파일 형식 몇 가지를 살펴보고 자신의 작품은 어떤 것이 적당한지 알아보세요.

PROCREATE
PROCREATE는 프로크리에이트 앱의 자체 파일 형식이에요. 따라서 프로크리에이트에서 다시 파일을 열어서 사용한다면 이 형식으로 내보내야 합니다. 레이어를 지원하는 것은 물론이고, 작업 과정을 타임랩스 영상으로 기록할 수 있다는 특징이 있어요.(자세한 내용은 10장 동작에서 설명합니다).

PSD & TIFF
PROCREATE 형식을 제외하고는 오직 PSD와 TIFF 형식만 레이어를 지원합니다. 레이어 정보를 보존하고 다른 소프트웨어에서 파일을 편집하고 싶다면 PSD와 TIFF 중에서 선택해 주세요.

PDF
PDF는 이미지를 인쇄할 때 좋습니다.

JPEG & PNG
JPEG와 PNG는 디지털로 파일을 공유할 때 좋은 파일 형식이에요. JPEG와 달리 PNG는 투명도를 지원합니다. 그러므로 투명한 배경이 필요할 때는 PNG를 선택해 주세요.

레이어 공유
프로크리에이트를 사용하는 또 다른 이유는 레이어 공유 파일을 아주 손쉽게 바로 내보낼 수 있기 때문입니다. 뿐만 아니라 내 파일의 레이어를 애니메이션의 프레임으로 해석할 수도 있어요. 재생 속도도 선택할 수 있고, 전체 해상도로 파일을 내보낼지 아니면 웹에 최적화된 해상도로 내보낼지 선택할 수 있습니다. 이렇게 애니메이션으로 내보내기를 할 수 있는 파일 형식은 다음과 같습니다

- ◆ **움직이는 GIF**: 브라우저에서 폭넓게 지원하지만 이미지 품질이 저하됩니다.
- ◆ **움직이는 PNG**: 이미지 품질은 좋지만 지원하는 브라우저가 많지 않습니다.
- ◆ **동영상 MP4**: 반복 재생되는 애니메이션 이미지 파일이 아니라 영상으로 내보낼 때 선택합니다. 단, 투명도는 지원하지 않아요.

▼ [이미지 형식]에는 완성한 작품을 내보낼 수 있는 다양한 옵션이 있어요.

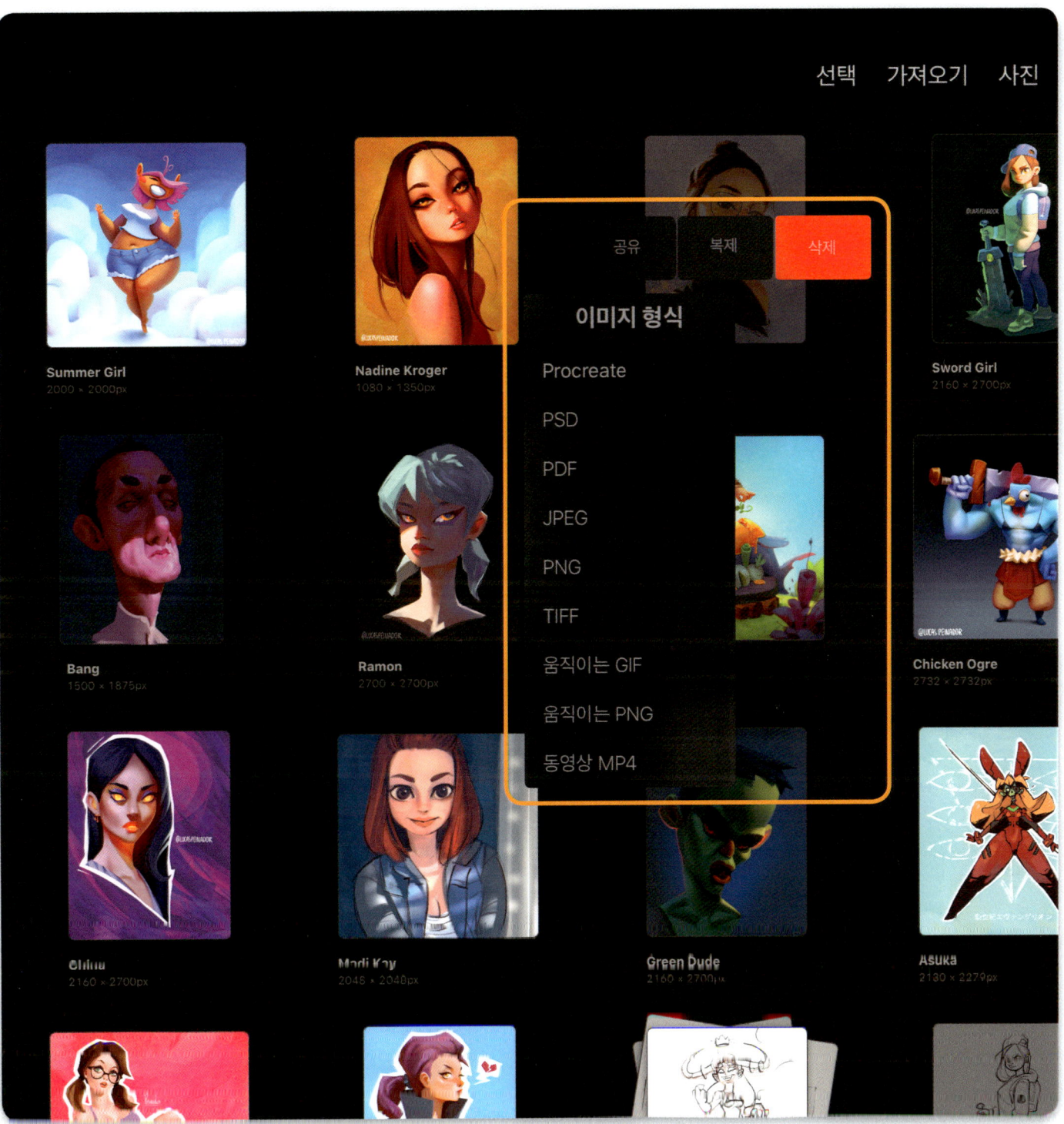

02 · 기본 설정과 캔버스 만들기

파일 정리 & 파일 이름 바꾸기

그림을 몇 개 그리고 나면 갤러리가 좀 어수선해 보일 수 있어요. 다행히 프로크리에이트에는 파일을 쉽게 정리하는 기능이 들어 있습니다. 파일의 순서와 이름을 바꿀 수도 있고, [갤러리] 화면에서 바로 여러 파일을 모을 수도 있어요.

스택으로 파일 정리하기

파일 순서를 바꾸려면 선택한 파일을 터치한 채 원하는 위치로 드래그하면 됩니다.
선택한 파일을 다른 파일 위로 끌어서 놓으면 파일 모음인 스택이 만들어져요. 스택은 갤러리를 정리하고 사용자가 원하는 파일을 빨리 찾을 수 있는 편리한 기능을 제공해요.
이처럼 스택은 파일처럼 다룰 수 있고, 스택에 파일을 쉽게 넣고 뺄 수 있다는 장점이 특징이에요.

파일 이름 바꾸기

갤러리를 정리된 상태로 유지하려면 파일과 스택의 이름을 지정하는 것이 중요해요. 파일이나 스택의 이름을 탭하기만 하면 키보드가 나타나고 새로운 이름을 입력할 수 있습니다.

▼ 파일을 길게 누르면서 드래그하면 위치를 바꿀 수 있어요. 이때 파일을 다른 이미지 위로 끌어다 놓으면 스택이 만들어져요.

Nadine Kroger
1080 × 1350px

Maymay 3

Caveman
1280 × 1280px

Ramon
2700 × 2700px

China

Madi Kay

Green Dude

미리보기

미리보기는 그림 파일을 각각 열지 않아도 먼저 전체 화면으로 보여 주는 기능입니다. 예를 들어 작업한 이미지를 하나하나 내보내지 않고 포트폴리오로 한꺼번에 보여 주고 싶을 때 편리한 기능이죠. [갤러리] 화면에서 바로 미리보기를 할 수 있으니까요.

파일 위에서 두 손가락을 벌리면 작품의 미리보기 화면이 열립니다. 왼쪽이나 오른쪽으로 스와이프하면 갤러리에 있는 모든 파일을 슬라이드 쇼로 볼 수 있어요.

이 기능은 다음과 같이 활용해도 좋아요. 먼저 보여 주고 싶은 파일을 모아 스택을 만든 뒤, 스택 안에서 미리보기 화면을 열어 보세요. 그러면 스와이프했을 때 선택한 스택에 포함된 파일만 보여 줄 수 있답니다.

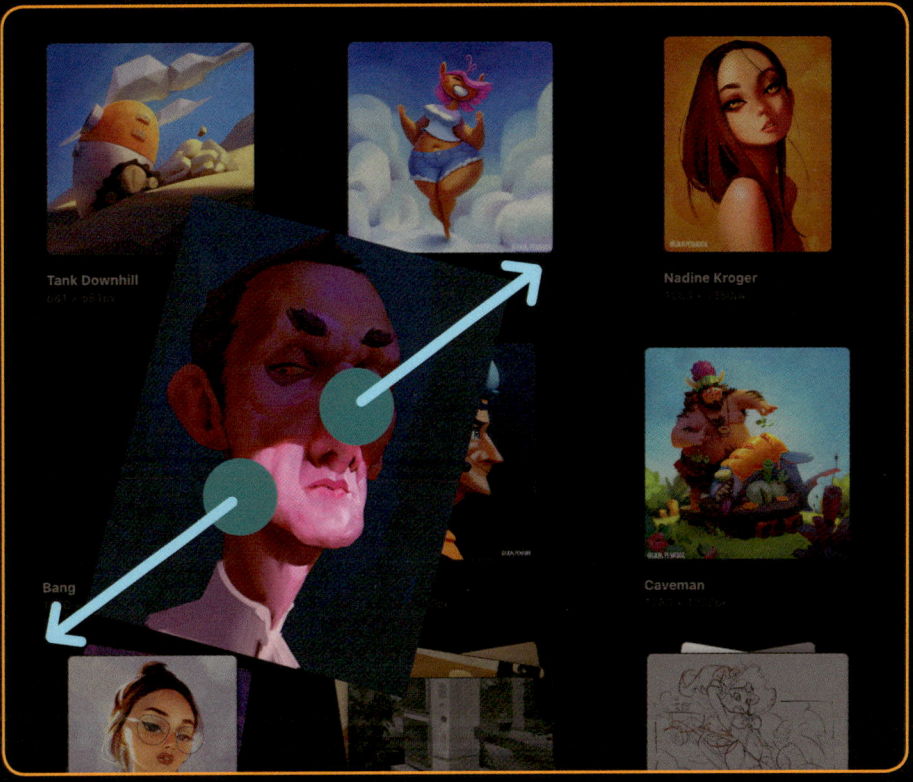

▶ 파일을 열지 않고 확대만 해도 미리보기를 할 수 있어요.

▼ 작품을 스택으로 관리하면 쉽게 찾을 수 있어요.

갤러리 정리하기

'중간 과정 이미지(wip: work-in-progress)' 스택이나 정물화만 모아 놓은 '스터디' 스택, 모델을 스케치해서 모아 놓은 '라이프 드로잉' 스택 등 나만의 기준으로 스택을 만들고 이름을 붙여서 갤러리를 정리해 보세요.

스택을 '스케치', '완성작' 등으로 분류해도 좋습니다. 갤러리를 깔끔하게 정리하고 작품을 쉽고 빠르게 찾고 싶다면 스택을 잘 활용해 보세요.

선택

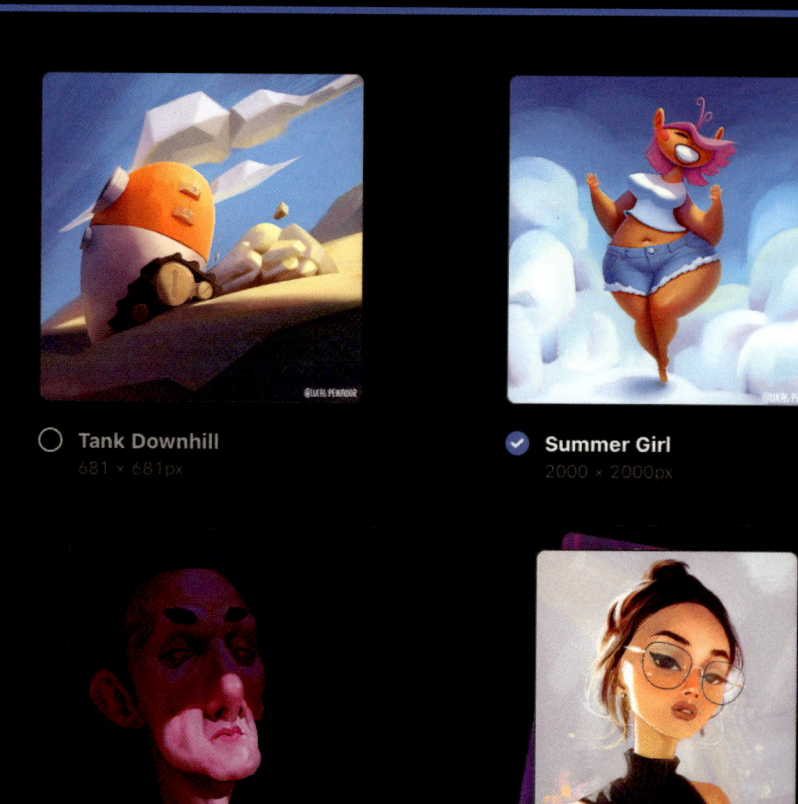

같은 기능을 여러 파일에 한꺼번에 적용하고 싶다면 갤러리 오른쪽 상단에 있는 [선택]을 이용하세요. 그러면 파일을 여러 개 선택해서 다음과 같은 작업을 할 수 있습니다.

- 스택 만들기
- 미리보기
- 공유
- 복제
- 삭제

[선택]은 여러 파일을 빠르게 스택으로 만들거나 갤러리 전체 이미지를 온라인 또는 다른 기기에 백업할 때에도 아주 유용해요.

이미지 회전하기

프로크리에이트에는 갤러리에서 그림의 방향을 곧바로 회전시키는 기능이 있어 매우 실용적입니다. 예를 들어 세로 방향 그림을 그리고 나서 갤러리로 돌아가 보면 가로 방향으로 나올 때가 있는데요. 이럴 경우 미리보기 역시 가로 방향으로 나옵니다. 그림을 그릴 때와 같은 방향으로 나오게 하려면 갤러리에서 이미지를 두 손가락으로 선택해서 원하는 방향으로 돌려 보세요. 이미지가 세로 방향으로 바뀔 거예요. 번거롭게 캔버스 화면으로 돌아가서 처리하지 않아도 되므로 이미지 방향을 재빨리 바꾸고 싶을 때 편리한 기능입니다.

▲ 갤러리에서 이미지를 선택해 곧바로 회전시킬 수 있어요.

스택   미리보기   공유   복제   삭제   ✕

Nadine Kroger
1080 × 1350px

Sword Girl
2160 × 2700px

Ramon
2700 × 2700px

Caveman
1280 × 1280px

Chicken Ogre
2732 × 2732px

Maymac
2160 × 2700px

Wip
4 artworks

Figure Drawing
2 artworks

Madi Kay
2040 × 2040px

▲ [선택] 기능을 이용해 여러 파일을 한꺼번에 관리할 수 있어요.

03 • 제스처 _ 두 손을 자유롭게

지금까지 갤러리를 알아봤으니 이제 작업 화면인 캔버스를 살펴볼게요.
프로크리에이트가 다른 소프트웨어와 차별화되

이와 같이 제스처는 프로크리에이트로 작업할 때 꼭 필요한 기능이에요. 이제부터 제스처의 다양한 기능을 하나하나 자세히 알아보겠습니다.

실행 취소 & 다시 실행

[실행 취소]와 [다시 실행]은 모든 컴퓨터 그래픽 소프트웨어에서 작업할 때 꼭 필요한 명령입니다. [실행 취소]는 작업 과정 중 이전 단계로 돌아가게 하고, [다시 실행]은 실행 취소된 것을 다시 실행하는 기능이에요. 아이패드에서는 두 기능 모두 제스처로 간단히 동작시킬 수 있습니다(아이패드에 키보드를 별도로 연결해 사용할 때도 두 기능 모두 몇 가지 단축키로 지정해 사용할 수 있습니다).

실행 취소

작업을 하다가 이전 단계로 돌아가고 싶다면 화면을 두 손가락으로 탭해 주세요.

다시 실행

실행 취소된 것을 다시 실행하려면 화면을 세 손가락으로 탭해 주세요.

여러 단계 처리하기

여러 단계를 실행 취소하거나 다시 실행하고 싶다면 화면을 길게 눌러 주세요.

▼ 한 단계 실행 취소하려면 두 손가락으로 탭하고, 다시 실행하려면 세 손가락으로 탭해요.

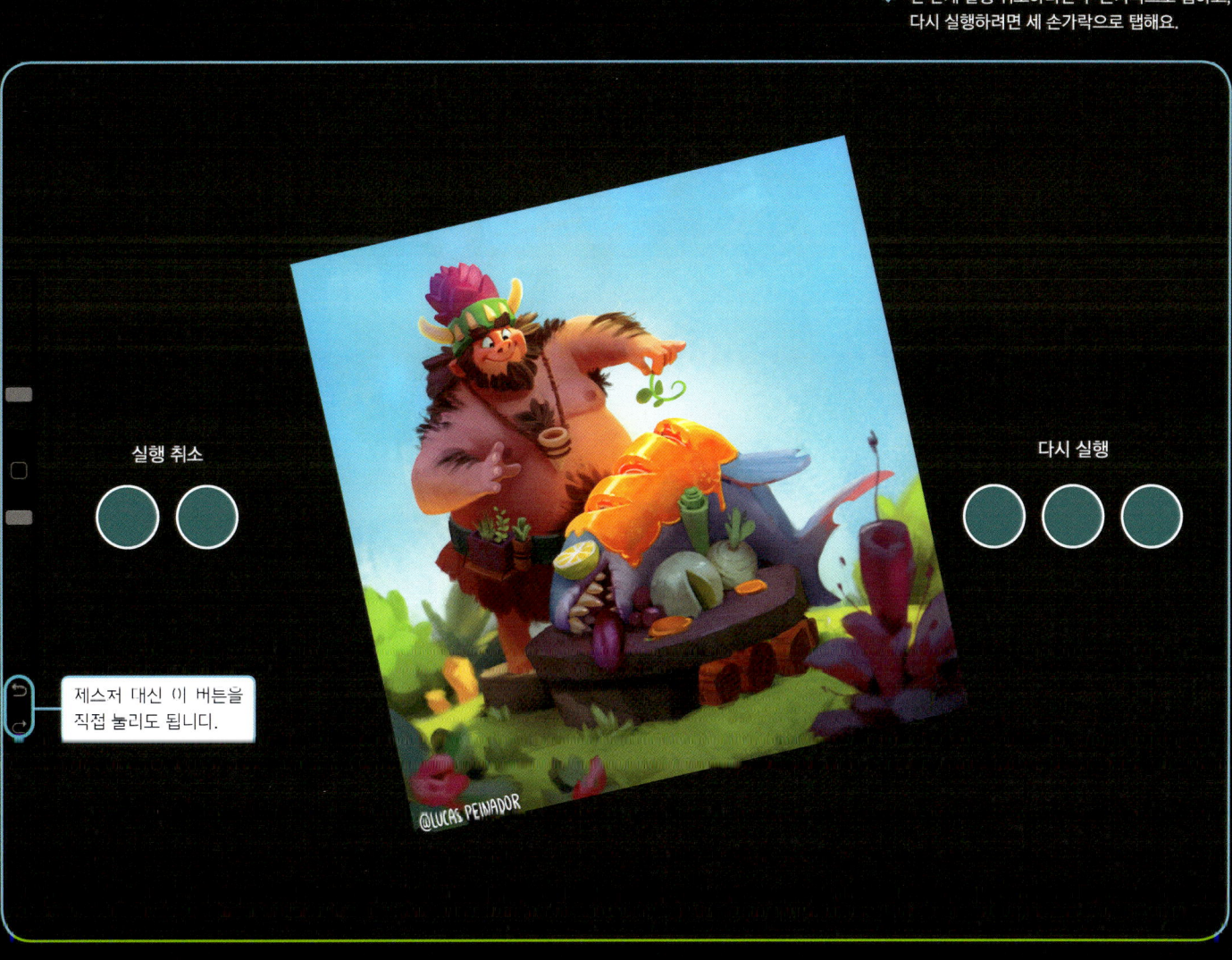

제스처 대신 이 버튼을 직접 눌러도 됩니다.

복사하기 & 붙여넣기

세 손가락으로 캔버스 위를 빠르게 쓸어내리면 그림을 자르고 붙여 넣거나 복사할 수 있는 옵션이 나타납니다.

잘라내기
현재 레이어에서 선택한 부분을 잘라내 어디든 원하는 곳에 붙여 넣을 수 있습니다.

복사하기
[잘라내기]와 같은 방식으로 선택한 부분을 복제할 때 사용합니다(선택하는 방법은 07장 선택에서, 레이어는 06장 레이어에서 다룹니다). 만약 선택한 부분이 없다면 현재 레이어 전체가 복사됩니다. 복사한 다음에는 [붙여넣기]를 이용해 캔버스에 추가할 수 있어요. [붙여넣기]는 다른 파일은 물론이고 다른 앱에서도 가능합니다.

모두 복사하기
레이어 구분 없이 현재 파일에서 눈에 보이는 모든 것을 복사합니다.

붙여넣기
[잘라내기]나 [복사하기]는 대부분 다른 레이어에 곧바로 붙여 넣으려고 사용하므로 두 가지 동작을 한 번에 실행할 수 있는 기능도 함께 있어요. [잘라내기 및 붙여넣기], [복사하기 및 붙여넣기]도 적응하면 정말 편리합니다.

모든 레이어 복사하기

[모두 복사하기]를 선택하면 모든 레이어의 내용을 복사해서 하나로 통합한 새로운 레이어로 붙여 넣을 수 있습니다. 이때 기존 레이어는 그대로 남아 있어요. 이 기능은 작업을 하다가 다른 사람과 공유하거나 나중에 참고할 수 있도록 병합한 중간 과정 이미지(wip)를 남기고 싶을 때 사용하면 편리해요.
이와 비슷한 방법으로 레이어를 그룹으로 묶어서 복제한 뒤 새로운 그룹에서 작업을 계속해도 됩니다. [모두 복사하기]는 파일을 저장할 때와 같은 목적으로 활용할 수 있는데, 이렇게 하면 레이어도 모두 보존할 수 있어요. 단, 레이어의 개수를 많이 사용해서 복잡해지지 않도록 주의하세요.

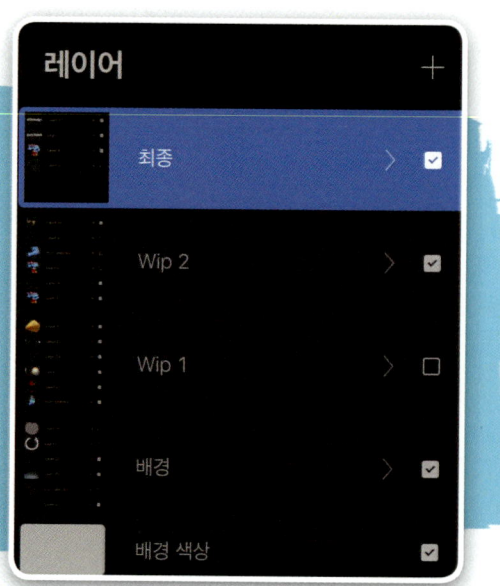

그 밖에 유용한 제스처

레이어 비우기

지우고 싶은 그림 레이어를 선택하고 화면에 세 손가락을 올려서 좌우로 왔다 갔다 하며 밀어 주세요. 이 제스처를 [선택]과 함께 쓰면 [지우기]를 사용하지 않고도 그림에서 넓은 영역을 지울 수 있습니다.

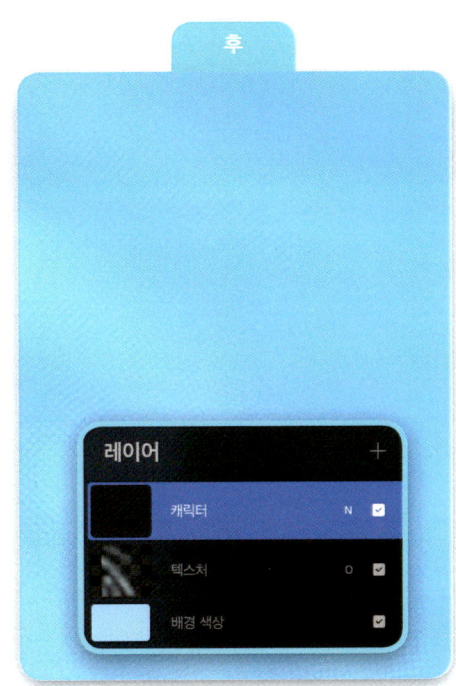

▶ 세 손가락을 좌우로 밀어서 레이어 전체를 지워요.

인터페이스 숨기기

화면을 네 손가락으로 한 번 탭하면 인터페이스가 사라집니다. 다시 인터페이스를 불러오고 싶을 때는 같은 동작을 반복해 주기만 하면 돼요. 주위에 거슬리는 것 없이 화면을 넓게 사용해서 그림을 그리거나 작품만 보여 주고 싶을 때 편리한 기능입니다.

▶ 인터페이스를 숨기려면 화면 위를 네 손가락으로 탭해 주세요.

04 • 브러시 _ 드로잉 & 페인팅의 마술사

프로크리에이트에는 세 가지 유용한 기능이 있습니다. 바로 상단 툴바의 [그리기], [문지르기], [지우기]인데요. 붓 모양의 [그리기]는 그림을 그리고 색칠하는 핵심 역할을 하는 기능으로 앞으로 가장 많이 사용할 거예요. 캔버스에 그림을 그린 뒤 [문지르기]를 사용하면 색상이 서로 잘 어우러지게 섞을 수 있어요. [지우기]는 필요한 부분 또는 그림 전체를 지울 때 사용합니다.

믿기 어렵겠지만 프로크리에이트로 그림을 그리는 데 필요한 기능은 이 세 가지가 전부랍니다. 세 기능 모두 같은 [브러시 라이브러리]를 공유하기 때문이에요. 따라서 그림을 그릴 때도, 색을 섞을 때도, 지울 때도 같은 브러시를 써서 비슷한 느낌을 낼 수 있어요.

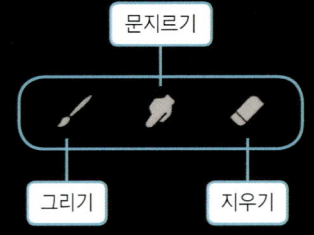

04장에서는 다음과 같은 내용을 다룹니다.

- 그리기, 문지르기, 지우기 기능 사용하기
- 기본 브러시 종류 알아보기
- 브러시 배치 바꾸기
- 마음에 드는 브러시만 골라 즐겨찾기 만들기
- 브러시 공유하기
- 브러시 가져오기
- 브러시 만들기 & 수정하기
- 퀵셰이프(빠른 도형 그리기) 활용하기

브러시 라이브러리

[그리기], [문지르기], [지우기] 중에서 어느 것을 선택하든 한 번 더 탭하면 [브러시 라이브러리]를 불러올 수 있습니다. 왼쪽에는 브러시 세트 목록이 나오고 오른쪽에는 해당하는 브러시들이 나타납니다.

프로크리에이트에는 그림을 처음 그리기 시작할 때 필요한 기본 브러시 세트가 갖춰져 있습니다. 스케치, 잉크, 페인팅, 서예, 텍스처, 추상은 물론이고 그 밖에도 다양한 브러시 세트가 있죠. 각 브러시 세트에는 해당 카테고리와 관련된 브러시가 포함되어 있습니다. 그렇지만 지나치게 많아서 혼란스러울 정도는 아니랍니다. 처음 시작할 때 알아 두면 좋은 가장 쓸모가 많은 브러시를 몇 가지 소개할게요.

[스케치] 브러시 세트
연필, 크레용을 포함해 다양한 드라이 미디어(건식 재료) 브러시가 있어요. [6B 연필] 브러시를 한번 사용해 보세요. 낙서하거나 크로키할 때도 좋아요.

는데, 조절하기 힘들 정도로 강하게 적용되진 않아요.

[에어브러시] 브러시 세트
[에어브러시]는 심플한 둥근 브러시로 애플 펜슬을 누르는 힘에 따라 이미지 크기를 키우고 불투명도를 높일 수 있습니다. [소프트 에어브러시]와 [하드 에어브러시]는 다양한 채색 방법으로 유용하므로 자주 사용할 거예요.

[터치업] 브러시 세트
인물을 그릴 때 유용한 브러시예요. 피부 표현용 브러시와 머리카락용 브러시가 있거든요. 텍스처를 약간 가미하고 싶으면 브러시 중에서 [노이즈 브러시]를 사용해 보세요.

프로젝트를 시작하기 전에 먼저 [브러시 라이브러리]에 있는 브러시를 모두 살펴보세요. 시간을 내서 몇 가지 브러시를 골라 낙서도 해보고 이것저것 테스트도 해보세요.

브러시를 모두 살펴보고 나면 마음에 드는 브러시가 생길 거예요. 이 브러시들을 세트로 모아 두

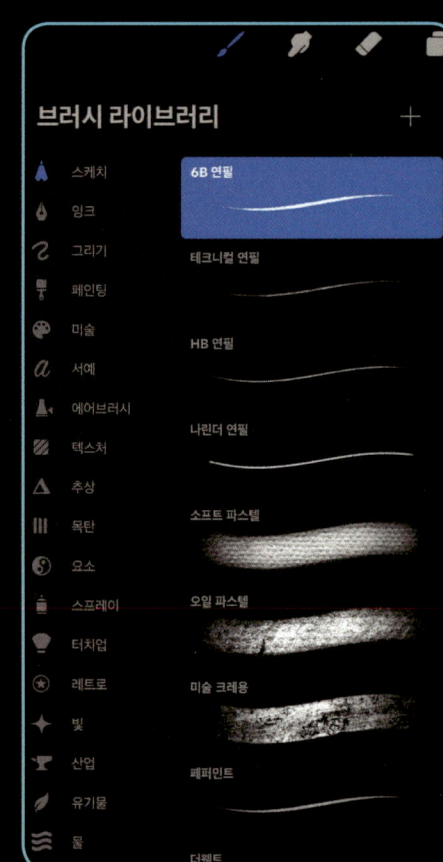

브러시 관리하기

새로운 브러시 세트 만들기
새로운 브러시 세트를 만들려면 브러시 세트 목록을 아래쪽으로 쭉 당겨서 화면 맨 위에 ➕ 가 나오게 해주세요. ➕ 를 탭하면 새 브러시 세트가 만들어져요. 새 브러시 세트 이름을 '즐겨찾기' 등으로 바꿔 주세요. 한 번 만들어진 세트는 다시 탭해서 이름 변경, 삭제, 공유, 복제를 할 수 있어요.

브러시 세트에 브러시 추가하기
새로운 브러시 세트에 브러시를 추가해 볼게요. 넣고 싶은 브러시를 찾아서 선택하고 그 상태로 쭉 끌어서 새로운 세트로 가져가요. 선택한 세트가 깜빡이고 오른쪽에 해당하는 브러시의 목록이 열리면 끌어간 브러시를 놓아 주세요.

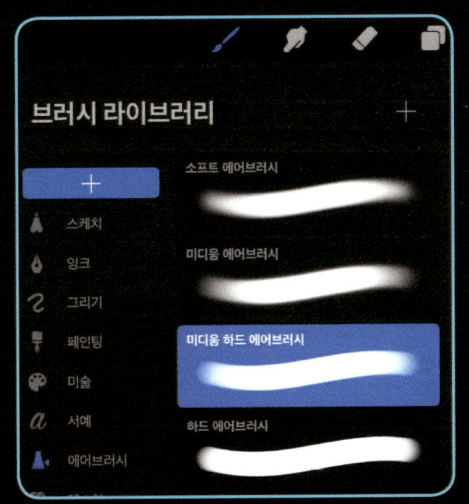

브러시 옮기기 & 복제하기
앞에서 추가한 브러시가 기본값으로 내장된 브러시라면 원래 들어 있던 기본 세트에도 똑같은 브러시가 남아 있을 거예요. 하지만 사용자 지정 세트에서 다른 사용자 지정 브러시 세트로 옮기는 경우에는 브러시가 이동되기만 한답니다. 따라서 똑같은 브러시를 양쪽 사용자 지정 브러시 세트에 모두 넣으려면 반드시 먼저 복제한 다음 옮겨야 해요.

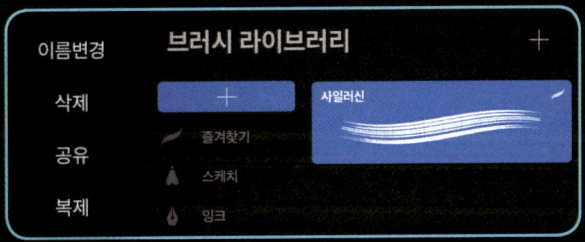

브러시 배치 바꾸기
브러시 세트에 몇 가지 브러시를 추가한 다음 브러시를 선택한 새 위치에로 드래그하면 순서를 바꿀 수 있어요. 비슷한 브러시를 함께 모아 두면 훨씬 빠르게 찾을 수 있어서 작업하는 시간이 더욱 즐거워진답니다.

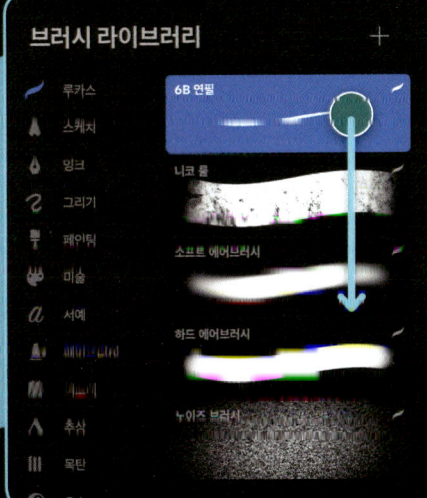

▶ 찾기 쉽도록 브러시를 모으고 순서도 바꾸세요.

브러시 크기와 불투명도 조절하기

프로크리에이트뿐 아니라 디지털 드로잉&페인팅 소프트웨어에서는 브러시의 크기와 불투명도를 조절하면서 작업합니다. 프로크리에이트에서는 [그리기], [지우기], [문지르기]를 사용할 때 화면에 표시되는 획의 두께와 불투명도를 조절할 수 있습니다. 각 브러시마다 기본으로 설정된 크기와 불투명도를 바꿀 수도 있지만, 작업하다가 도중에 이 두 가지를 바꿀 수 있는 편리한 슬라이더도 있습니다.

브러시 크기와 불투명도를 조절하는 슬라이더는 인터페이스의 왼쪽 사이드바에 있습니다. 전체 화면 모드를 설정해 사이드바를 숨기지 않는 한 항상 보입니다(19쪽 사용자 인터페이스 설명에서 왼쪽 사이드바를 확인하세요). 위쪽 슬라이더는 브러시 크기를, 아래쪽 슬라이더는 브러시 불투명도를 조절합니다. 그림을 그리지 않는 손으로 조작할 수 있도록 위치가 설정되어 있어요.

▲ 그림을 그리면서 브러시의 크기와 불투명도를 다양하게 조절해 보세요.

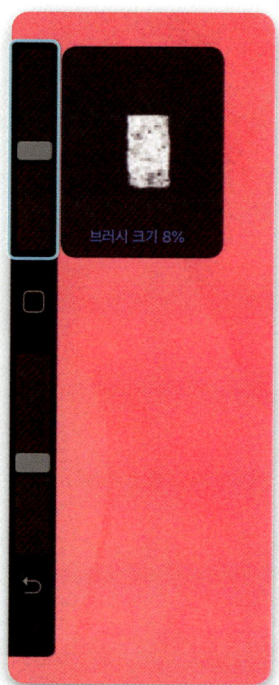
▲ 브러시 크기 슬라이더

▲ 브러시 불투명도 슬라이더

애플 펜슬 사용하기

[그리기], [문지르기], [지우기]는 애플 펜슬을 사용하면 편리합니다. 그림 좀 그리자고 플라스틱 막대기 같은 걸 굳이 사야 할 필요가 있을까 궁금할 수도 있는데요. 애플 펜슬은 소프트웨어에서 압력과 기울기를 모두 감지할 수 있답니다. 그래서 약하게 또는 세게 압력을 달리하거나 기울이면 디지털 브러시가 이런 변화에 즉시 반응합니다. 그 덕분에 실제 종이에 그림을 그리고 색칠하듯 살아 있는 감각을 더 가깝게 재현할 수 있어요. 스타일러스 펜도 애플 펜슬과 비슷한 기능을 합니다.

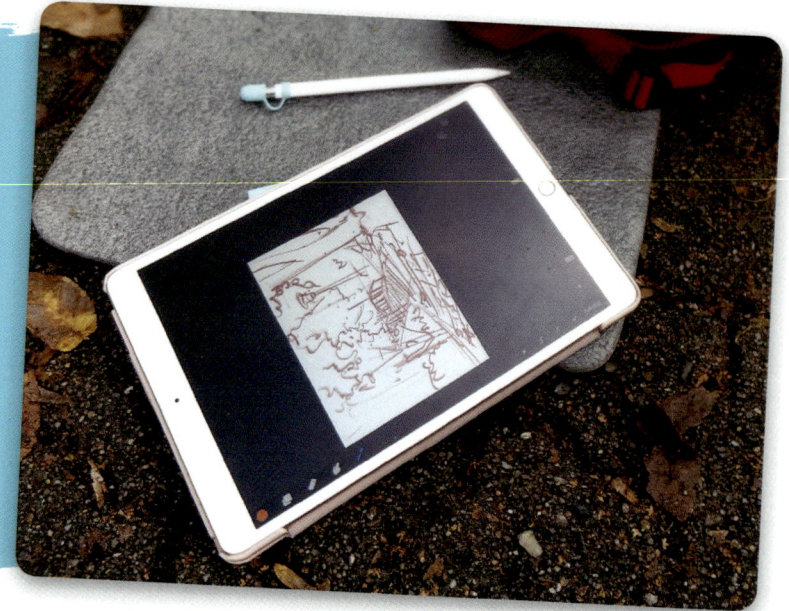

사이드바 높낮이 바꾸기

사이드바를 위쪽이나 아래쪽으로 옮기려면 [수정]을 탭한 상태에서 왼쪽 사이드바를 오른쪽으로 당기고 위아래로 움직여 원하는 위치로 이동합니다. 아이패드를 손에 들고 그릴 때 자연스럽게 조작할 수 있도록 사이드바의 위치를 옮길 수 있어요.

슬라이더 미세 조절

브러시 크기와 불투명도 슬라이더를 움직일 때 더 정확하게 조절할 수 있는 기능입니다. 각 슬라이더에 손가락을 댄 상태에서 사이드바와 멀어지는 방향으로 드래그한 다음 위아래로 움직이면 브러시 크기나 불투명도를 더 정확하게 조절할 수 있어요. 기존보다 슬라이더가 천천히 움직이는 걸 볼 수 있어요. 이 방법은 프로크리에이트의 모든 슬라이더에 적용할 수 있습니다.
브러시 종류별로 크기와 불투명도를 조절해 보면서 표현 방법과 효과를 확인해 보세요.

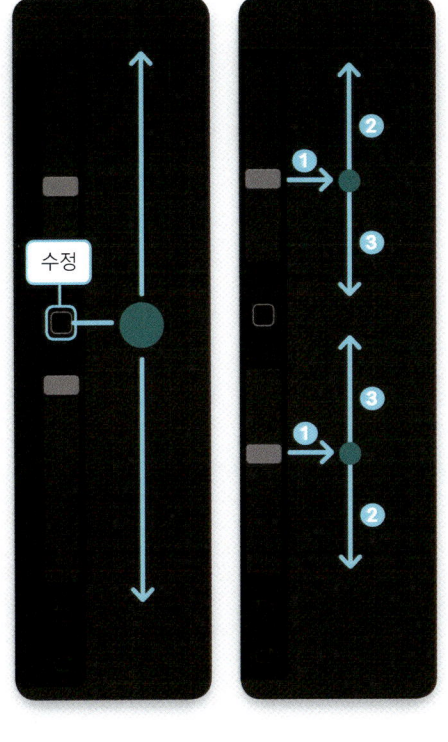

왼손잡이 인터페이스로 바꾸기

보통 오른손으로 애플 펜슬을 잡고 왼손으로 슬라이더를 조절하면서 작업을 합니다. 만약 왼손잡이라면 불편할 테니 슬라이더의 위치를 반대편으로 바꾸는 게 좋겠죠? 사이드바의 위치는 사용자의 필요에 따라 조절할 수도 있습니다.
화면 왼쪽 상단에서 [동작] 🔧 을 탭하고 [설정] 🔘 을 선택한 다음 오른손잡이 인터페이스를 활성화해 주세요. 그러면 사이드바 전체가 화면 오른쪽으로 이동합니다.

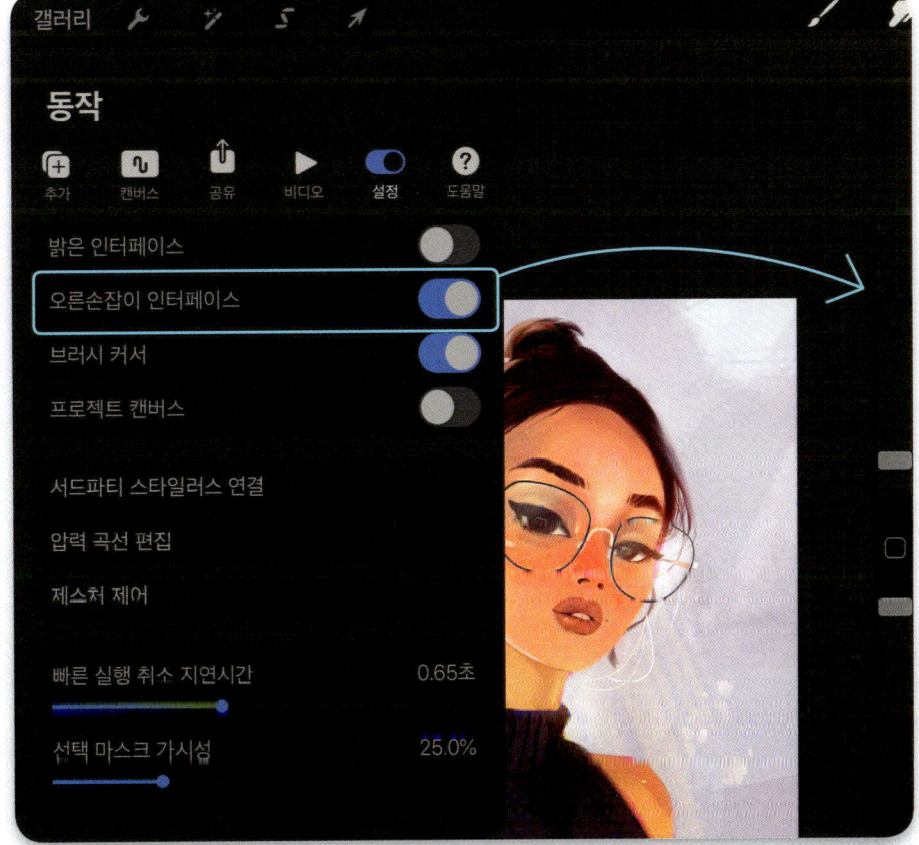

브러시 공유하기

나만의 브러시 세트가 완성되면 다른 사람과 공유하거나 다른 기기에 옮기거나 온라인에 올릴 수도 있어요. 브러시 세트를 탭해서 [공유]를 선택하고 내보낼 곳을 지정해 주면 됩니다.

개별 브러시도 공유할 수 있어요. 공유하고 싶은 브러시를 왼쪽으로 밀면 [공유, 복제, 초기화]가 나와요. 그중에서 [공유]를 선택하면 됩니다.

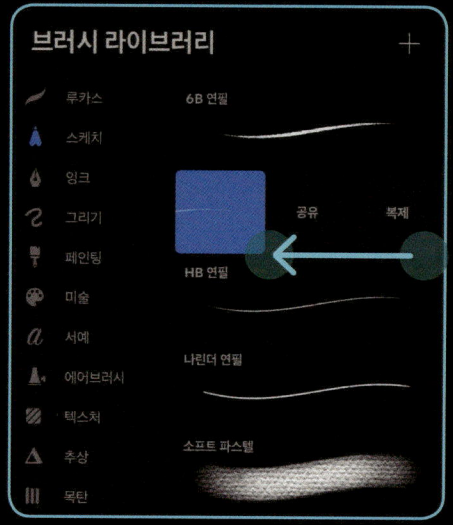

◀ 브러시를 왼쪽으로 밀어서 공유, 복제, 초기화할 수 있어요.

브러시 가져오기

아이패드에 저장해 둔 개별 브러시 또는 브러시 세트를 가져오고 싶거나 인터넷에서 써보고 싶은 브러시를 찾았을 때가 있을 텐데요. 브러시를 [브러시 라이브러리]로 가져오는 방법도 간단하답니다. 우선 프로크리에이트와 브러시가 들어 있는 폴더를 모두 열어 주세요. 그리고 원하는 브러시를 프로크리에이트의 [브러시 라이브러리]로 드래그해 끌어옵니다. 개별 브러시라면 오른쪽 열에, 브러시 세트라면 왼쪽 열에 드롭해 주세요.

▼ 둘째마당 프로젝트에서 쓸 브러시를 가져와 보세요.

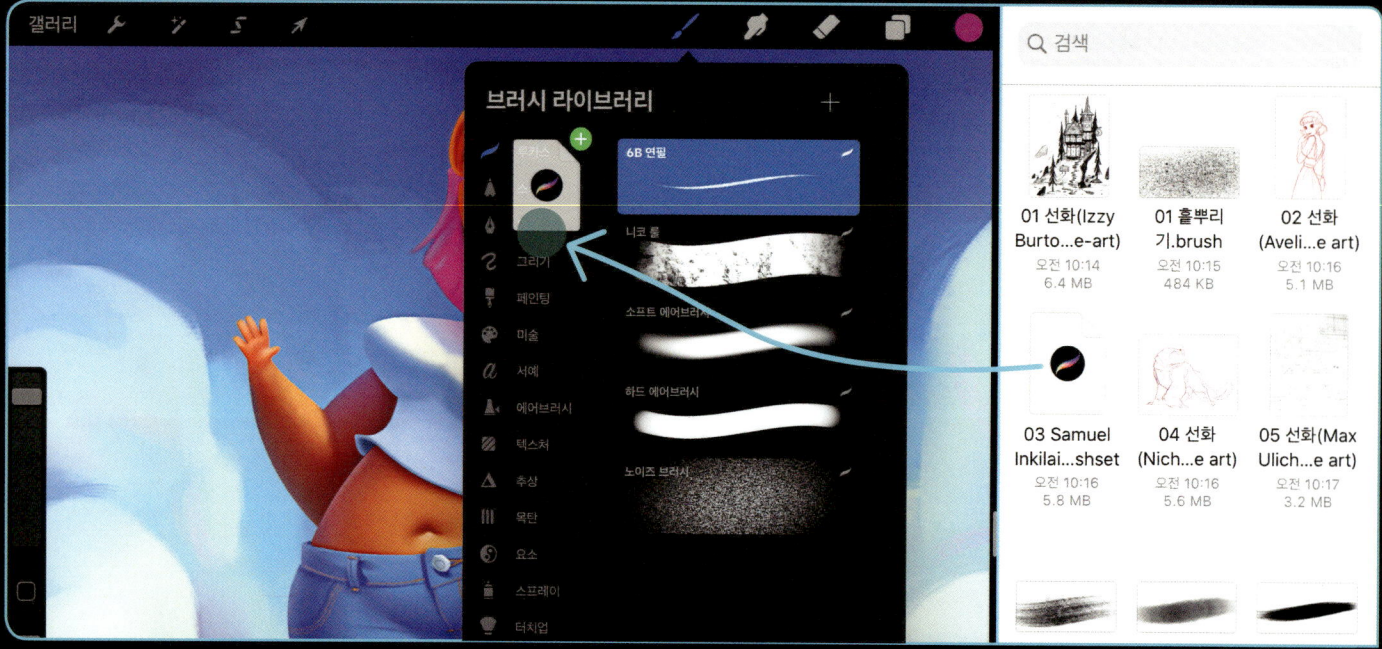

그러데이션

색이 부드럽게 옅어지는 그러데이션 효과를 내고 싶다면 큼직한 [소프트 에어브러시]로 작업하면 됩니다. 먼저 기본으로 내장된 [브러시 라이브러리]에서 [에어브러시 > 소프트 에어브러시]를 선택한 뒤 다시 한번 탭해 설정을 바꿔 줍니다. [속성]을 선택하고 최대 크기 슬라이더를 오른쪽으로 완전히 밀어 주세요. 이 브러시를 쓰면 색이 크고 부드럽게 변하는 효과를 낼 수 있어요.

▶ 큰 [소프트 에어브러시]로 낸 그러데이션 효과예요.

나만의 새 브러시 만들기

즐겨 찾는 브러시 세트를 만든 뒤에도 여전히 나만의 브러시가 부족하다는 생각이 들 수도 있어요. 안성맞춤 브러시를 찾을 수 없다면 해결책은 하나, 직접 만들면 되겠죠. 다행히 프로크리에이트의 '사용자 지정 브러시 세트 만들기' 기능은 아주 강력하면서도 나만의 독창적인 브러시를 만드는 데 필요한 옵션을 모두 제공합니다.

새로운 브러시 만들기

새로운 브러시를 만들려면 먼저 [브러시 라이브러리]에서 ➕를 탭합니다. [브러시 스튜디오]가 나타나면 우선 왼쪽 메뉴에서 [모양]과 [그레인]부터 선택하는 것이 좋습니다. [모양]은 브러시의 끝부분 형태이고, [그레인]은 붓으로 칠할 때 남는 텍스처라고 생각하면 된답니다.

[모양 소스] 또는 [그레인 소스]를 탭해 편집기를 연 다음 [가져오기 > 라이브러리 검색]을 탭해서 프로크리에이트에 내장된 모양 소스와 그레인 소스 중에서 선택해 주세요. 이 과정을 마치고 나서 원하는 용도에 맞게 설정하면 됩니다.

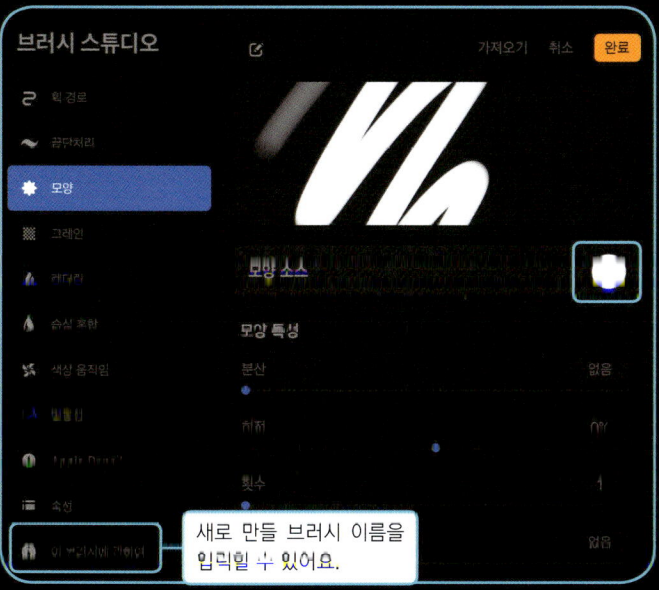

새로 만들 브러시 이름을 입력할 수 있어요.

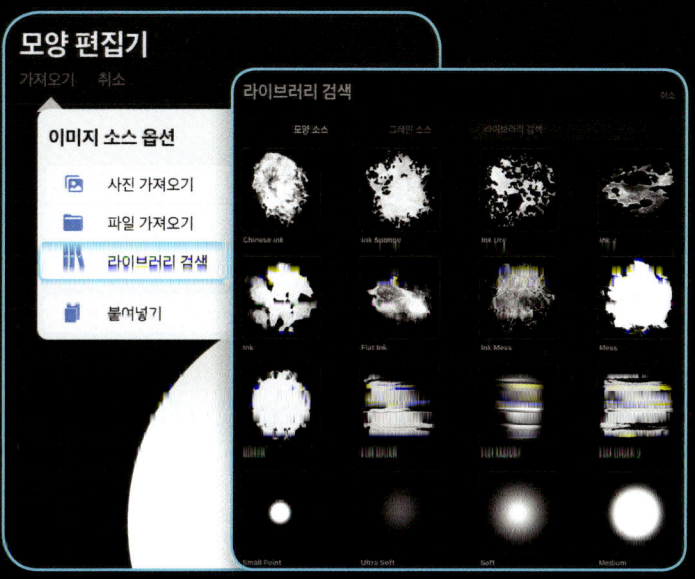

브러시 스튜디오 알아보기

처음에는 [브러시 스튜디오]에 사용자 지정으로 설정할 수 있는 옵션이 많아서 복잡하게 느껴질 수 있어요. 그래서 다양하게 시도해 볼 만한 조금 더 중요한 설정 몇 가지를 소개합니다.

사용자 지정 브러시를 만들 때에는 아이패드 화면을 가로로 돌린 후, 오른쪽 캔버스에서 직접 선을 그어 보면서 효과를 미리 확인하는 것이 좋습니다.

획 경로

획의 간격, 스트림 라인, 지터 등을 설정할 수 있습니다.

① **간격**: 브러시의 밀도를 제어합니다. 수치를 높이면 점선 효과를 낼 수 있습니다.
② **StreamLine**: 선을 유선형으로 매끄럽게 만들어 줍니다. 슬라이더를 오른쪽 끝까지 밀면 가장 매끄러운 선이 만들어집니다. 그림에 펜 선을 넣거나 캘리그라피를 할 때 설정하면 좋습니다.
③ **지터**: 군데군데 분산된 느낌이 나는 브러시를 만들 때 사용합니다. 구름이나 식물을 그리는 브러시를 만드는 데 안성맞춤입니다.

끝단처리

획을 그을 때 시작 부분과 끝 부분의 굵기와 불투명도를 조절할 수 있습니다. [끝단처리] 슬라이더의 파란색 동그라미 핸들을 가운데로 움직이면 끝단이 점점 가늘어지는데 그 길이를 조절할 수 있습니다. 시작과 끝을 똑같이 조절하고 싶으면 [팁 크기 연동]을 활성화하세요.

① **압력 끝단처리**: 애플 펜슬로 그릴 때 설정이 적용됩니다.
② **터치 끝단처리**: 손가락으로 그릴 때 설정이 적용됩니다.
③ **크기**: 끝단이 가늘어지는 정도를 조절할 수 있습니다.
④ **팁**: 수치가 낮을수록 가는 붓을 사용하는 효과가 나고, 반대로 수치가 높을수록 뭉툭한 굵은 붓을 쓴 듯한 효과가 납니다.

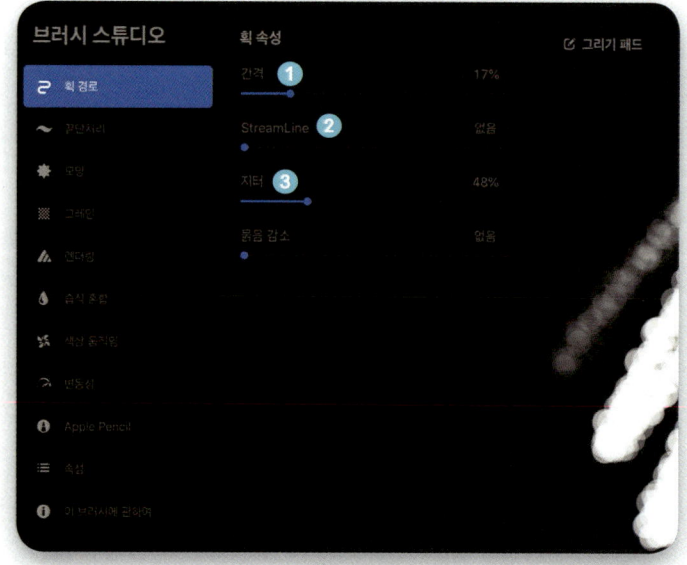
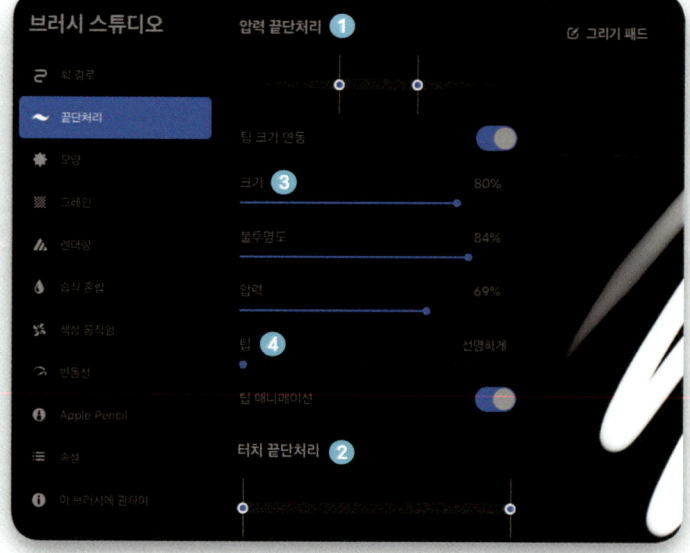

모양

브러시 모양이 회전할 때 어떤 식으로 반응할지 설정할 수 있습니다. [납작 브러시]를 사용해 보면 파악하기 쉽습니다.

① **분산**: 획을 그을 때마다 브러시 모양이 얼마나 회전할지 결정합니다.
② **회전**: 브러시 모양이 획의 방향을 따라가는 정도로 영향을 미칩니다. 0%일 때는 회전이 고정되고, 100%일 때는 브러시 모양이 획을 따라가며 회전합니다.
③ **무작위**: 이 옵션을 선택하면 획을 그을 때 브러시 모양의 회전이 매번 달라집니다.
④ **방위각**: 브러시 모양의 방향이 애플 펜슬의 기울기를 따라갑니다.

그레인

[모양]에서 브러시 모양을 제어하는 것과 마찬가지로 [그레인]에서는 그레인을 제어합니다. 그레인(grain)은 곡식 알갱이를 뜻해요. [그레인]을 선택하고 획을 그으면 곡식 알갱이가 흩어져 있는 듯한 모양이 나타납니다.

① **움직임**: 획을 그을 때 적용되는 그레인을 제어합니다. 0%일 때는 그레인이 도장처럼 찍히는 반면, 100%일 때는 그레인이 획을 따라 연속해서 움직이면서 적용됩니다.

② **비율**: 브러시로 획을 그을 때 나타나는 그레인의 크기를 결정합니다.

③ **확대/축소**: 그레인의 크기를 브러시 크기대로 할지, 아니면 따로 설정할지 결정할 때 사용합니다.

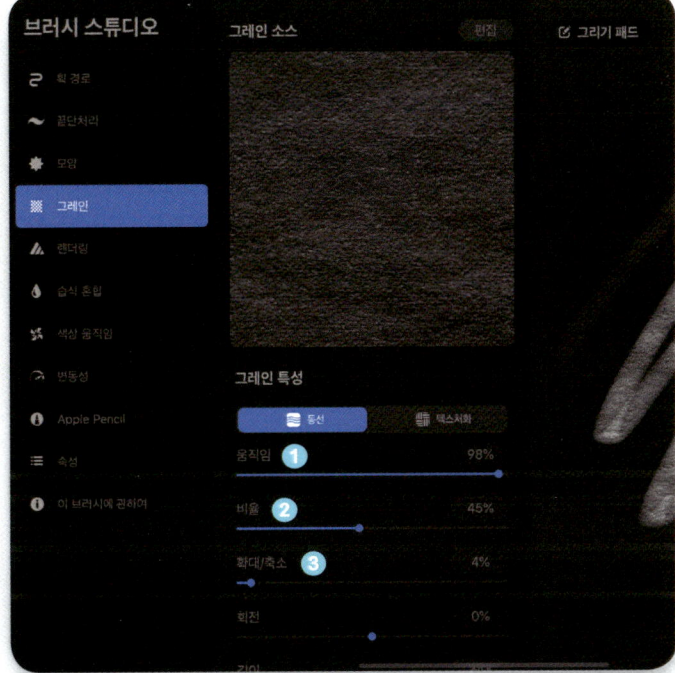

렌더링

브러시를 어떻게 구현할지, 다시 말해 브러시를 사용하면 획과 색상이 캔버스에서 어떻게 상호 작용할지 결정하는 메뉴입니다.

① **렌더링 모드**: 색이 어떻게 섞일지 선택할 수 있습니다.
- **가벼운 광택**: 연하게 희석한 물감을 칠한 느낌을 줍니다.
- **강렬한 광택**: 물감을 두껍게 칠한 느낌을 줍니다.

② **혼합**
- **젖은 모서리&그을린 모서리**: 획의 가장자리를 흐리게 또는 진하게 그립니다.
- **혼합 모드**: 선택한 혼합 모드로 채색합니다.

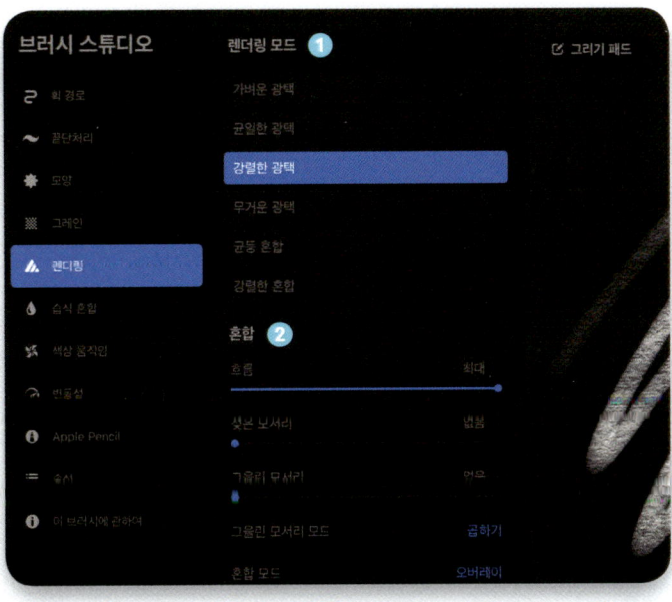

습식 혼합

습식 재료의 효과를 시뮬레이션하여 확인할 수 있습니다. [문지르기] 효과처럼 캔버스 위로 물감을 얼마나 강하게 끌고 나갈지 설정할 수 있고, 획마다 브러시에 머금은 물감의 양을 설정할 수 있어요. 유화나 아크릴 물감의 기법을 시뮬레이션하고 싶을 때 좋습니다.

① **희석**: 붓에 묻은 물의 양을 조절합니다. 수치를 높이면 더 투명하게 칠할 수 있습니다.
② **머금기**: 붓에 묻은 물감의 양을 조절합니다.

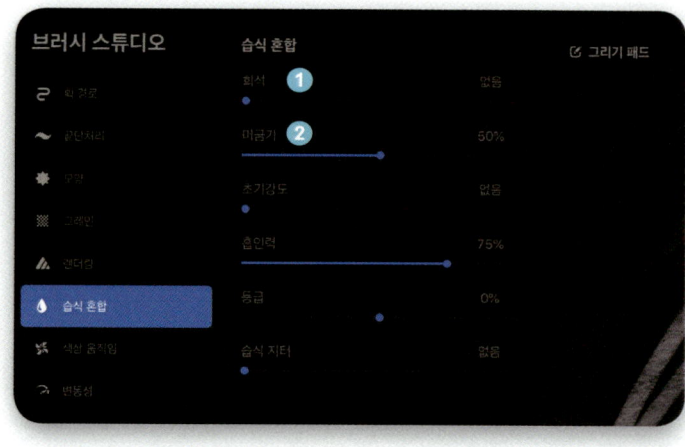

색상 움직임

애플 펜슬의 압력과 기울기에 따라 브러시의 색상, 채도, 밝기 등을 바꿀 수 있습니다.

① **도장 색상 지터**: 브러시 획에 적용되는 각각의 모양에 변화를 줄 때 설정합니다.
② **획 색상 지터**: 획을 그을 때마다 변화를 줄 때 설정합니다.
③ **색상 압력**: 애플 펜슬의 압력에 따라 캔버스에 나타나는 색에 변화를 줍니다.
④ **색상 기울기**: 애플 펜슬의 기울기에 따라 캔버스에 나타나는 색에 변화를 줍니다.

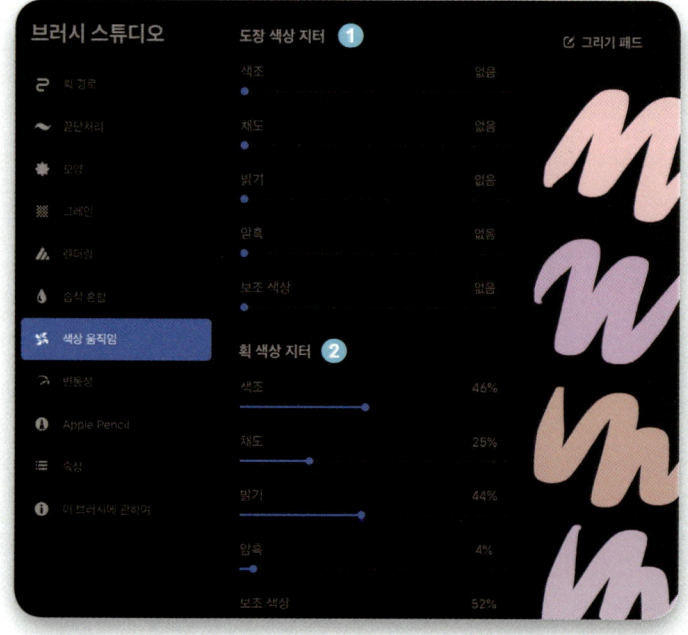

▲ 용도에 맞게 색상 움직임을 사용해 보세요.

변동성

속도에 따라 획에 변화를 주고 싶을 때 유용합니다. 애플 펜슬의 압력이나 기울기에 영향을 받지 않아요.

❶ 속도
- **크기**: 획을 느리게 그으면 가늘어지고 빠르게 그으면 굵어집니다. 반대로 설정할 수도 있어요.
- **불투명**: 획을 긋는 속도에 따라 굵기를 조절할 수 있습니다.

❷ 지터: 브러시의 크기나 모양에 무작위로 변화를 주고 싶을 때 설정합니다.

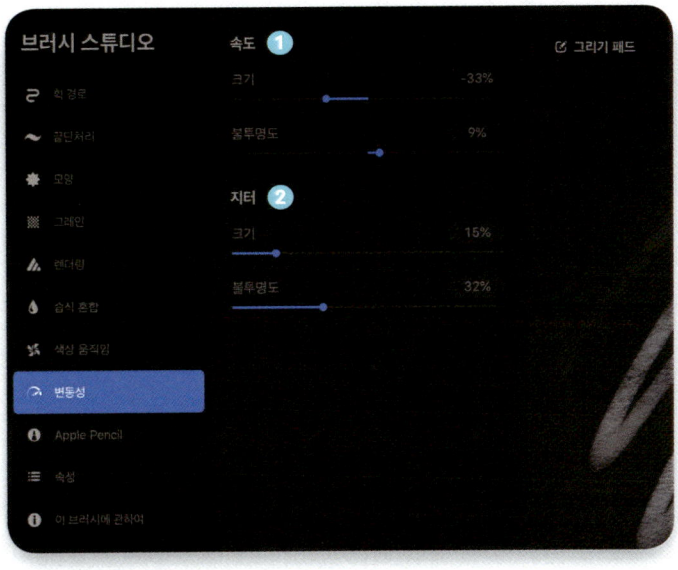

Apple Pencil

애플 펜슬의 압력과 기울기에 따라 브러시 효과를 조절할 수 있습니다.

❶ 압력: 크기와 불투명도의 수치를 높여서 애플 펜슬에 강한 압력을 가했을 때 더 크고 불투명해지는 브러시를 만들 수 있습니다.

❷ 기울기: 애플 펜슬을 기울였을 때 브러시가 반응하게 하려면 각도를 설정해 보세요. 각도가 클수록 브러시가 기울기를 더 빠르게 감지합니다. 각도와 불투명도의 수치를 높이면 브러시 효과를 더 투명하게 설정할 수 있답니다.

속성

브러시의 속성과 특성을 설정할 수 있습니다.

❶ 브러시 속성
- **도장 형식으로 미리보기**: [브러시 라이브러리]에서 획이 아니라 도장을 찍은 형태로 볼 수 있습니다.
- **스크린 방향에 맞추기**: 브러시 방향이 스크린의 방향에 따라 바뀝니다.
- **미리보기**: 브러시에 영향을 주지 않고도 [브러시 라이브러리]의 미리보기에 나타나는 브러시 크기를 크거나 작게 조절할 수 있습니다.
- **손가락**: [문지르기]를 사용할 때 브러시가 물감을 캔버스 위로 얼마나 강하게 끌고 나갈지 결정합니다.

❷ 브러시 특성: 슬라이더로 브러시의 최대 크기와 최소 크기를 조절합니다. 브러시의 불투명도도 마찬가지입니다.

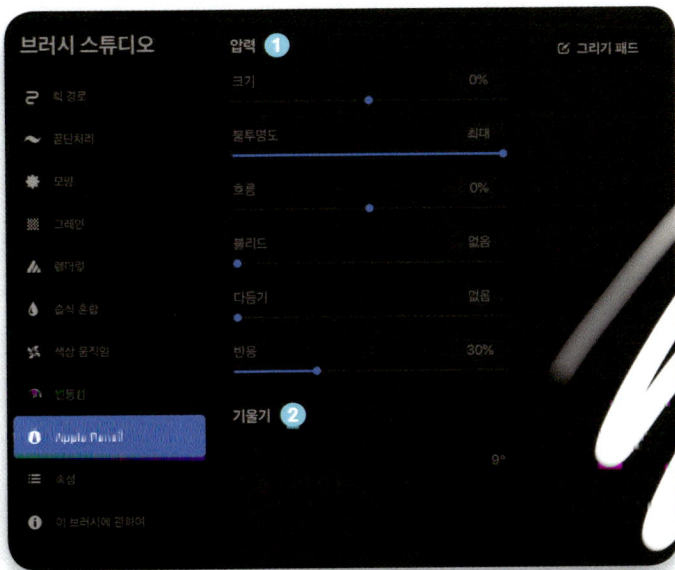

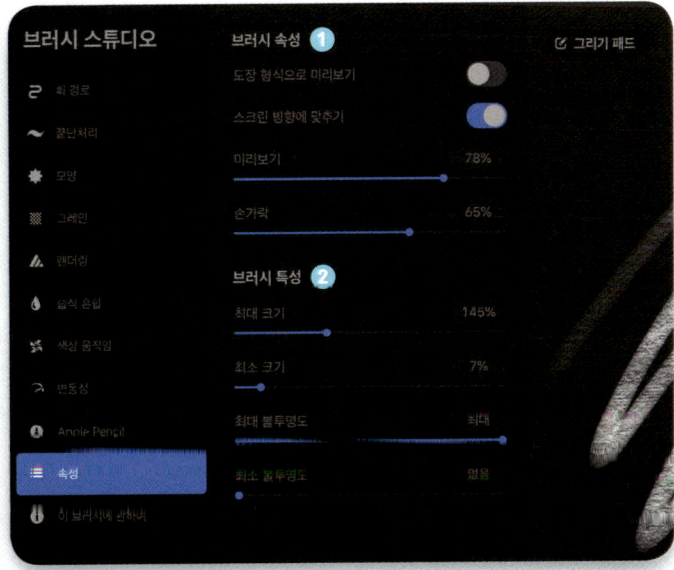

퀵셰이프

[퀵셰이프(QuickShape)]는 선과 모양을 그린 뒤 쉽게 변형하는 방법입니다. 직접 해보면서 효과를 파악하는 것이 가장 좋습니다.

직선

애플 펜슬로 선을 똑바로 그은 뒤 멈춘 상태로 길게 누르면 [선 생성됨]이라는 메시지와 함께 프로크리에이트가 완벽한 직선으로 바꾸어 줍니다. 그다음 애플 펜슬을 화면에서 떼고 화면 상단에 나타난 [모양 편집]을 탭해 보세요. 선 양쪽 끝에 파란색 동그라미 핸들이 나타나면 [퀵셰이프] 기능을 사용할 수 있습니다. 이 핸들을 이용해서 선을 움직이거나 조정합니다.

▶ 선을 긋고 애플 펜슬을 고정한 상태로 조금 기다리면 [퀵셰이프] 기능을 쓸 수 있어요.

▶ 모양을 그린 뒤 [퀵셰이프]로 편집해요.

모양

[퀵셰이프]는 단순한 직선뿐만 아니라 타원, 사각형과 직선 여러 개로 이루어진 모양을 그릴 때도 사용할 수 있습니다. 선을 긋고 난 뒤 양쪽 끝에 나타나는 파란색 동그라미 핸들을 이용해 위치를 바꿀 수 있으니까요. 기계, 무기, 건물 같은 주제를 그릴 때 깔끔한 테두리와 정확한 모양을 얻을 수 있습니다.

스냅

[퀵셰이프] 기능으로 정원을 그리려면 먼저 타원을 그린 뒤 [퀵셰이프] 기능이 작동할 때까지 애플 펜슬을 고정한 상태로 길게 눌러요. 그다음으로 화면에 다른 쪽 손가락 하나를 가져다 대보세요. 그러면 타원이 정원으로 바뀌는데 이런 기능을 스냅이라고 합니다.

[스냅] 기능은 정사각형을 만들 때도 쓸 수 있고 직선의 기울기를 고정해 놓은 각도로 바꿀 수도 있습니다. 원을 그린 뒤 [모양 편집]을 탭하면 파란색 동그라미 핸들이 네 개 나타납니다. 이 핸들을 탭하고 드래그하면 원이 찌그러지거나 늘어나고, 방향도 돌릴 수 있어요.

▶ [퀵셰이프] 기능이 작동한 상태에서 다른 쪽 손가락 하나를 화면에 가져다 대서 [스냅] 기능을 활성화해요.

05 • 색상_다섯 가지 모드 활용하기

프로크리에이트에는 다섯 가지 색상 모드가 있어요. 이 가운데 내 작업 방식에 가장 잘 맞는 모드를 고를 수 있죠. 색상 모드의 종류는 다음과 같습니다.

◆ 디스크 모드
◆ 클래식 모드
◆ 하모니 모드
◆ 값 모드
◆ 팔레트 모드

인터페이스의 오른쪽 상단에 있는 동그란 [색상]을 탭하면 [색상] 창이 열려요. [색상] 창의 하단에서 각 색상 모드를 확인할 수 있습니다. 앞으로 다섯 가지 색상 모드의 특징을 살펴보겠습니다. 어떤 색상 모드가 자신에게 잘 맞는지 알아보세요. 색상 모드를 바꿔 가면서 작업하는 방식이 더 좋다는 것을 발견할 수 있어요.

예를 들어 대부분 [디스크] 모드를 사용해 작업하다가도 전반적인 팔레트 구성이 끝나고 더 정확한 결과가 필요할 때는 [값] 모드로 바꾸는 경우가 많아요.

다섯 가지 색상 모드를 하나하나 사용해 보고 어느 색상 모드가 가장 마음에 드는지 찾아보세요.

05장에서는 다음과 같은 내용을 다룹니다.

● 디스크 모드에서 색 선택하기
● 클래식 모드에서 색 선택하기
● 하모니 모드에서 색 선택하기
● 값 모드에서 색 선택하기
● RGB와 HSB 슬라이더 사용하기
● 색상 모드에서 팔레트 생성하기 & 수정하기
● 팔레트 공유하기 & 가져오기

디스크 모드

가장 직관적인 첫 번째 색상 모드인 [디스크] 모드부터 시작해 볼게요. 알기 쉬운 색상환을 이용해 색조와 명도, 채도를 동시에 조절할 수 있으니까요.

그래서 흰색이나 검은색 같은 순색 혹은 좋아하는 색을 저장해 두었다가 빠르게 선택할 수 있답니다(팔레트는 47쪽에서 조금 더 자세하게 다룰게요).

색조
빨간색, 파란색 같은 색조는 원 바깥의 고리에서 선택합니다.

채도 & 명도
색조를 더 밝게 또는 어둡게 조절하려면 안쪽 원을 이용해 주세요. 더 정확하게 조절해야 한다면 안쪽 원 위에서 두 손가락을 벌려 원을 확대하면 됩니다. 다시 본래 크기로 되돌리려면 꼬집듯이 두 손가락을 재빨리 오므려 주세요.

팔레트
색상환 아래쪽에는 정사각형의 색 견본으로 구성된 팔레트도 있어서 색을 선택하거나 선택한 색을 팔레트에 저장할 수도 있습니다. 팔레트는 다섯 가지 색상 모드에서 모두 사용할 수 있어요.

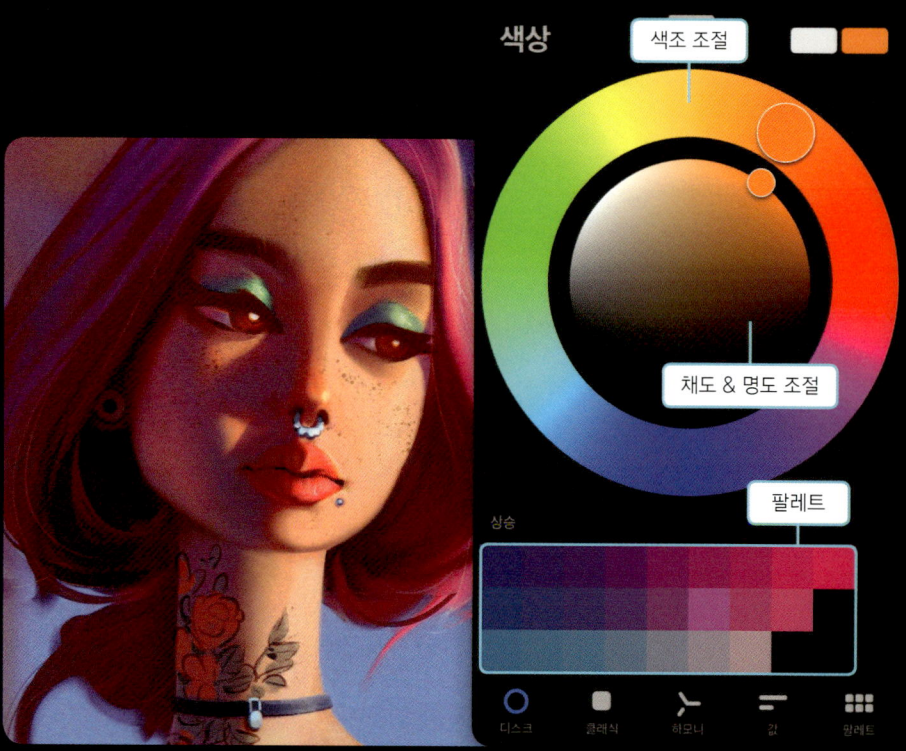

클래식 모드

[클래식] 모드는 슬라이더 세 개로 색상을 미세하게 조절할 수 있습니다. 선택한 색상을 직접 보면서 확인하고 싶을 때 사용하기 좋은 모드입니다([값] 모드의 위쪽 슬라이더 HSV와 같은 효과를 냅니다).

색조

디지털 드로잉&페인팅 베테랑이라면 이 색상 모드에 익숙할 거예요. 첫 번째 슬라이더로 색조를 조절해요.

채도 & 명도

채도와 명도는 정사각형 내부에서 조절할 수 있어요. 색조 조절 슬라이더 아래쪽의 슬라이더 두 개를 사용해서 미세하게 조절할 수도 있습니다.

순색

정사각형 모서리에서 흰색, 검은색을 비롯한 순수한 색을 선택할 수 있습니다.

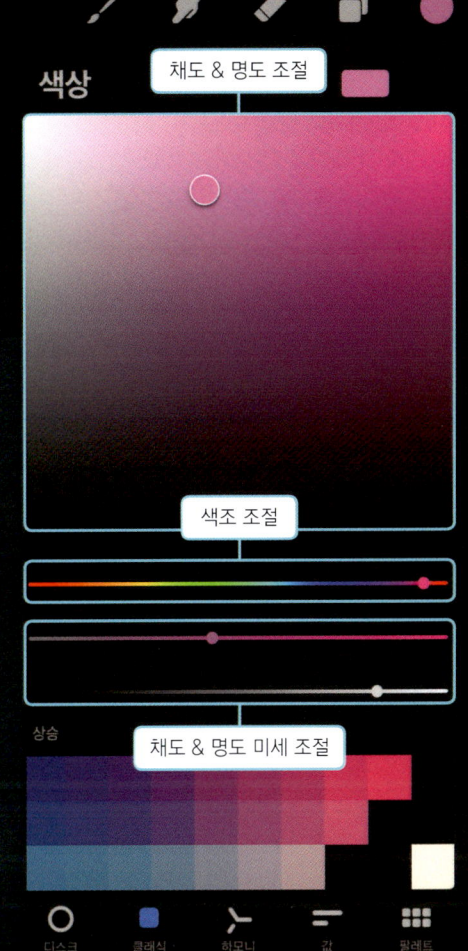

▶ [클래식] 모드에서 슬라이더를 조절해 색상을 바꿔 보세요.

스포이트 기능

스포이트는 캔버스 위의 색을 빠르고 쉽게 골라 낼 수 있는 기능으로 디지털 드로잉&페인팅에 꼭 필요한 도구입니다. 왼쪽 사이드바 가운데에 있는 [수정]을 눌러 고리 모양의 [스포이드툴]이 나타나면 캔버스 위에서 드래그해 색상을 추출하고 싶은 곳으로 이동해 주세요. 고리의 아래쪽 절반에는 현재 선택한 색상이 표시되고, 위쪽 절반에는 십자선이 가리키는 지점의 새로운 색상이 표시됩니다.

[스포이드툴]을 불러오는 방법을 바꿀 수도 있습니다. [동작 > 설정 > 제스처 제어 > 스포이드툴]로 들어가면 탭, 터치, 제스처 조합 등 방법을 고를 수 있어요. 하나씩 사용해 보고 가장 쓰기 편한 방법을 찾아보세요.

하모니 모드

[하모니] 모드는 프로크리에이트 5 버전에 새롭게 추가된 색상 모드입니다. 왼쪽 상단의 [색상] 타이틀 바로 밑에 있는 작은 글자를 탭하면 하모니 모드에서 이용할 수 있는 다섯 가지 옵션이 나와요. [보색], [보색 분할], [유사], [삼합], [사합] 등 원하는 옵션을 선택할 수 있습니다.

색조 & 채도

색조와 채도는 가운데 디스크를 이용해 선택할 수 있습니다. 디스크 내부에 큰 원과 작은 원이 보이죠. 큰 원을 움직여서 원하는 색을 선택해 주세요. 작은 원은 위에서 지정한 옵션에 맞추어 보색, 유사색 등을 보여 줍니다.

명도

명도는 디스크 아래에 있는 슬라이더를 이용해서 조절합니다.

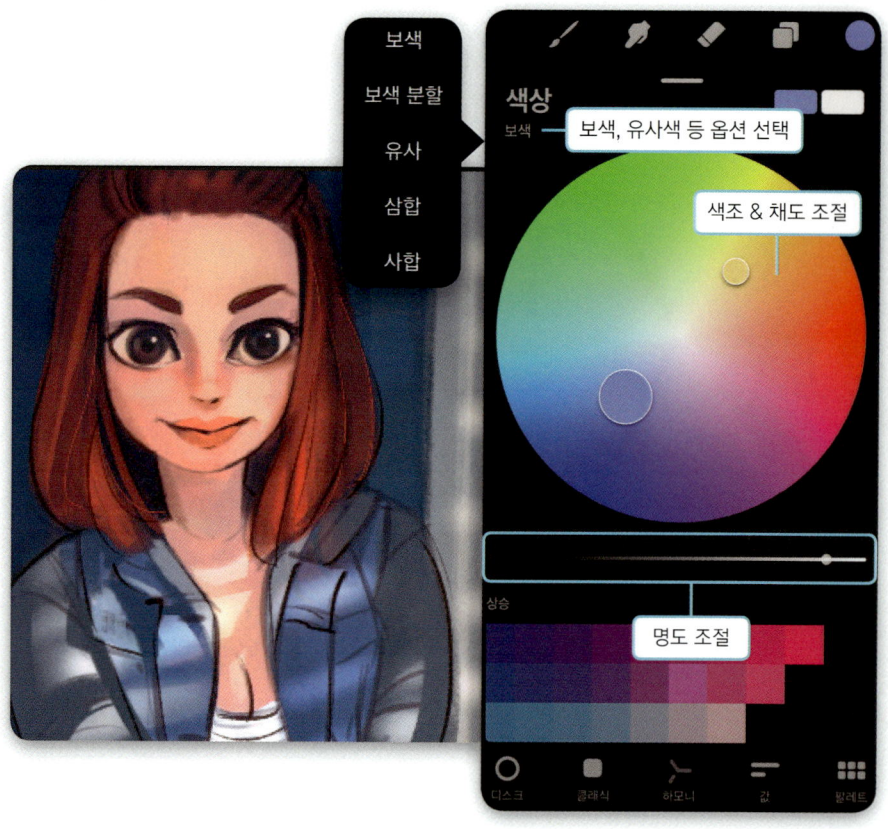

값 모드

HSB와 RGB의 슬라이더 여섯 개를 사용해 색 선택을 훨씬 더 세밀하게 조절할 수 있습니다.

색조, 채도, 명도

위쪽 슬라이더 세 개는 [클래식] 모드와 같은 효과를 낼 수 있습니다. 즉, 색조(H), 채도(S), 명도(B)를 조절합니다. 하지만 [값] 모드에서는 선택한 슬라이더의 수치를 보여 준다는 점에서 차이가 있습니다. 예를 들어 수치를 50%로 입력하면 정확하게 회색을 선택할 수 있어요.

RGB

아래쪽 슬라이더 세 개는 선택한 색에서 빨간색(Red), 녹색(Green), 파란색(Blue)의 양을 조절할 수 있습니다. 이 기능은 색을 선택하고 혼합할 때 사용할 수 있어요.

16진값

특정한 색상을 써야 하는 경우도 있습니다. 예를 들어 클라이언트가 특정 색을 써달라고 요구할 수도 있겠죠. 그럴 때는 HSB나 RGB 대신 그 색상의 16진값을 입력하면 됩니다(16진값은 흔히 헥스 코드(hex code)라고도 해요).

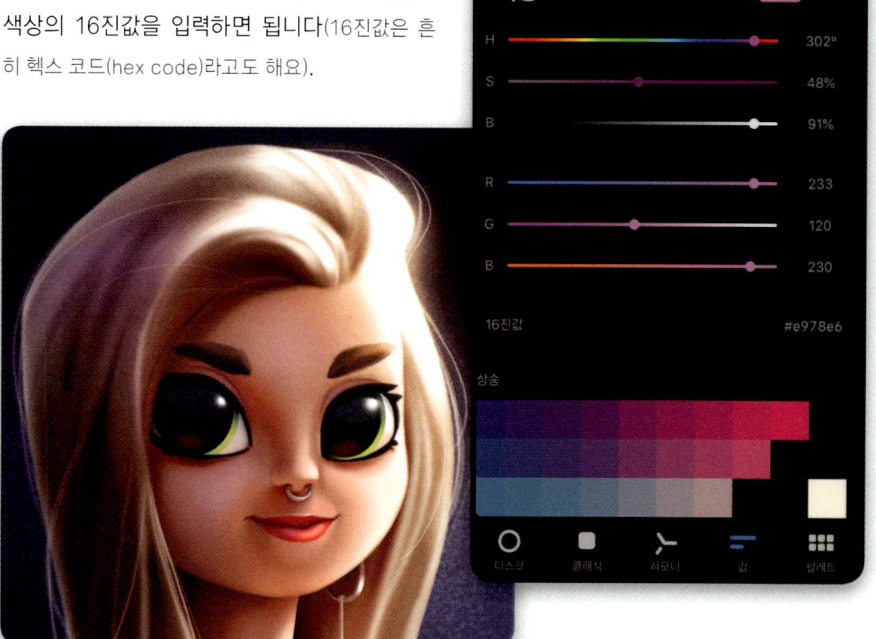

▶ [값] 모드에서는 수치를 정확히 입력하면 조금 더 세밀하게 설정할 수 있어요.

팔레트 모드

미리 정해 놓은 색상으로 작업하는 것을 선호한다면 [팔레트] 모드를 선택하세요. [팔레트] 모드는 다른 색상 모드에서도 사용할 수 있으므로 독립된 색상 모드라기보다는 다른 모드를 보완해 주는 역할을 해요.

팔레트 생성하고 채우기

[팔레트] 모드 화면의 오른쪽 상단에 있는 ➕를 탭해 새로운 팔레트를 만들어요. 그리고 정사각형의 빈칸을 탭해 현재 선택한 색을 등록합니다. 등록한 색을 지우고 싶을 때는 그 색을 꾹 눌렀다가 손가락을 떼어 보세요. [삭제]가 나타날 거예요.

완전히 새로운 팔레트를 처음부터 구성하는 건 [팔레트] 모드에서만 가능하지만, 일단 생성된 팔레트는 다른 색상 모드에서도 보입니다. 또 새로 만든 팔레트만이 아니라 기본으로 설정된 기존 팔레트에도 새로운 색을 추가할 수 있답니다.

다른 색상 모드에서 팔레트에 색상을 추가하려면 팔레트 끝 부분의 빈칸을 탭해 현재 선택한 색을 등록해 주세요.

이미 등록한 색을 지금 선택한 색으로 바꿀 때에는 기존 색상을 오래 눌러서 [삭제, 설정]이 나타나면 [설정]을 선택합니다.

팔레트 이름 바꾸기 & 저장하기

팔레트를 만든 뒤 [기본]을 탭하면 이 팔레트가 다른 색상 모드의 하단에 나타나도록 설정할 수 있습니다. 또한 팔레트를 왼쪽으로 밀면 [공유]하거나 [삭제]할 수 있는 옵션이 나타나요. 팔레트를 관리하기 쉽도록 이름을 바꿀 수도 있습니다.

▼ [팔레트] 모드에서는 자신이 고른 색으로 나만의 컬러 팔레트를 만들 수 있어요.

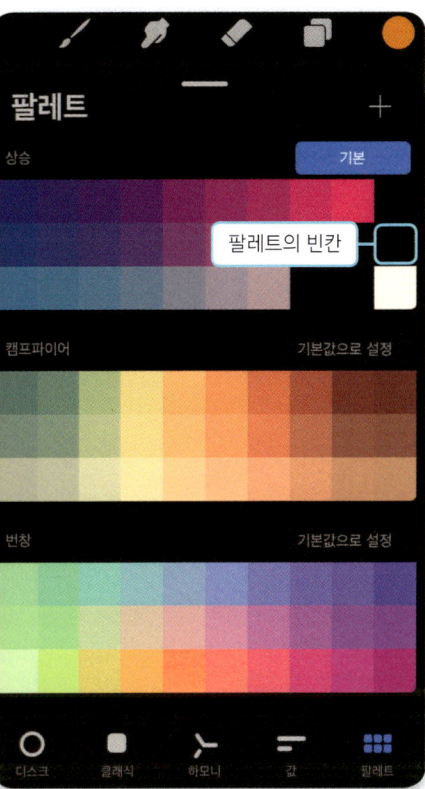

컬러 드롭

색을 끌어와 채우는 기능인 컬러 드롭은 캔버스를 손쉽게 단색으로 채우는 방법입니다. 오른쪽 상단 툴바 맨 끝에 있는 둥근 [색상] 아이콘 🟠을 작업하던 캔버스로 드래그해 보세요. 그러면 선택한 색상으로 캔버스가 채워질 거예요.

빈틈없이 닫힌 이미지가 그려진 레이어에서 이 작업을 하면 이미지의 안쪽 또는 바깥쪽에만 색이 채워집니다.

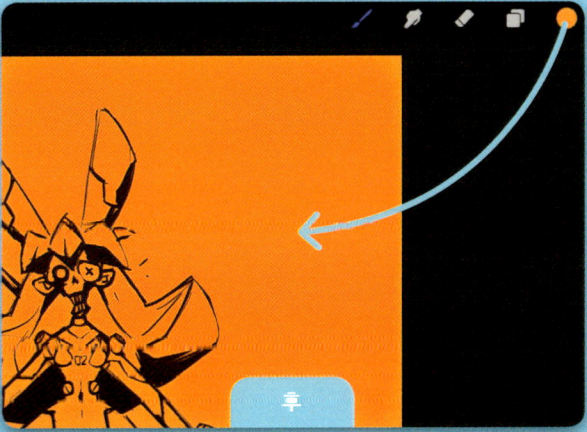

06 • 레이어_관리 방법 배우기

레이어는 컴퓨터 그래픽의 필수 도구입니다. 많은 작가들이 컴퓨터 그래픽을 선호하는 핵심 이유이기도 해요.
레이어란 한 장씩 따로따로 그림을 그리고 색칠할 수 있는 투명한 종이라고 생각하면 됩니다. 레이어 덕분에 그림을 그릴 때 엄청난 융통성이 생긴 거죠. 다른 레이어에 그린 부분을 망칠까 봐 걱정하지 않아도 되니까요.

레이어는 순서를 바꾸고 정리할 수도 있어요. 또 레이어를 활용하면 그림에 큰 영향을 주지 않고 대담하게 변화를 시도해 볼 수도 있습니다.

06장에서는 다음과 같은 내용을 다룹니다.

- 레이어 똑똑하게 활용하기
- 새로운 레이어 만들기
- 레이어 보이기 & 숨기기
- 레이어 정리하기 & 병합하기
- 레이어 잠그기&복제하기&삭제하기
- 레이어 불투명도 조절하기
- 알파 채널 잠금 기능 사용하기
- 레이어 혼합 모드 사용하기
- 기타 레이어 옵션 알아보기
- 레이어 마스크와 클리핑 마스크 사용하기

레이어의 기초

레이어 창 열기
인터페이스 오른쪽 상단의 [아이콘]을 탭하면 [레이어] 창이 열립니다.

레이어 1
새로운 캔버스를 생성하면 레이어가 두 개 보입니다. 하나는 [배경 색상] 레이어고, 다른 하나는 [레이어 1]입니다. 프로크리에이트는 파일마다 기본으로 이 두 레이어를 생성해요. 모든 레이어의 왼쪽에는 해당 레이어에 그린 그림의 미리보기를 섬네일로 보여 줍니다.

배경 색상 레이어
배경 색상을 바꾸고 싶을 때는 [배경 색상] 레이어를 탭하고 원하는 색을 선택합니다. 투명한 배경으로 작업하고 나중에 PNG 파일 등 투명도를 나타낼 수 있는 파일로 내보낼 때는 오른쪽 체크 상자를 선택 해제하여 [배경 색상] 레이어를 숨겨 주세요.

레이어 숨기기
모든 레이어는 체크 상자를 탭해서 보이게 하거나 숨길 수 있어서 편리해요. 지금 작업하고 있는 레이어를 더 확실하게 보고 싶을 때는 나머지 레이어를 숨기는 편이 좋아요.

새 레이어 만들기
[레이어] 창의 오른쪽 상단에 있는 [+]를 탭하면 새로운 레이어가 만들어집니다. 작가마다 레이어를 사용하는 방식은 모두 달라요. 새로운 요소마다 레이어를 하나씩 각각 따로 만드는 경우도 있고, 레이어를 두세 개로 유지하는 경우도 있습니다. 디지털 드로잉&페인팅이 처음이라면 작업을 시작할 때는 레이어 개수를 최소한으로 유지하고, 지금까지 그린 그림을 망칠 가능성이 있을 때에는 새로운 레이어를 만드는 편이 좋아요. 레이어를 어떻게 사용하는지 시험해 보고, 각 레이어에 그린 부분을 합쳐서 하나의 이미지로 완성해 보세요.

레이어 수 제한
프로크리에이트에서 만들 수 있는 레이어 개수는 제한되어 있습니다. 레이어 수는 파일의 크기, 즉 메가바이트로 표시되는 용량에 따라서 결정돼요. 파일이 클수록 만들 수 있는 레이어의 수가 줄어듭니다. 레이어를 몇 개까지 만들 수 있는지는 처음 파일을 만들 때 확인할 수 있어요(자세한 내용은 06장 후반부에서 다시 설명할게요).

▶ 레이어는 컴퓨터 그래픽 작가에게 필수 기능이에요.

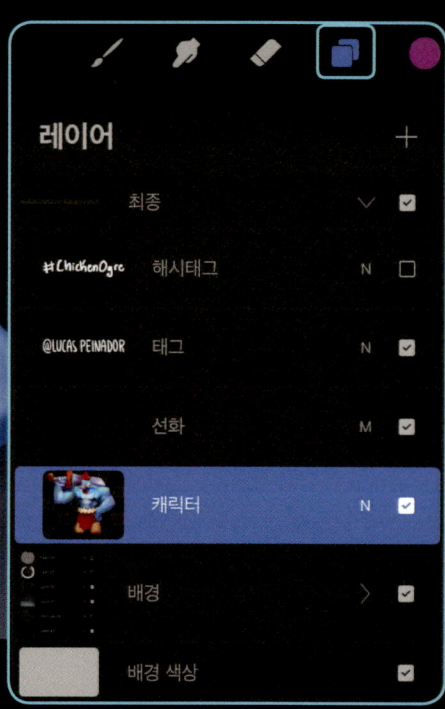

레이어 이동하기 & 그룹으로 묶기

먼저 레이어를 이동해 볼게요. 레이어를 위로 옮기면 그 레이어에 작업한 부분이 다른 레이어 위로 겹쳐서 나타납니다. 옮기고 싶은 레이어를 꾹 누른 상태로 드래그해 레이어 목록의 위쪽이나 아래쪽으로 가져가 보세요. 그러고 나서 손을 떼면 두 레이어가 그룹으로 묶입니다(레이어를 삭제하는 방법은 50쪽에서 소개할게요).

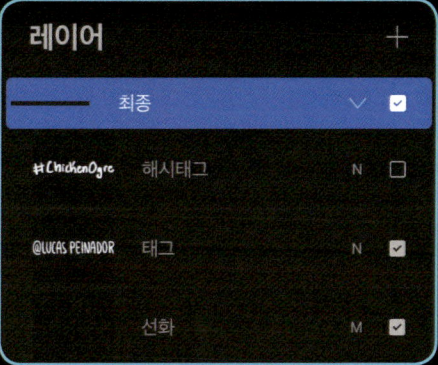

▶ 그룹은 폴더처럼 작동하므로 소속된 두 개 이상의 레이어를 한꺼번에 옮길 수 있으면서 편집은 따로따로 할 수 있어서 편리하답니다

레이어 관리하기

작업 흐름을 매끄럽게 유지하려면 레이어를 잘 정리하는 것이 필수예요. 그렇지 않으면 자신이 만든 파일인데도 찾기 힘들 수 있습니다.

레이어 이동하기, 그룹으로 묶기, 여러 레이어 선택하기 등의 방법으로 레이어를 잘 관리하세요.

여러 레이어 선택하기

레이어를 한꺼번에 여러 개 선택하려면 원하는 레이어를 각각 오른쪽으로 밀었다가 놓아서 선택해 주세요(선택한 레이어는 파란색으로 표시됩니다). 이렇게 선택한 레이어는 개별 레이어처럼 드래그해서 가져올 수 있고, 상단 오른쪽에 나타나는 [삭제]나 [그룹] 명령을 적용할 수도 있습니다.

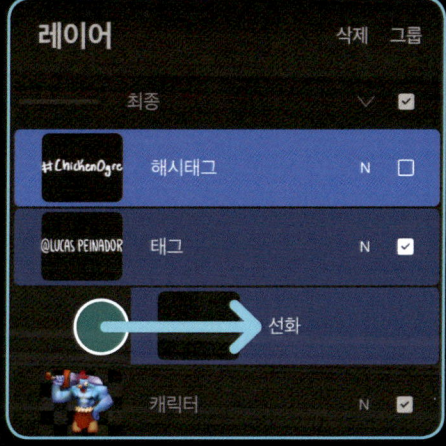

▶ 한 손가락으로 레이어(또는 그룹)를 오른쪽으로 밀면 선택됩니다.

레이어 병합

레이어를 병합하는 것도 레이어를 관리하는 편리한 방법입니다. 레이어를 더 이상 분리해서 작업할 필요가 없을 때, 작업 과정의 마지막 단계에서 이미지를 전체적으로 조정하고 싶을 때, 또는 완성된 작품에 마지막으로 세밀한 터치를 하고 싶을 때 유용하죠.

병합은 두 개 이상의 개별 레이어를 하나의 레이어로 합치는 기능입니다. 일단 합치고 나면 레이어를 각각 따로 편집할 수 없으므로 100% 확신이 있을 때에만 실행해 주세요. 병합은 레이어를 그룹으로 묶는 것과는 달라요. 그룹은 폴더와 같은 역할을 하니까 내부에서 개별 레이어에 접근할 수 있습니다.

[레이어] 창에서 손가락을 꼬집듯이 오므려 여러 레이어를 하나로 모으는 동작을 하면 레이어가 합쳐집니다. 개수와 무관하게 여러 레이어에 적용할 수 있어요.

▲ 레이어 위에서 손가락을 꼬집듯이 오므리면 레이어를 병합할 수 있어요.

레이어를 정말 합쳐도 될까요?

병합을 실행한 뒤 바로 실행 취소를 하지 않는 한 병합한 레이어는 원래 상태로 되돌릴 수 없습니다. 따라서 레이어를 합쳐도 되는지 확실히 결정하는 것이 중요해요. 그렇지 않으면 나중에 필요한 부분을 조정하거나 수정하기 어려울 수도 있습니다.

잠금, 복제, 삭제하기

레이어를 왼쪽으로 밀면 [잠금, 복제, 삭제]가 나옵니다.

잠금

잘못해서 다른 레이어에서 작업하고 절망하는 경우도 있습니다. 특히 오랜 시간 공들여서 그렸는데 알고 보니 다른 레이어였다면 앞이 캄캄하겠죠? 이럴 때는 잠금 기능이 해결책입니다. 레이어는 모두 잠금 기능을 켜고 끌 수 있으니까요. 레이어를 잠그면 이후로는 그림을 그리거나 삭제하는 것을 포함해 어떤 방식으로도 그 레이어를 조작할 수 없습니다. 잠금을 풀고 싶으면 다시 레이어를 왼쪽으로 밀어 보세요. [잠금 해제]가 보일 거예요.

복제

복제는 선택한 레이어의 복사본을 만드는 기능입니다. 복사본은 원본 레이어 아래에 같은 이름으로 생성됩니다. 따라서 복제 레이어는 생성하자마자 곧바로 이름을 바꾸어 혼란을 피하는 편이 좋습니다.

삭제

삭제를 탭하면 레이어가 제거됩니다. 레이어를 삭제한 뒤 곧바로 [실행 취소]를 탭하면 삭제된 레이어를 복구할 수 있어요. 하지만 그 밖의 경우에는 한번 삭제한 레이어는 다시 되돌릴 수 없습니다.

▲ [잠금, 복제, 삭제]는 레이어를 왼쪽으로 밀면 나와요.

불투명도 & 알파 채널 잠금

[불투명도]와 [알파 채널 잠금]은 [레이어] 창에서 두 손가락 제스처로 제어할 수 있으므로 여기에서 함께 다룰게요. 둘 다 레이어로 작업할 때 아주 유용한 기능이에요.

불투명도

불투명도는 레이어에 작업한 콘텐츠 전체의 투명한 정도를 조절하는 옵션입니다. 예를 들어 한 레이어에 그러데이션으로 빛을 표현하는 경우에 그 레이어의 불투명도 설정으로 그러데이션을 얼마나 강하게 적용할지 정밀하게 조절할 수 있어요. 아니면 한 레이어에 스케치를 하고 다른 레이어에서 최종 이미지를 완성하는 경우에 [스케치] 레이어의 불투명도를 낮추면 길잡이 역할을 하므로 작품을 더 깔끔하게 완성할 수 있습니다. 여기에서는 두 가지 예를 들어 봤는데, 불투명도를 자신의 작업 흐름에 맞게 활용하는 방법은 다양해요. 레이어의 불투명도를 바꾸려면 [레이어] 창에서 한 레이어를 두 손가락으로 탭해 주세요. 화면 상단에 [슬라이드하여 조정]이 나타나면 손가락을 왼쪽이나 오른쪽으로 밀어서 불투명도를 조절할 수 있어요.

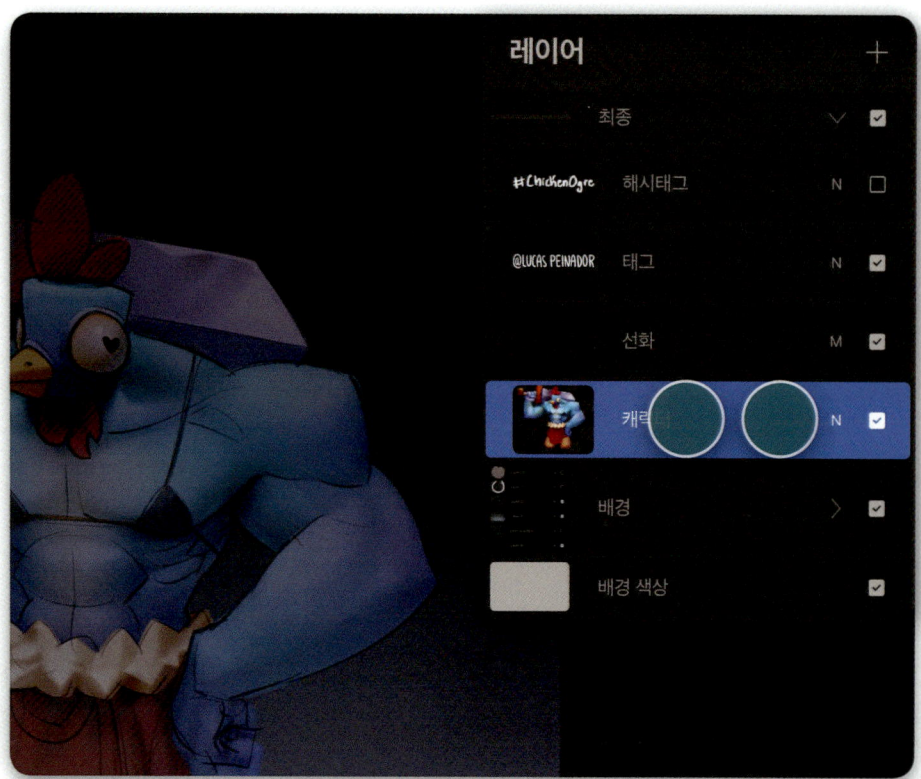

▲ 레이어를 두 손가락으로 탭하면 불투명도를 조절할 수 있는 화면으로 전환돼요.

알파 채널 잠금

[알파 채널 잠금]은 레이어와 마찬가지로 컴퓨터 그래픽 작업에서만 찾아볼 수 있는 아주 편리한 기능이에요. 이 기능을 활성화하면 이미 색이 입혀진 부분에만 채색할 수 있거든요. 그러니까 원하는 모양의 바깥에 색이 칠해지는 것을 막을 수 있어요.

예를 들어 물체에 텍스처를 입혀야 할 때를 생각해 보세요. 별도의 레이어에 물체를 그리고 [알파 채널 잠금] 기능을 활성화한 뒤 그 위에 [텍스처] 브러시로 채색을 하면 질감이 입혀집니다. 한 번 써보고 나면 [알파 채널 잠금] 기능을 활용할 다양한 방법이 떠오를 거예요.

[알파 채널 잠금]을 활성화하려면 두 손가락을 사용해 레이어를 오른쪽으로 밀어 주세요. 그러면 섬네일에서 레이어의 투명한 부분에 체크무늬 패턴이 나타나요.

◀ [알파 채널 잠금] 기능은 두 손가락으로 레이어를 오른쪽으로 밀어서 활성화해요.

알파 채널 잠금, 이렇게 써보세요!

원하는 대상의 실루엣을 그린 뒤 [알파 채널 잠금]을 활성화하고 실루엣 안쪽에 명암을 넣거나 세부 묘사를 추가해 보세요. 이런 식으로 작업하면 작품을 깔끔하고 체계적으로 유지할 수 있어요.

 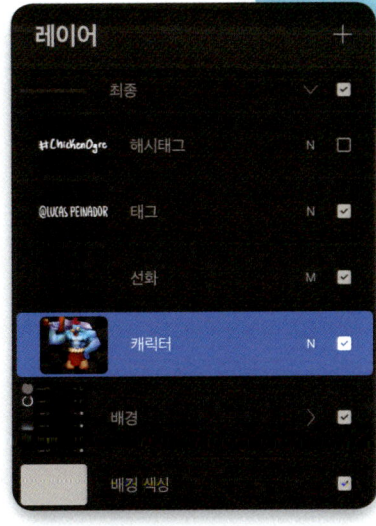 

혼합 모드

혼합 모드는 선택한 레이어가 아래 레이어와 각기 다른 방식으로 상호 작용하는 기능입니다. 작업 방식에 따라 혼합 모드를 필수로 생각하는 작가도 있어요.

혼합 모드 메뉴를 사용하려면 [레이어] 창에서 레이어 옆에 있는 작은 N 자를 탭해 주세요(N은 normal의 줄임말로 보통을 뜻해요). 보통 모드는 레이어의 기본 상태로 다른 레이어와 혼합이 이루어지지 않습니다. 보통 모드의 위아래에 다른 혼합 모드가 목록으로 나열됩니다.

레이어의 혼합 모드를 바꾸면 N 자가 새로운 혼합 모드를 나타내는 약자로 바뀝니다. 예를 들어 채도 모드(saturation mode)는 Sa로 표기되죠. '연습용 예제.procreate'를 열어서 다양한 모드를 사용해 보며 어떻게 바뀌는지 관찰해 보세요(이미지를 가져오는 방법은 20쪽을 참고하세요). N 자를 눌러서 나오는 메뉴에는 레이어의 불투명도를 조절하는 슬라이더도 있답니다.

어두운 모드
선택한 레이어의 색을 혼합해서 더 진하게(어둡게) 만드는 모드입니다.
[곱하기]는 어두운 모드 중 가장 많이 쓰입니다. 선택한 레이어의 색상값을 아래 레이어의 색상값과 곱하므로 그림자를 표현할 때 좋은 모드예요. 순수한 흰색은 이 모드를 적용할 경우 곱하거나 진하게 표현할 수 없으므로 투명하게 변합니다. 따라서 흰색 바탕의 레이어에 스케치 이미지를 그렸을 때 아래 레이어에 채색하고 싶다면 [곱하기] 모드가 유용해요.

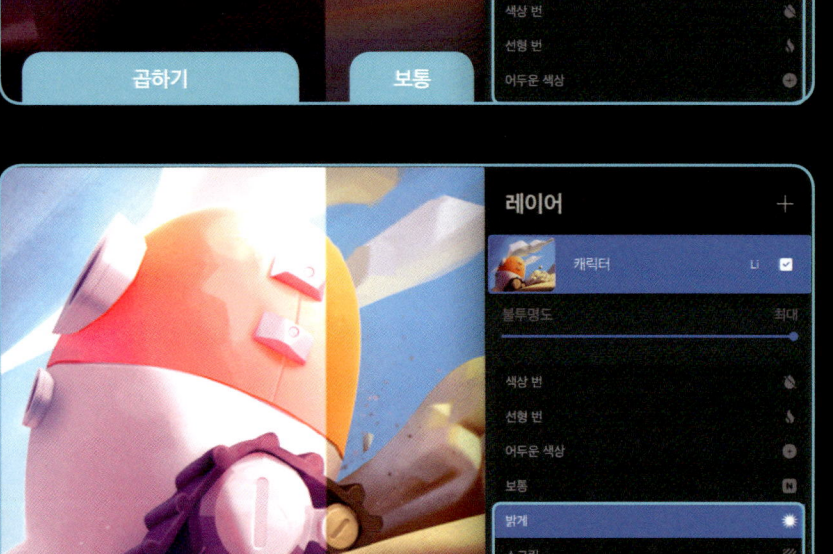

밝은 모드
어두운 모드와 반대로 더 밝은 조합이 되도록 색을 혼합합니다. 그림에 광원을 더하고 싶을 때는 [스크린]을, 채도와 하이라이트를 높이고 싶을 때는 [색상 닷지]를 써보세요.

대비 모드

어두운 모드와 밝은 모드를 조합하여 혼합한 색을 만들어 냅니다. 그래서 결과물을 보면 밝은 부분과 어두운 부분이 더 강하게 대비를 이룹니다. 가장 자주 사용하는 모드는 [오버레이]로 색을 투명하게 겹쳐 칠하는 느낌으로 사용할 수 있습니다. 그림 전체 분위기를 바꿀 수 있죠.

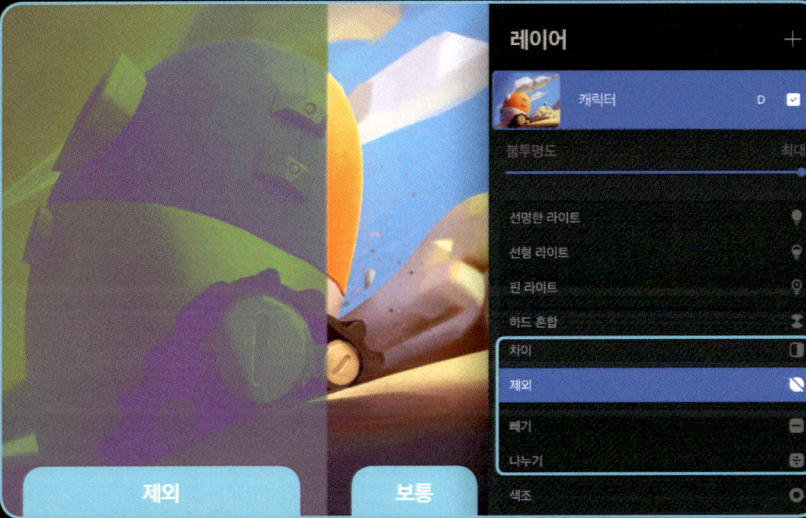

차이 모드

차이 모드에 해당하는 옵션은 색을 합치거나 반전해 사진의 네거티브 같은 효과를 낼 수 있습니다. 실험적인 결과를 얻고자 할 때 좋아요.

색상 모드

선택한 레이어의 색조, 채도, 명도가 서로 독립해서 상호 작용하는 방식에 영향을 주는 모드입니다. [색조]와 [색상]은 그레이스케일 이미지에 색을 추가할 때 자주 쓰입니다. 각기 다른 모드로 이미지를 어떻게 바꿀 수 있는지 시험해 보세요.

레이어 추가 메뉴 알아보기

이 밖에 레이어에는 [추가] 메뉴도 있습니다. [추가] 메뉴는 선택한 레이어의 종류에 따라 달라져요. 해당 레이어와 관련 있는 메뉴만 보이기 때문입니다. [추가] 메뉴를 열려면 현재 선택한 레이어를 한 번 더 탭해 주세요.

- **이름 변경**: 설명이 필요 없는 메뉴죠. 하지만 이 메뉴를 [추가] 메뉴에서 찾을 수 있다는 점은 알아 두면 편리해요.
- **선택**: 해당 레이어의 콘텐츠를 선택합니다(07장에서 자세히 다룰게요).
- **복사하기**: 선택한 레이어의 콘텐츠를 복사합니다.
- **레이어 채우기**: 레이어에 색을 채웁니다.
- **지우기**: 레이어의 콘텐츠를 모두 지웁니다.
- **알파 채널 잠금**: 레이어의 비어 있는 픽셀을 모두 잠그는 기능을 합니다. 따라서 기존에 색칠해 두었던 부분에만 작업할 수 있습니다(51쪽 예제를 참고하세요).
- **마스크**: 레이어에 작업한 콘텐츠를 가리는 기능을 합니다.
- **클리핑 마스크**: 현재 레이어를 아래 레이어의 클리핑 마스크로 만듭니다(클리핑 마스크는 55쪽에서 자세히 설명할게요).
- **반전**: 레이어의 색을 반전시킵니다.
- **레퍼런스**: 다른 레이어에 색을 채울 때 이 레이어를 기준으로 색을 채울 영역이 결정되도록 설정하는 컬러 드롭 기능입니다.
- **아래로 병합**: 현재 레이어와 바로 아래 레이어를 그룹으로 묶는 기능을 합니다.
- **아래 레이어와 병합**: 선택한 레이어와 바로 아래 레이어를 하나의 레이어로 합칩니다.
- **병합**: 그룹 안의 모든 레이어를 하나의 레이어로 합치는 기능을 합니다.
- **텍스트 편집**: 텍스트 레이어에서만 나오는 옵션으로, 탭하면 텍스트 편집 창이 열립니다.
- **래스터화**: 텍스트 레이어에만 해당하는 옵션이에요. 텍스트로 입력한 글자를 픽셀로 바꾸어 줍니다.

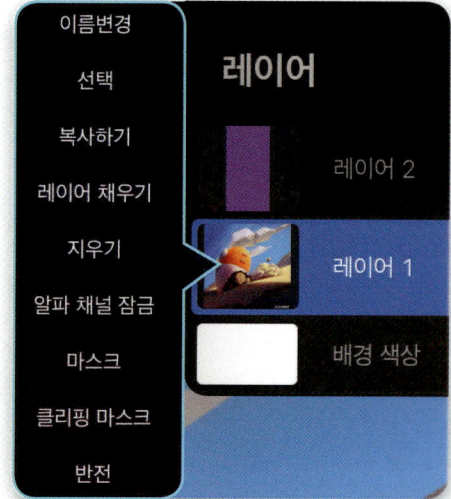
▲ 선택한 레이어를 한 번 더 탭하면 [추가] 메뉴를 열 수 있어요.

마스크

[마스크]는 앞서 작업한 부분을 건드리지 않고 변화를 줄 수 있다는 점에서 강력한 기능을 합니다. 레이어를 탭하고 [추가] 메뉴에서 [마스크]를 선택하면 현재 선택한 레이어 바로 위에 흰색 레이어가 생성됩니다. 이게 바로 레이어 마스크입니다.

마스크에 검은색을 칠하면 아래 레이어에 작업한 부분이 가려지고, 반대로 흰색을 칠하면 다시 나타나요. 회색을 칠하면 일부만 가려져요.

오른쪽 예제 이미지를 보면 레이어 마스크의 검은색과 회색 선이 짙은 남색 레이어를 일부 가려서 그 아래 아쿠아 색상으로 작업한 레이어가 드러나는 걸 확인할 수 있어요.

지워서 정보를 잃는 대신 마스크를 사용해 간단하게 가릴 수 있다는 것은 필요할 때 그 부분을 다시 마음대로 사용할 수 있다는 뜻이니까요.

▲ [마스크]는 단순해 보이지만 잘 익혀 두면 작업할 때 편리합니다.

클리핑 마스크

[클리핑 마스크]는 [알파 채널 잠금]과 비슷한 역할을 합니다. [알파 채널 잠금]은 선택한 레이어의 이미 칠해진 부분에만 추가로 작업할 수 있는 반면, [클리핑 마스크]는 똑같은 기능을 별도의 레이어에서 실행할 수 있게 합니다.

예를 들어서 설명해 볼게요. 레이어 하나에 원을 그려 주세요. [퀵셰이프] 기능으로 원형을 만들고 [컬러 드롭] 기능으로 안쪽을 채우면 됩니다. 이 레이어가 클리핑 마스크에서 작업할 수 있는 범위를 결정 지을 거예요. 클리핑 마스크에서는 아래 레이어의 투명한 부분에는 작업할 수 없기 때문입니다.

지금 완성한 레이어 위에 새로운 레이어를 생성하고 [추가] 메뉴를 열어 [클리핑 마스크]를 탭합니다. 그러면 새로 만든 레이어가 클리핑 마스크로 설정됩니다. 그리고 새로운 레이어의 왼쪽에 아래 방향을 가리키는 화살표 ⌐가 생성되는데요. 이 화살표는 원을 그렸던 원본 레이어에 새 레이어가 고정되었다는 뜻이에요. 이제 새 레이어에 무엇을 그리든 원본 레이어의 원이 있는 자리에서만 작업 내용이 보입니다. 마치 동그라미 모양의 스텐실을 대고 그 안쪽에만 색칠하는 것처럼요.

▲ [클리핑 마스크]를 활용하면 효율적으로 작업할 수 있어요.

음영 효과를 넣을 때도 클리핑 마스크를 활용하세요

먼저 레이어에 그릴 대상의 기본 모양이나 실루엣을 그려요. 그다음에 새로운 레이어를 생성해 [클리핑 마스크]로 지정하고 음영을 칠하면 됩니다. 이렇게 하면 색과 음영을 별도로 관리할 수 있어요.

07 · 선택_내가 원하는 부분만!

[선택] 기능은 색칠하고 싶은 부분이나 변형하고 싶은 요소를 제어할 때 사용합니다([변형] 기능은 08장 변형에서 다룹니다).

인터페이스 왼쪽 상단에 있는 S 자 모양의 [선택] ⓢ 을 탭하면 화면 아래쪽에 메뉴가 나타납니다. 여기에서 네 가지 [선택] 모드는 물론이고 [선택] 기능과 관련된 다양한 세부 옵션도 고를 수 있습니다.

이미지에서 원하는 영역을 선택하면 그 부분만 변경할 수 있으므로 나머지 캔버스 영역은 그대로 유지됩니다. [선택] 기능을 이해하는 가장 좋은 방법은 직접 사용해 보는 거예요. '연습용 예제.procreate'를 활용해 [선택] 메뉴의 모드와 옵션을 사용해 보세요.

07장에서는 다음과 같은 내용을 다룹니다.

- 선택 기능을 활용해 창작 과정 향상하기
- 선택 해제한 뒤 다시 이전 선택 불러오기
- 자동 선택 사용하기
- 올가미 선택 사용하기
- 직사각형 선택 & 타원 선택 사용하기
- 추가, 제거, 반전, 복사하기 및 붙여넣기, 페더, 저장 및 불러오기, 지우기 알아보기

자동

[올가미] 선택은 간단하게 사용할 수 있어서 컴퓨터 그래픽 작가에게 꼭 필요한 도구입니다. [선택 > 올가미]를 탭한 뒤 손가락이나 애플 펜슬로 드래그해서 원하는 영역을 선택해 주세요. 아니면 화면을 한 번 탭해서 시작점을 만든 뒤 다시 한번 탭해 점선을 만들 수도 있습니다. 계속해서 탭하면 선택할 영역의 주위를 다각형으로 만들 수 있어요. 모두 선택했다면 시작점을 탭해서 선택을 마칩니다. 계속해서 이렇게 모양을 만들어 나가면 선택 영역이 추가된답니다. 원하는 부분을 선택할 때 이 두 방법을 조합해서 사용할 수도 있습니다.

▼ [올가미]를 사용하면 선택 영역을 원하는 만큼 정확하게 지정할 수 있어요.

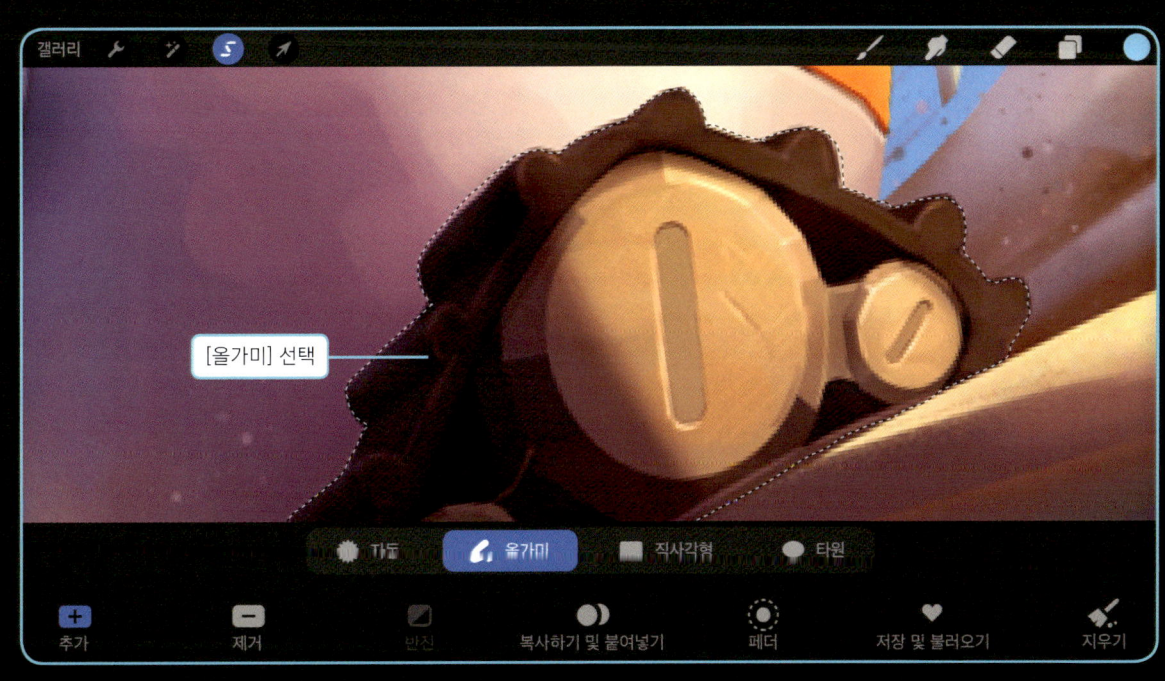

[올가미] 선택

07 • 선택_내가 원하는 부분만! 57

직사각형 & 타원

정해진 모양을 선택하는 기능은 여러모로 유용합니다. 둥근 마스크를 칠할 때 사용할 수도 있고, 캔버스의 일부를 선택해서 다른 곳에 붙여 넣을 때에도 편리하죠. [직사각형] 또는 [타원] 선택을 탭한 뒤 드래그해 원하는 크기의 모양을 만들어 주면 되는데요. 더 좋은 점은 [스냅] 기능을 이용해 타원을 정원으로 만들 수 있다는 거예요. 드래그해서 타원 선택을 하는 동안 화면에 다른 손가락을 대면 [스냅] 기능을 사용할 수 있습니다.

▼ [직사각형]이나 [타원] 선택을 사용하면 원하는 영역을 빠르게 선택할 수 있어요.

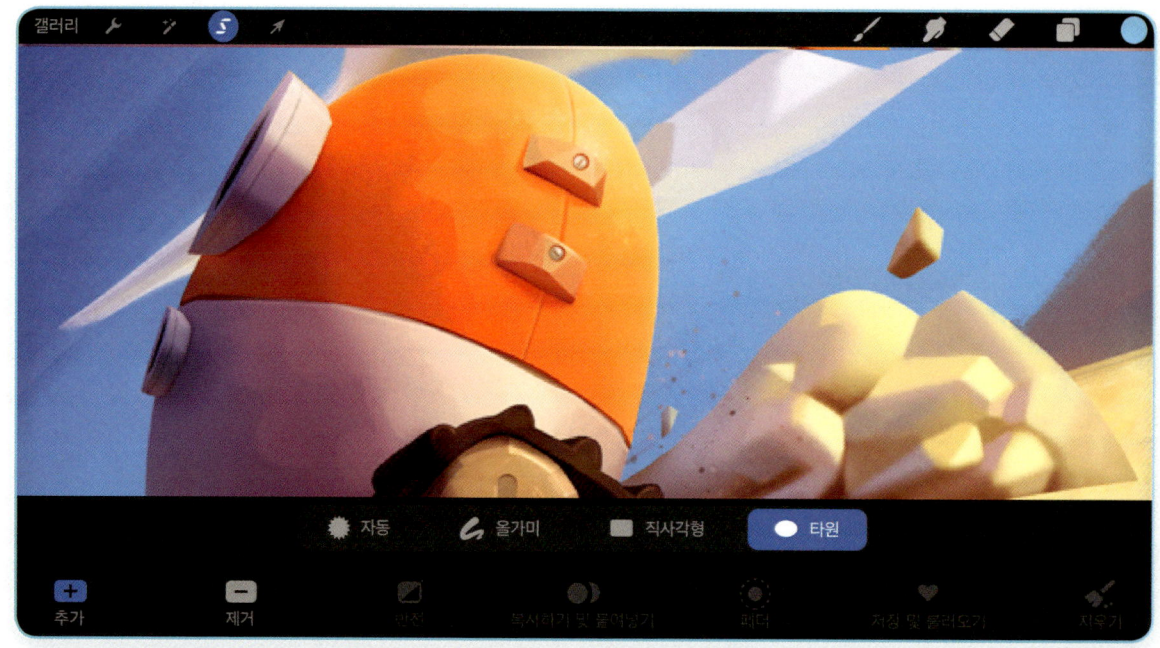

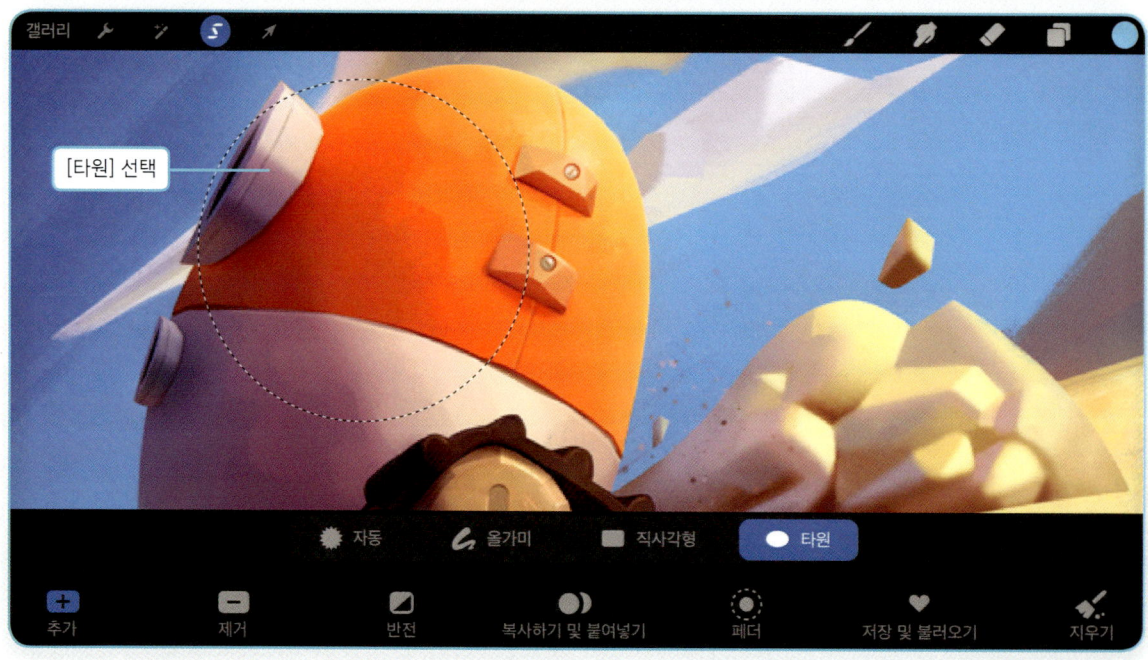

선택 세부 옵션 알아보기

[자동], [올가미], [직사각형], [타원]을 탭하면 아래에 일곱 가지 세부 옵션이 나타납니다.

- **추가 & 제거**: [올가미]를 사용할 때 많이 쓰여요. [추가]를 사용하면 선택한 영역을 기존 영역과 합칠 수 있습니다. 반면 [제거]를 사용하면 선택한 영역이 기존 영역에서 삭제되죠.
- **반전**: 가끔 칠하고 싶지 않은 영역을 선택하는 편이 더 쉬울 때가 있지요. 평소처럼 칠할 영역을 선택할 게 아니라 반전 기능을 활용하면 편리해요.
- **복사하기 및 붙여넣기**: 선택한 영역의 콘텐츠를 다른 레이어에 복제합니다. 단, 영역 선택은 현재 레이어에만 적용된다는 점을 기억해야 합니다. 그러니 복제할 부분을 작업한 레이어가 선택되었는지 반드시 확인해 주세요.
- **페더**: 선택한 영역의 테두리를 부드럽게 만들어 그러데이션 효과를 내는 흥미로운 옵션이에요. 페더의 값에 따라 회색 빗금 패턴이 부드러워지고 점점 연하게 흐려지는 것을 확인할 수 있어요.
- **저장 및 불러오기**: 말 그대로 선택한 영역을 저장하거나 불러오는 기능입니다. 똑같은 부분을 되풀이해서 선택해야 할 때 편리해요.
- **지우기**: 현재 선택한 영역을 지워서 선택을 해제하는 기능입니다. 처음부터 다시 시작해야 할 때 사용해요.

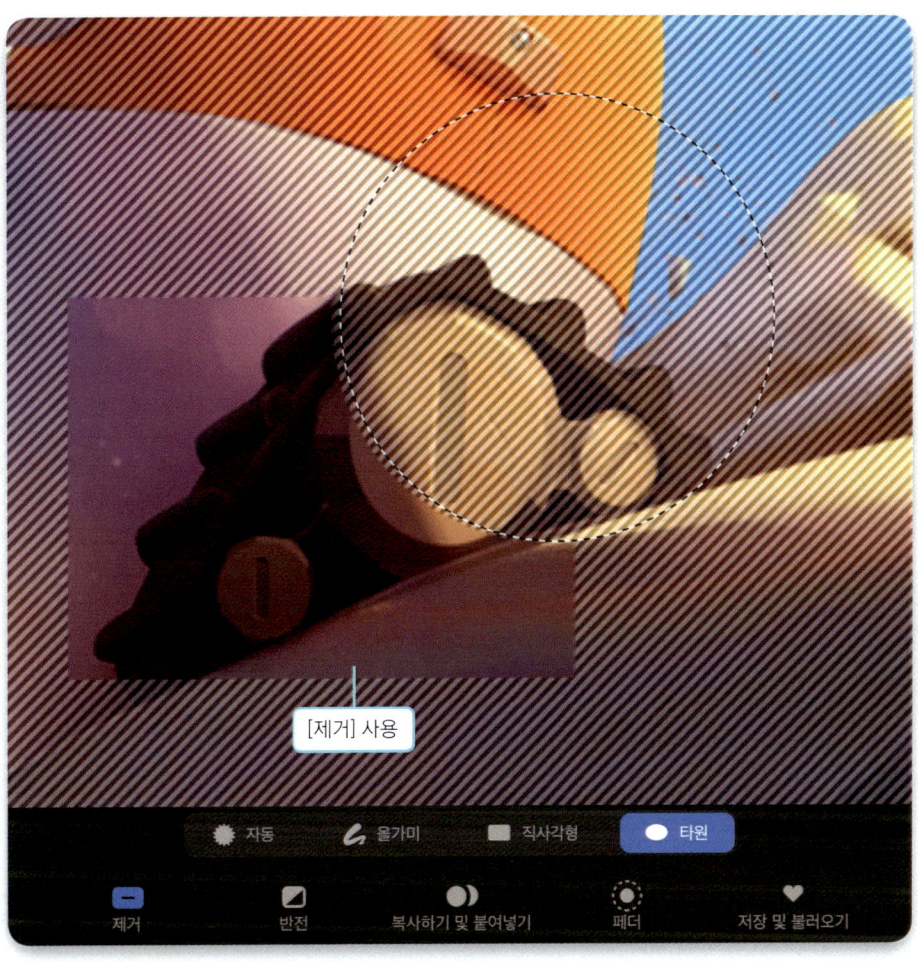

▲ [제거]를 탭하면 현재 선택한 영역에서 원하는 부분을 제외할 수 있어요.

선택 마스크 가시성

선택 영역을 표시한 회색 빗금 패턴이 알아보기 힘들다면 빗금의 불투명도를 높이거나 낮출 수 있습니다. [동작 > 설정]으로 들어가서 [선택 마스크 가시성]의 슬라이더를 조절해 보세요.

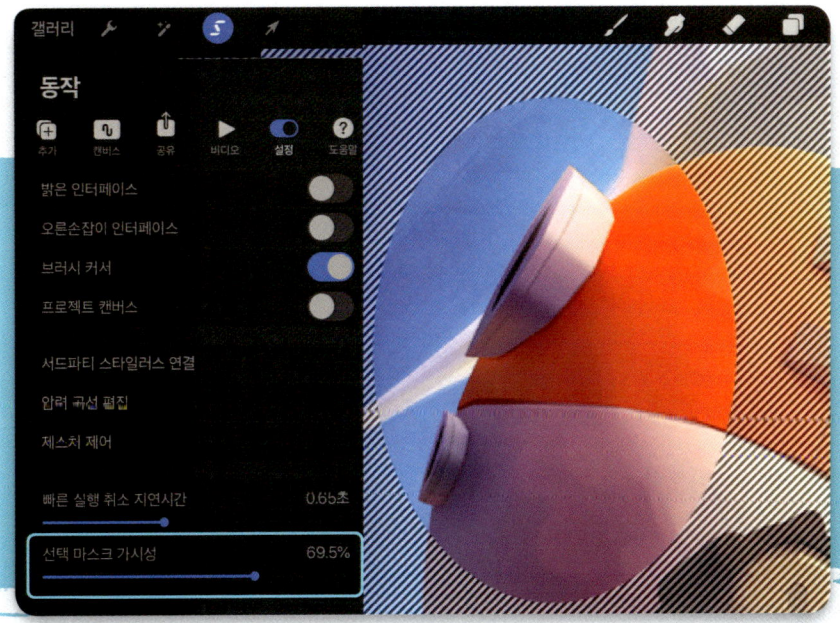

08 · 변형_모양을 내 마음대로!

[변형]은 이미지를 움직이거나 회전할 때, 뒤집을 때, 왜곡하거나 뒤틀 때 사용합니다. 화면 상단 툴바 왼쪽에 있는 화살표 모양의 [변형] 을 탭하면 돼요.
07장에서 배운 [선택]과 조합해서 사용할 수도 있습니다. [선택] 메뉴가 활성화되어 있다면 선택한 영역을 변형할 수 있으니까요. 아무것도 선택하지 않았다면 [변형]은 레이어의 콘텐츠 전체에 적용됩니다(화면 왼쪽 상단에 있는 S 이 파란색으로 표시되어 있으면 [선택] 메뉴가 활성화된 상태입니다).
[선택]과 마찬가지로 [변형]에도 몇 가지 종류와 세부 옵션이 있어요. '연습용 예제.procreate'를 활용해 [변형] 메뉴를 사용해 보세요.

08장에서는 다음과 같은 내용을 다룹니다.

- 자유 형태 변형 & 균등 변형 사용하기
- 왜곡 & 뒤틀기 사용하기
- 고급 메시 사용하기
- 뒤집기, 회전, 스크린에 맞추기, 초기화 알아보기
- 자석 활용하기
- 보간법 사용하기

자유 형태 VS 균등

[자유 형태] 변형과 [균등] 변형의 차이점은 크기를 바꿀 때 가장 확실하게 드러납니다.
테스트할 모양을 하나 만들고 [변형] 을 탭합니다. 모양을 둘러싸는 점선이 나타날 거예요. 이 점선은 마키(marquee)라고 하는데 선택한 영역의 경계를 표시하죠. 모양을 바꿀 때는 파란색 핸들을, 모양을 회전시킬 때는 녹색 핸들을 사용해요. 모서리 핸들을 사용하면 너비와 높이를 동시에 바꿀 수 있어요.

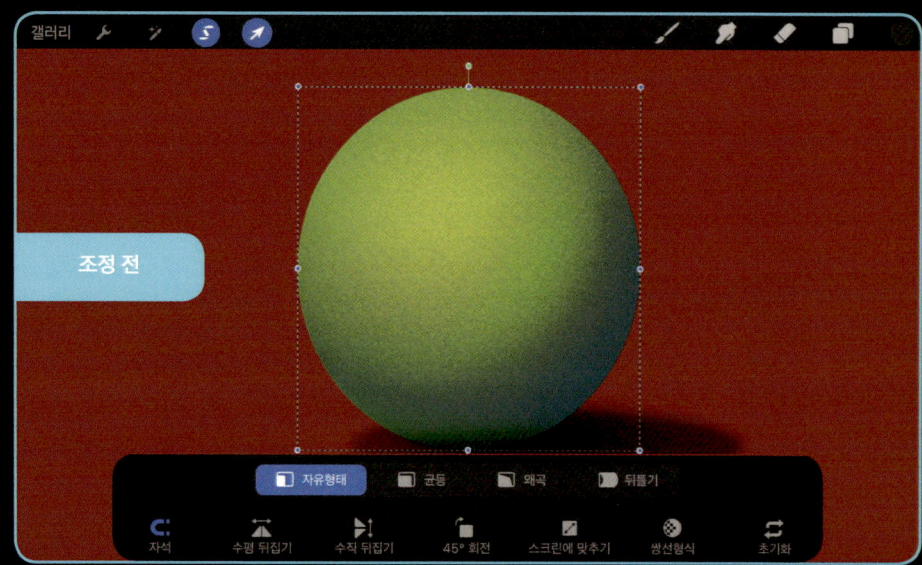

조정 전

자유 형태

[자유 형태] 변형을 선택하면 대상의 모양을 찌부러뜨리거나 잡아 늘이는 등 가로 세로 비율을 바꿀 수 있습니다.

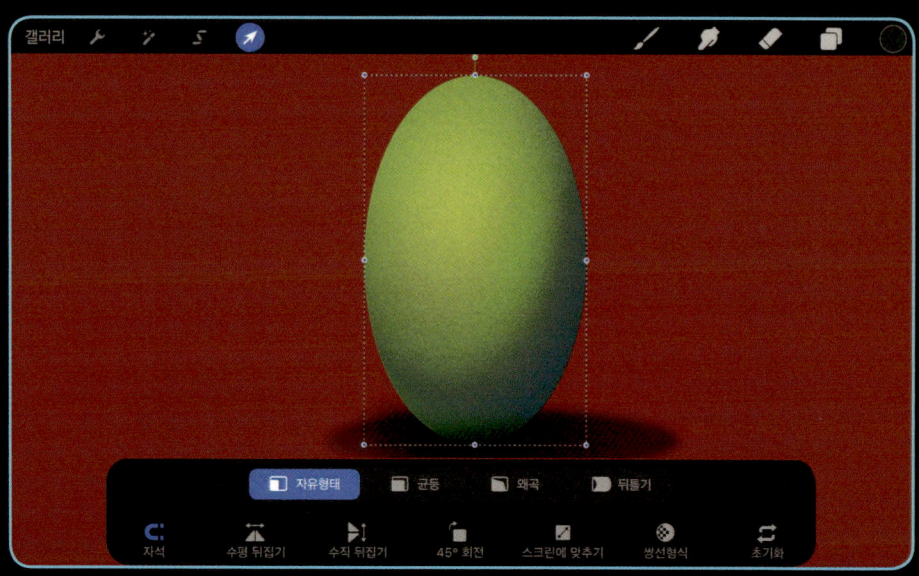

▶ [자유 형태] 변형을 사용해서 가로 세로 비율이 바뀌었어요.

균등

[균등] 변형은 [자유 형태]와 달리 변형할 대상의 비율이 유지되므로 모양이 찌부러지거나 늘어나지 않아요.
[자유 형태]와 [균등]은 각각 쓰임새가 다릅니다.

예를 들어 인물의 두상 크기를 조절할 때는 비율을 유지하고 싶을 거예요. 하지만 배경에 있는 바위 크기를 조절할 때는 너비와 높이를 모두 바꾸는 편이 더 자연스러워 보일 수 있어요.

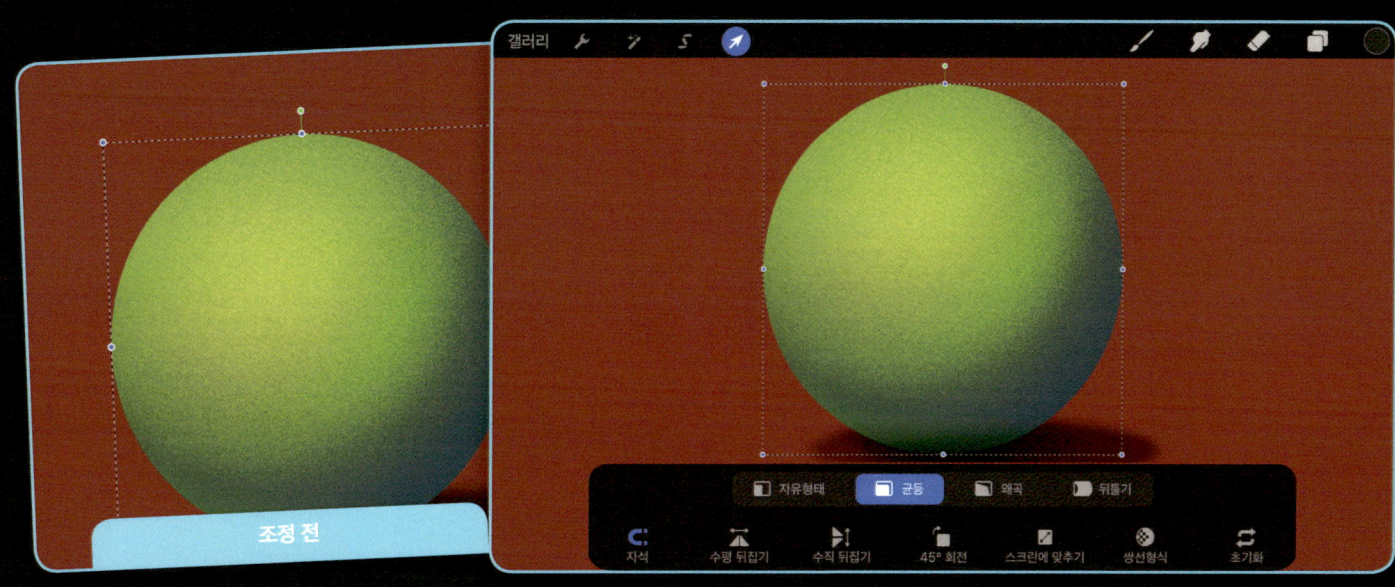

왜곡

[왜곡] 변형은 아무 제약을 받지 않고 투시를 변형할 수 있습니다. 기능은 [자유 형태]와 비슷하지만 점선과 함께 표시되는 파란색 핸들이 모두 독립해서 움직인다는 점이 달라요. 이런 기능 덕분에 대각선으로 왜곡된 이미지를 만들 수도 있어요.
[왜곡] 변형은 3차원 대상에 딱 맞도록 텍스처를 변형할 때 편리한 기능이에요.

▼ 투시를 자유롭게 변형하고 싶을 때는 [왜곡] 변형을 선택해 주세요.

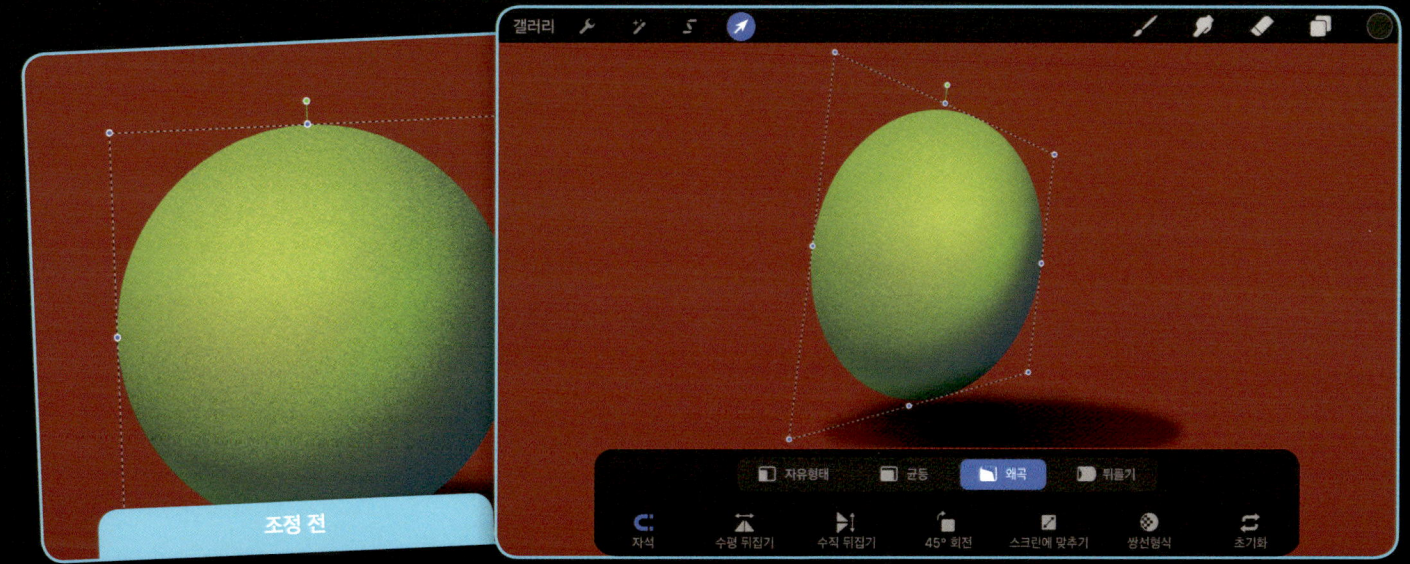

뒤틀기

[뒤틀기] 변형은 얇은 종이를 구기듯 각 모서리의 파란색 핸들을 움직여 대상의 형태를 변형할 수 있습니다. 선택 영역 위로 격자무늬가 나타나는데 이를 메시라고 합니다. 메시를 움직이면 지금까지와는 다른 효과를 낼 수 있답니다. 모양 자체를 구부릴 수 있거든요. 또 메시 테두리에 나타나는 파란색 핸들을 움직여 메시가 겹치는 공간의 앞으로 또는 뒤로 옮길 수도 있어요.

더 세밀하게 조절하려면 [고급 메쉬] 옵션을 활성화하면 됩니다. 그러면 메시를 조절할 수 있는 파란색 핸들이 더 많이 생성돼요.

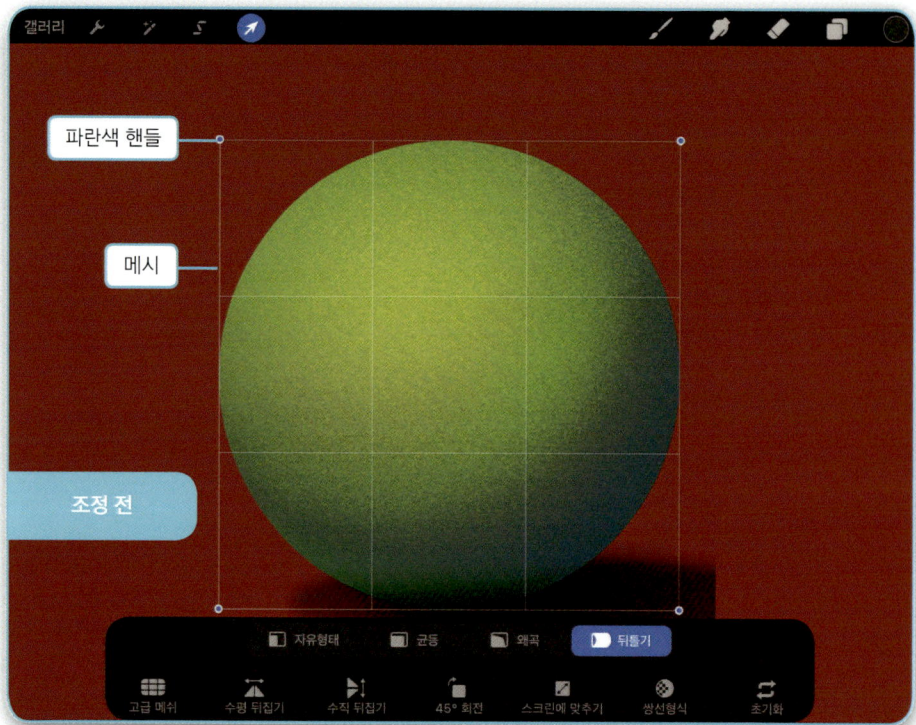

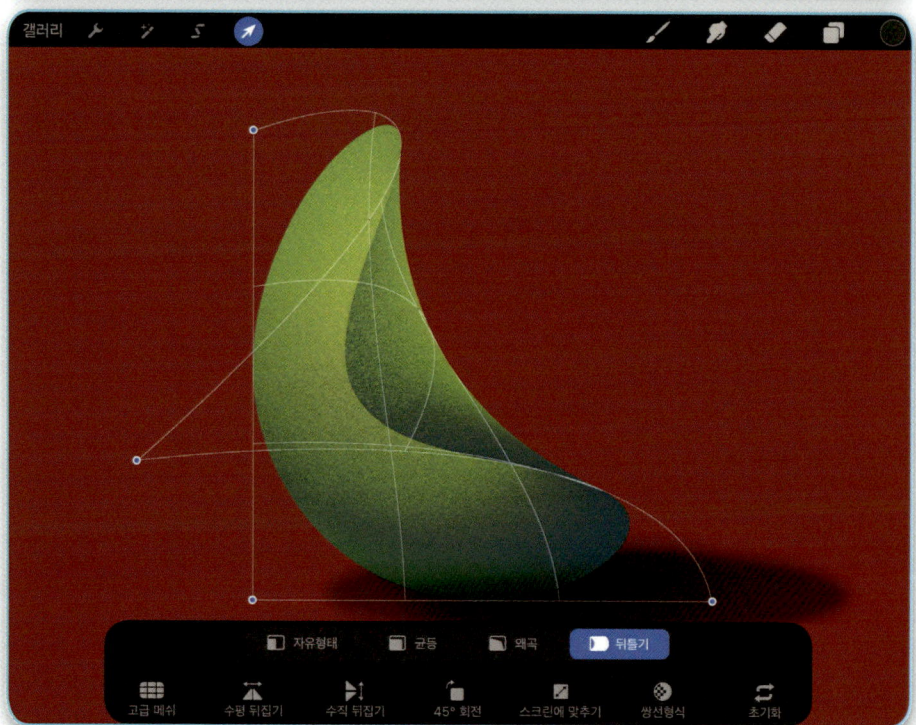

▶ [뒤틀기]를 사용하면 이미지를 구부릴 수 있어요.

변형 세부 옵션 알아보기

네 개의 기본 변형 아래에는 각 변형을 더 자세하게 조정할 수 있는 일곱 가지 세부 옵션이 있습니다.

자석
[균등] 변형을 선택한 후 [자석]을 활성화하면 대상을 고정된 값만큼만 변형할 수 있습니다. 한 번에 15°씩 수치를 높이면서 회전시킨다거나 크기를 25%씩 고정된 비율로 조절할 수 있어요. 확실한 수치나 정해진 축을 기준으로 변형해야 할 때 편리합니다([자유 형태 > 자석] 옵션을 활성화하면 기본 [균등] 변형처럼 자유자재로 조절됩니다).

수평 뒤집기 & 수직 뒤집기
[수평 뒤집기]와 [수직 뒤집기]는 이름만 봐도 어떤 기능인지 알 수 있죠. 그리는 대상이 대칭일 때 유용한 옵션입니다.

45° 회전
변형 대상을 45° 회전시킬 수 있습니다. 주로 [자석] 옵션과 함께 사용합니다.

스크린에 맞추기
변형 대상을 캔버스의 테두리까지 꽉 채우도록 확대하는 기능입니다. [자석]의 활성화 여부에 따라 너비 기준 또는 높이 기준으로 채울 수 있어요.

보간법
디지털 드로잉에서 보간법이란 기존의 이미지 데이터를 확대, 축소하거나 회전할 때 이미지의 상태를 나름대로 정해 주는 방법입니다. 보간법에는 다음과 같이 픽셀 레벨의 변형 작업을 위한 세 가지 옵션이 있습니다.

- 최근방 이웃
- 쌍선형식
- 쌍사차식

(보간법은 수학에서 쓰는 용어로, 둘 이상의 변숫값에 대한 함숫값을 알고서, 그것들 사이의 임의의 변숫값에 대한 함숫값이나 그 근삿값을 구하는 방법을 말해요.)

[최근방 이웃] 옵션이 변형한 이미지를 가장 선명하게 표현하고 [쌍선형식], [쌍사차식]으로 갈수록 더 부드럽게 처리됩니다. 세 가지 옵션을 모두 사용해 보고 어느 것이 자신에게 가장 잘 맞는지 판단해 보세요.

특정 보간법이 다른 보간법에 비해 더 깔끔한 결과를 보여 줄 수도 있습니다. 특히 선택 영역을 확대할 때 차이가 있어요.

초기화
[초기화]는 지금까지 적용한 변형을 모두 취소하고 대상을 원래 상태로 되돌립니다.

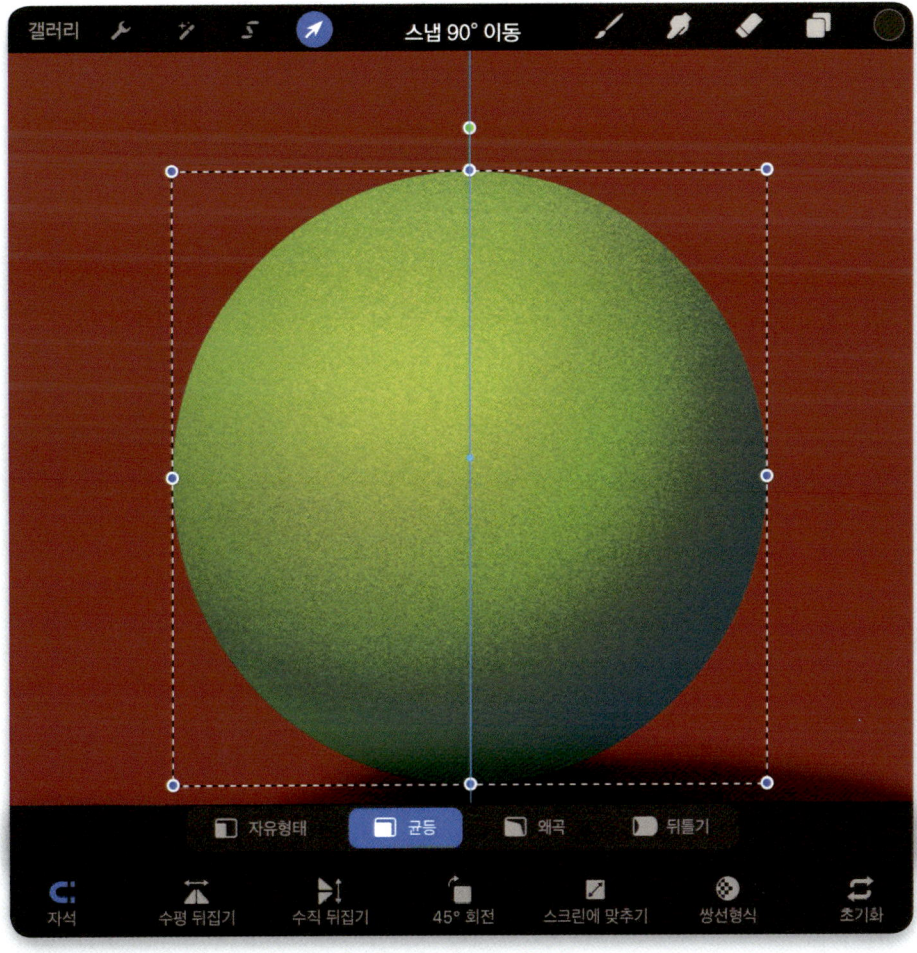

▶ [자석] 옵션을 활성화하면 직선 축을 따라 대상을 움직일 수 있어요.

09 • 조정_다양한 효과

화면 상단 툴바 왼쪽에 있는 마법봉 모양의 아이콘을 탭하면 [조정] 기능을 사용할 수 있어요. 이미지에 변화를 줄 수 있는 다양한 효과들이 모여 있는 메뉴입니다. 특정한 레이어에 적용할 수도 있지만, 일부 효과는 전체 이미지에 적용했을 때 최상의 결과를 얻을 수 있어요.

[조정] 기능은 현재 선택한 레이어에서만 작동하고 [선택] 기능과 함께 사용할 수 있습니다. 다시 말해 원하는 레이어에서 일부분만 선택한 뒤 [조정] 메뉴의 효과를 적용하면 선택한 부분만 영향을 받습니다.

09장에서는 다음과 같은 내용을 다룹니다.

- 내 쓰임에 맞게 조정 메뉴 활용하기
- 가우시안 흐림 효과 사용하기
- 움직임 흐림 효과 & 투시도 흐림 효과 사용하기
- 선명 효과 사용하기
- 노이즈 효과 사용하기
- 픽셀 유동화 사용하기
- 색조, 채도, 밝기 조정하기
- 색상 균형 사용하기
- 곡선 사용하기
- 재채색 사용하기

조정

불투명도
가우시안 흐림 효과
움직임 흐림 효과
투시도 흐림 효과
선명 효과
노이즈 효과
픽셀 유동화
복제

색조, 채도, 밝기
색상 균형
곡선
재채색

▶ 마법봉 모양의 아이콘을 탭하면 [조정] 메뉴를 불러올 수 있어요.

가우시안 흐림 효과

[가우시안 흐림 효과]는 선택한 레이어에 흐림 효과를 균일하게 적용할 수 있는 아주 유용한 옵션이에요. [가우시안 흐림 효과]는 쓰임새가 아주 많답니다. 캐릭터 뒤의 배경을 흐리게 처리할 때, 그러데이션이나 캐릭터에 빛이 표현된 부분이나 하늘의 구름 등을 부드럽게 만들어야 할 때 쓰면 좋아요.

조작도 아주 쉽습니다. [가우시안 흐림 효과]를 탭하고 왼쪽이나 오른쪽으로 밀어서 흐림 강도를 높이거나 낮추기만 하면 돼요.

▶ [가우시안 흐림 효과]는 물체와 물체 사이의 거리감을 표현할 때 매우 유용합니다.

움직임 흐림 효과 & 투시도 흐림 효과

[가우시안 흐림 효과]와 마찬가지로 [움직임 흐림 효과]와 [투시도 흐림 효과] 역시 이미지를 흐리게 만들지만 방향성이 있다는 점이 다릅니다. [움직임 흐림 효과]는 직선 방향으로 적용되므로 카메라와 평행으로 움직이는 대상에 착시 현상을 표현하기 좋습니다.
[투시도 흐림 효과]는 방사상으로 적용되므로 대상이 카메라 쪽으로 움직이는 인상을 주고 싶을 때 편리해요.

움직임 흐림 효과
[조정 > 움직임 흐림 효과]를 탭한 뒤 이미지 위에서 손가락을 왼쪽이나 오른쪽으로 밉니다. 손가락이 움직인 방향이 흐림 효과를 적용할 축이 되고, 손가락을 민 거리가 흐림의 강도가 됩니다.

▲ [움직임 흐림 효과]는 속도감을 표현할 때 사용할 수 있어요.

투시도 흐림 효과
[투시도 흐림 효과]를 탭하면 이미지 위에 동그란 점이 나타나는데, 이 점이 방사상 흐림 효과의 중심이 됩니다. 이 점을 드래그해서 흐림 효과의 중심 위치를 바꿀 수 있어요.
중심점을 잡은 뒤에는 손가락을 왼쪽이나 오른쪽으로 밀어서 흐림 강도를 높이거나 낮출 수 있습니다.
화면 하단에 나타나는 [방향성] 옵션을 선택할 수도 있어요. 그러면 [방사형 흐림 효과]가 [원뿔형 흐림 효과]로 바뀌어서 더 적합한 쪽을 선택할 수 있어요.

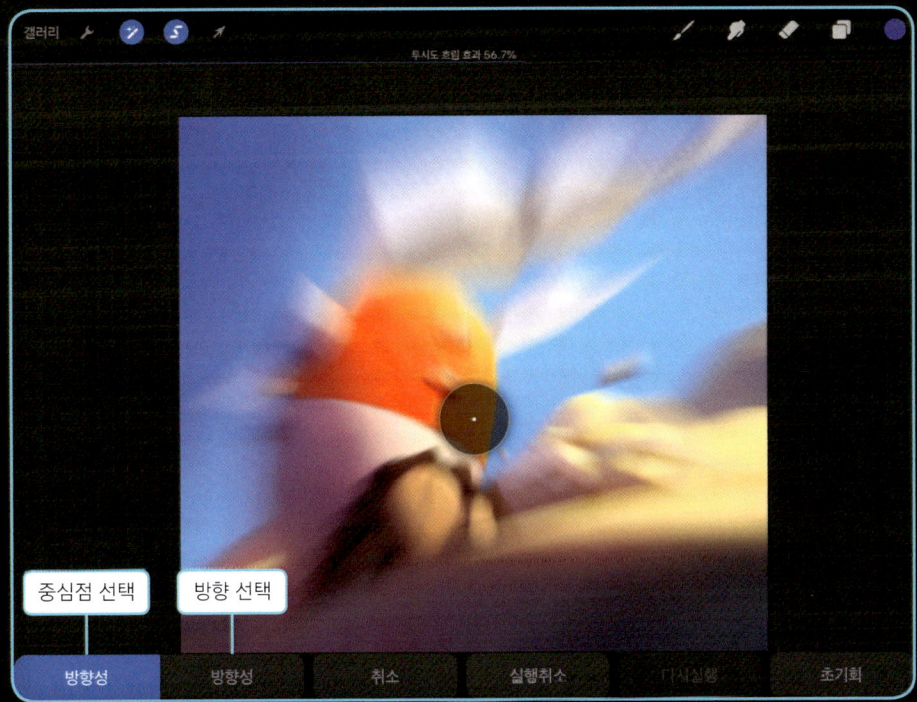

▲ [투시도 흐림 효과]는 속도감이나 움직임이 있는 인상을 주고 싶을 때 사용할 수 있어요.

선명 효과

선명 효과를 적용하면 인접한 픽셀 사이의 대비가 높아져서 이미지의 테두리가 더 또렷하고 두드러져 보입니다.

다른 [조정] 메뉴와 마찬가지로 [선명 효과]를 탭한 뒤 캔버스에서 손가락을 오른쪽이나 왼쪽으로 밀어서 효과의 강도를 조절할 수 있어요.

하지만 주의하세요. 선명 효과를 강하게 내고 싶은 마음에 슬라이더를 오른쪽 끝까지 조절하고 싶은 유혹이 생길 수도 있거든요.

선명 효과를 지나치게 적용할 경우 이미지가 거칠고 가공된 것처럼 보여서 손으로 칠한 듯한 디테일을 덮어 버릴 수 있습니다.

▼ [선명 효과]는 디테일을 살리는 효과적인 방법이지만 지나치면 좋지 않아요.

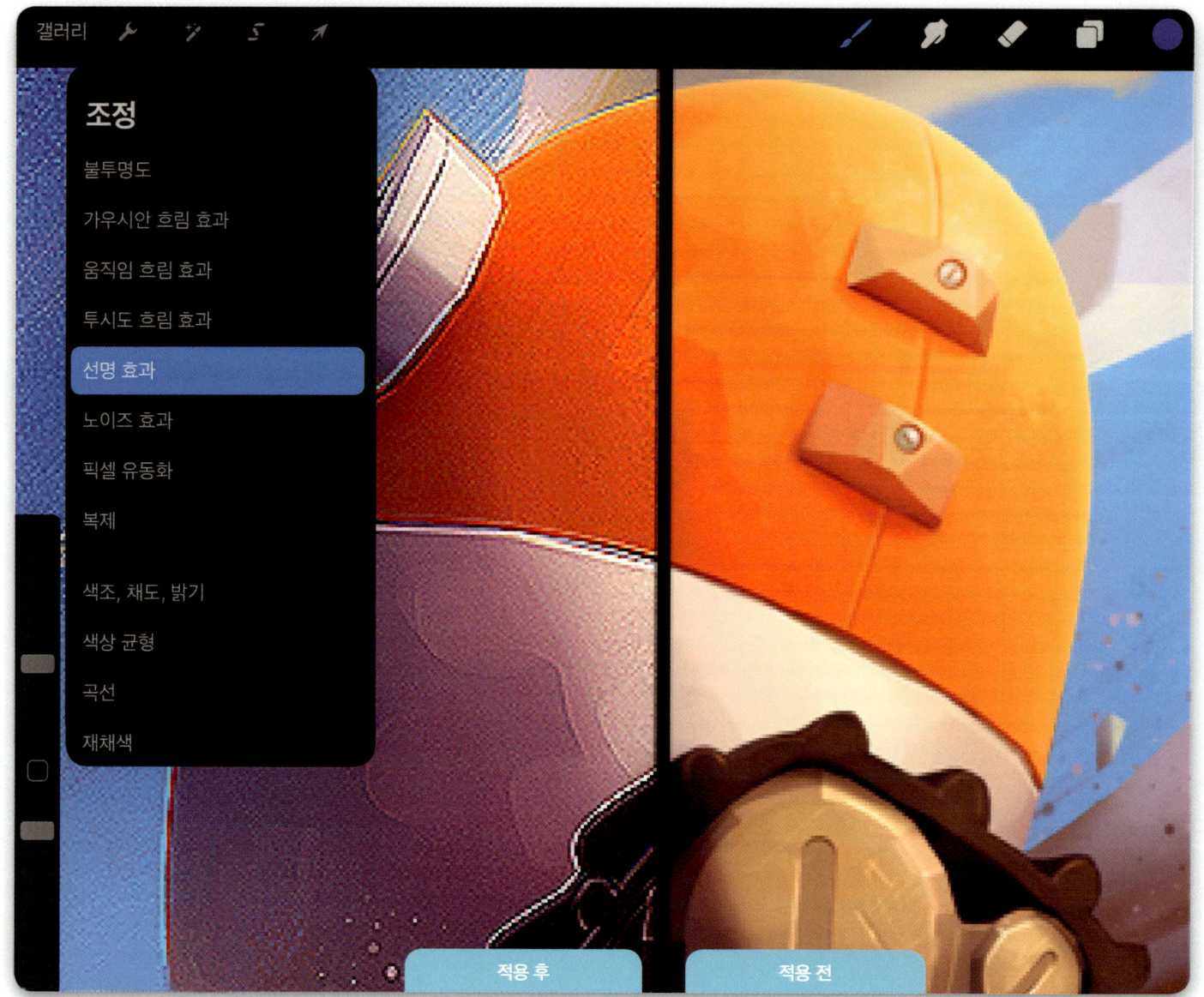

노이즈 효과

사진이나 영상을 자세히 살펴보면 전체적으로 노이즈가 있다는 것을 알 수 있어요. 보일 듯 말 듯한 알갱이가 많이 있죠. 반면 컴퓨터 그래픽에서는 간혹 지나치게 매끄럽고 깨끗해서 오히려 질감 표현이 부족하다는 느낌이 들 수 있습니다. 이럴 때 노이즈 효과를 이용하면 좋습니다. 이미지 위에 노이즈 레이어를 한 겹 씌워 사진과 같은 느낌을 살리면 컴퓨터 그래픽에 아쉬웠던 효과를 보충할 수 있습니다.

[노이즈 효과]를 탭하고 슬라이더를 오른쪽으로 밀면 더 많은 노이즈를 추가할 수 있어요. 반대로 노이즈를 줄이고 싶을 때는 슬라이더를 왼쪽으로 밀면 됩니다.
선명 효과와 마찬가지로 노이즈 효과도 과하게 적용하면 인위적으로 보일 수 있으니 주의하세요.

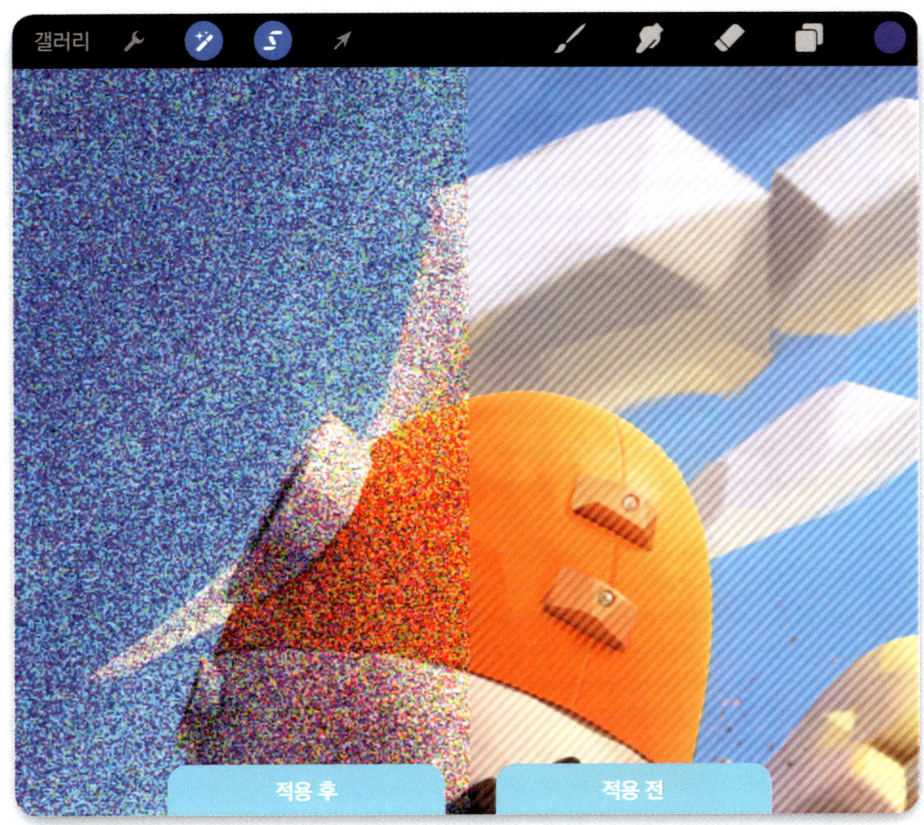

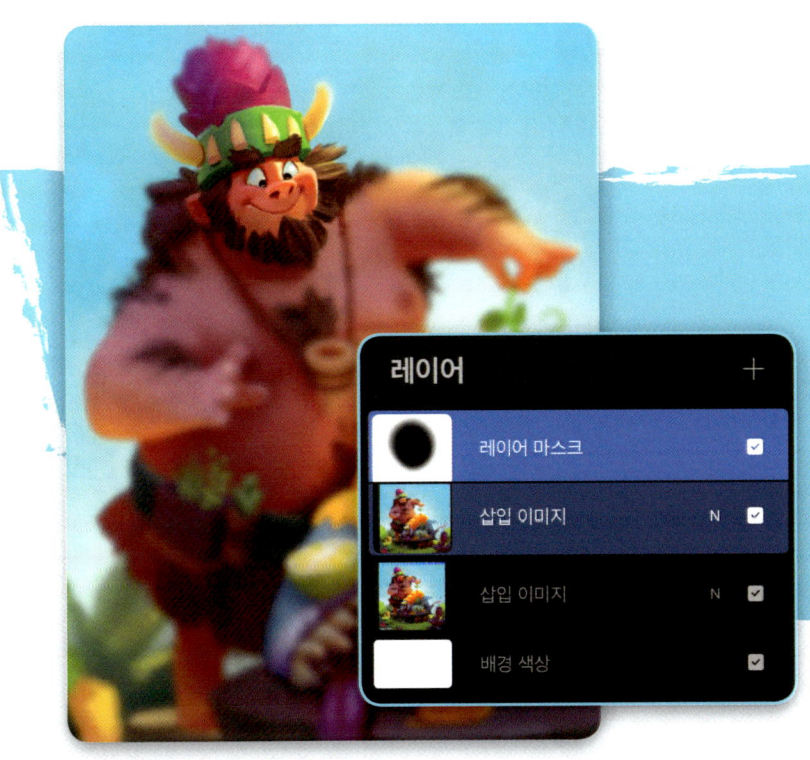

조정 & 마스크

이미지를 미세하게 다듬어야 할 때 조정 효과를 적용하기가 까다로울 수 있어요. 예를 들어 캐릭터의 얼굴을 제외한 전체 이미지에 [가우시안 흐림 효과]를 적용하고 싶은 경우를 생각해 보세요. 이럴 때는 이미지를 복제해 조정 효과를 적용한 뒤, [마스크]를 사용해 조정 효과를 감추거나 보여 줄 수 있습니다. 이렇게 하면 세세한 부분을 빠짐없이 정확하게 제어할 수 있죠.

[픽셀 유동화]는 프로크리에이트에서 사용할 수 있는 가장 강력한 [조정] 기능으로 손꼽힙니다. [픽셀 유동화]를 탭하면 화면 하단에서 [픽셀 유동화 모드]의 도구와 옵션을 선택할 수 있습니다.

도구

8가지 [픽셀 유동화 모드] 중에서 [밀기], [꼬집기], [확장]을 가장 많이 사용합니다. [밀기]는 픽셀을 드래그할 때, [꼬집기]는 픽셀을 한 점에 모을 때 써요. [확장]은 픽셀을 선택한 지점에서 멀어지도록 밀어 내는 기능을 해요. 다른 도구도 재미있게 사용해 볼 만하지만 [밀기], [꼬집기], [확장]만큼 쓸모가 많지는 않아요. [비틀기 시계방향], [비틀기 반시계방향], [결정], [모서리]는 이미지를 독특한 방식으로 변형합니다.

픽셀 유동화 모드
밀기
비틀기 시계방향
비틀기 반시계방향
꼬집기
확장
결정
모서리
재구성

▶ [픽셀 유동화] 기능으로 더 멋진 결과물을 만들어 보세요.

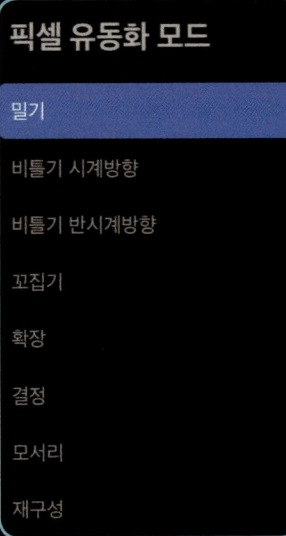

슬라이더

도구 아래에는 픽셀 유동화의 효과를 조절하는 슬라이더가 있습니다. [크기]는 브러시의 크기를 결정합니다. 픽셀 유동화 브러시는 일반 브러시 슬라이더가 아니라 이 슬라이더로 제어해요. [압력]은 픽셀 유동화 효과의 강도를 조절할 때 사용합니다. 일반 브러시의 불투명도 슬라이더와 비슷하죠.

[왜곡]은 말 그대로 이미지를 왜곡하는 기능을 해요. 슬라이더를 오른쪽으로 밀면 [픽셀 유동화] 기능을 사용할 때 무작위성을 높일 수 있습니다. 예를 들어 [밀기]를 사용하면 물결이 추가되고, [꼬집기]를 사용하면 뾰족한 부분이 생기고, [확장]을 사용하면 방울이 생기는 식입니다. 마지막으로 [탄력] 슬라이더를 오른쪽으로 밀면 애플 펜슬을 스크린에서 뗀 뒤에도 픽셀 유동화가 진행됩니다.

[조정] 메뉴에서 [색조, 채도, 밝기]를 탭하면 색을 쉽게 바꾸고 다른 색상 조합을 시도해 볼 수 있어요. 색조, 채도, 밝기는 hue, saturation, brightness를 뜻하며 머리글자를 따서 HSB로 줄여 사용합니다.

세 가지 슬라이더를 하나씩 조정하면서 명암에 변화를 주지 않고 어떻게 변화하는지 확인해 보세요.

색상 균형

[색상 균형]은 [색조, 채도, 밝기]와 닮은 형제 메뉴라고 할 수 있습니다. HSB가 페인트 통이라면 색상 균형은 페인트 브러시라고 할 수 있죠.
[색상 균형]을 사용하면 이미지에 사용한 빨간색, 녹색, 파란색의 양을 각 색상에 지정된 슬라이더를 움직여서 따로따로 조절할 수 있어요. 게다가 이런 변화를 어두운 영역, 중간 색조, 밝은 영역으로 나누어서 적용할 수도 있답니다.
이미지 전체의 색을 미세하게 다듬어야 할 때 [색상 균형]을 사용해 보세요. 예를 들어 어두운 그림자의 색온도를 낮추거나 밝은 하이라이트 부분의 색온도를 높이고 싶을 때 도움이 됩니다.

▶ [색상 균형]은 [색조, 채도, 밝기]에 비하면 미세 조정이라고 볼 수 있지만 유용성 면에서는 결코 뒤지지 않아요.

곡선

[곡선]은 그림의 색을 아주 섬세하게 관리할 수 있는 가장 강력한 도구로 손꼽힙니다. 처음 사용할 때는 조금 어려울 수도 있지만 곡선이 무엇을 의미하는지 일단 이해하고 나면 다른 도구만큼 간단하다는 것을 알 수 있어요.

[조정 > 곡선]을 탭하면 가운데를 가로지르는 선이 있는 히스토그램이 나옵니다. 히스토그램 선의 중앙을 드래그하면 파란색 핸들이 생성됩니다. 이 점을 움직여 이미지의 명도를 각기 다른 범위로 조절할 수 있습니다. 파란색 핸들을 드래그해 곡선을 위로 올리면 이미지가 밝아지고 아래로 내리면 어두워져요.

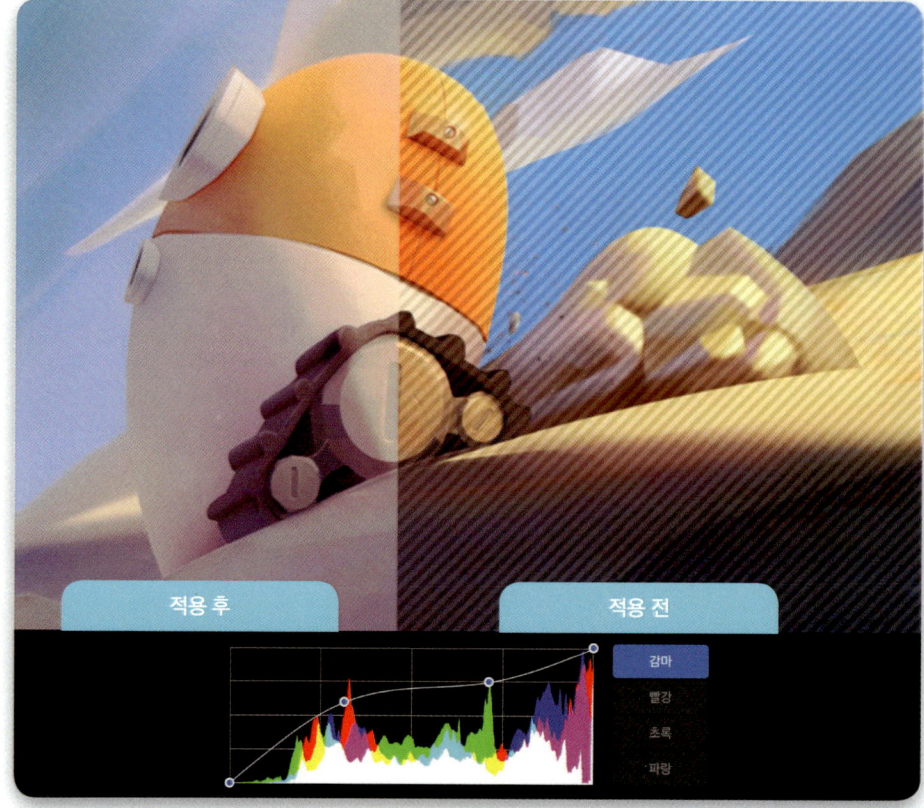

[곡선]은 대부분 이미지 전체의 색조와 명도를 수정할 때만 사용합니다. 물론 그것만으로도 충분히 유용하지만 각각 범위를 정해서 빨간색, 녹색, 파란색의 양을 조절할 때에도 쓸 수 있습니다. 예를 들어 그림의 하이라이트 부분에 노란색이 조금 많이 들어갔다 싶으면 [곡선 > 파랑]을 탭하고(파란색이 노란색의 보색이기 때문이에요) 곡선 오른쪽 부분을 위로 끌어올려 보세요. 그러면 하이라이트 부분에 파란색의 양이 늘어나서 노란색의 양이 조금 줄어드는 것을 볼 수 있습니다.

▶ [곡선]은 포토샵 같은 이미지 편집 프로그램에서도 유용하게 쓰이는 기능입니다.

히스토그램

프로크리에이트에서 히스토그램은 이미지의 색상과 명도를 그래픽으로 나타낸 것을 말합니다. 왼쪽이 검은색, 오른쪽이 흰색이고 그 사이에 다른 모든 톤이 들어가요. 각 섹션의 막대 높이는 그림에서 해당하는 값이 얼마나 들어가 있는지를 나타냅니다.

재채색

[재채색]은 작업의 마지막 단계에서 크게 변화를 줘야 할 때 시간을 절약하게 해주는 간단한 도구입니다.

작품을 완성하고 레이어를 모두 병합한 뒤 최종 효과까지 적용한 일러스트를 클라이언트에게 보냈다고 생각해 보세요. 그런데 클라이언트가 갑자기 캐릭터의 피부색을 바꾸겠다고 할 수 있죠. 이럴 때는 캐릭터의 피부 부분을 모두 지우거나 일일이 선택할 필요 없이 색상 팔레트에서 새로운 색을 고르고 [조정 > 재채색]을 선택해 보세요. 캐릭터의 피부를 탭하면 이미지가 곧바로 수정될 거예요.

▼ [재채색]은 간단하면서 효과가 큰 기능이에요.

10 • 동작_알아 두면 편리한 옵션

[동작]은 화면 상단 툴바에서 공구 모양의 [🔧]을 탭하면 찾을 수 있습니다. [동작] 메뉴에는 프로크리에이트 제스처를 맞춤형으로 바꾸는 것부터 애플 펜슬을 연결하는 것까지 다양한 옵션이 있어요.

10장에서는 다음과 같은 내용을 다룹니다.

- 텍스트 추가 도구 사용하기
- 캔버스 카테고리의 여러 옵션 사용하기
- 그리기 가이드 사용하고 편집하기
- 그리기 도우미 사용하기
- 설정 카테고리의 다양한 옵션을 사용해 프로크리에이트 사용 경험 맞춤화하기
- 제스처 제어 패널을 사용해 프로크리에이트의 제스처 맞춤화하기
- 타임랩스 녹화 사용하고 영상 공유 & 활용법 알아보기

추가

[동작]에서 왼쪽 첫 번째 카테고리가 [추가]입니다. [추가]에는 다음과 같은 옵션이 있습니다.

◆ 장치에서 파일 직접 삽입하기
◆ 이미지 갤러리에서 사진 삽입하기
◆ 아이패드로 사진 촬영하기
◆ 텍스트 추가하기

더 아래로 내려가면 [잘라내기], [복사하기], [붙여넣기] 옵션이 있습니다. 03장에서 다뤘던 제스처보다 옵션 선택을 선호한다면 [동작]을 이용해 보세요.

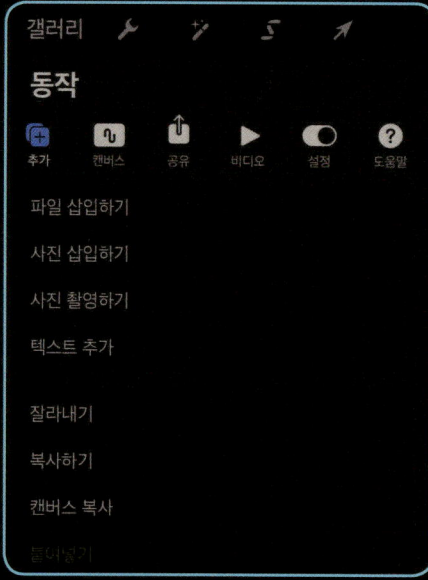

▲ [추가]에는 파일이나 사진(이미지)을 삽입하는 옵션과 레이어를 복사하고 붙여 넣는 옵션이 있어요.

[텍스트 추가]를 탭하면 텍스트 레이어가 생성됩니다. 샘플 문구로 '텍스트'가 표시될 거예요. 이때 텍스트는 현재 선택된 색상으로 결정됩니다. 문구를 입력한 뒤 [스타일 편집]을 탭해 보세요. 다양한 옵션이 제공된답니다. 서체와 불투명도, 스타일, 자간(글자 사이 간격) 등을 바꿀 수 있고 보관된 서체를 가져올 수도 있어요.

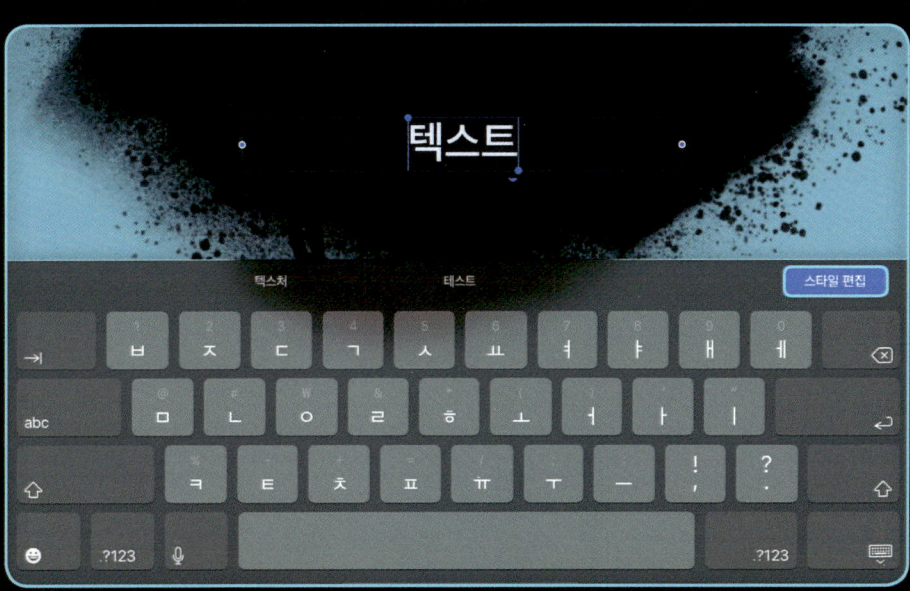

▶ 글자를 입력하고 [스타일 편집]으로 자유롭게 수정해 보세요.

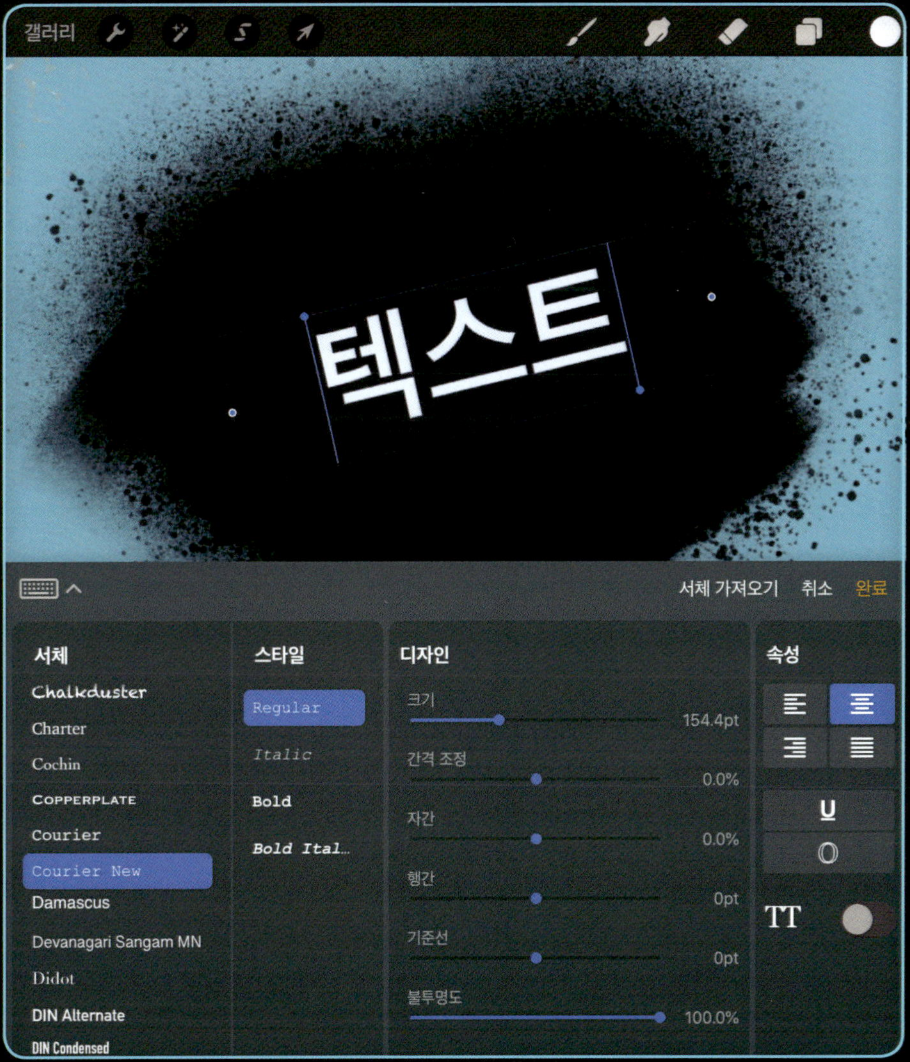

▶ [텍스트 추가]에는 다양한 옵션이 있습니다.

캔버스

두 번째 카테고리는 [캔버스]입니다. 여기에서 캔버스의 속성을 보고 편집할 수 있어요.

잘라내기 및 크기 변경

[잘라내기 및 크기 변경]에서는 캔버스의 크기를 수정할 수 있습니다. 이미지 주위에 나타나는 직사각형 윤곽을 드래그해서 이미지를 자를 수도 있고, 스크린 하단에 나타나는 상자 속 숫자를 편집해 해상도를 바꿀 수도 있습니다. 슬라이더로 이미지를 회전시킬 수도 있죠.

첫 번째 상자 속 숫자는 이미지의 가로 크기에 해당하고, 두 번째 상자 속 숫자는 세로 크기에 해당합니다. 두 상자 사이의 사슬을 탭하면 너비와 높이가 연결되어 어느 한쪽을 바꿔도 비율을 유지할 수 있어요.

만약 이미지를 둘러싼 캔버스의 크기만 확대하는 게 아니라 이미지 자체를 확대하고 싶다면 [캔버스 리샘플]을 활성화하세요. 이 옵션은 이미지의 가로와 세로 크기를 자동으로 연결해 줍니다. [잘라내기 및 크기 변경]에서 캔버스 크기를 바꾸면 생성할 수 있는 최대 레이어 수가 상단에 표시됩니다. 캔버스가 커질수록 사용할 수 있는 레이어의 수는 더 줄어들어요.

애니메이션 어시스트

[애니메이션 어시스트]를 활성화하면 스크린 하단에 [타임라인] 창이 생겨서 레이어가 각 프레임을 구성하는 애니메이션을 재생해서 볼 수 있어요. 각종 옵션도 적용해서 애니메이션을 편리하게 만들 수도 있답니다.

캔버스를 수평으로 & 수직으로 뒤집기

[캔버스를 수평으로 뒤집기], [캔버스를 수직으로 뒤집기]는 눈이 익숙해져서 미처 생각하지 못한 실수를 찾아낼 때 편리한 기능입니다.

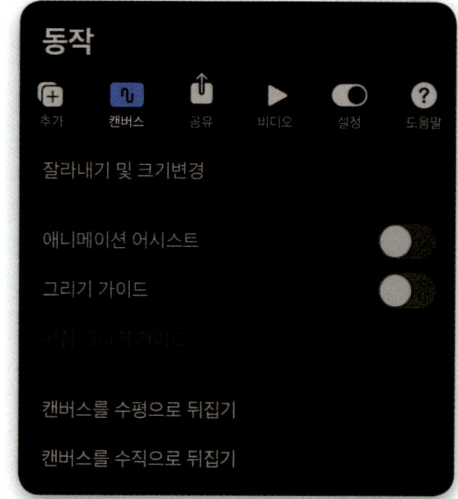

▲ [캔버스]를 탭하고 캔버스 속성을 편집해요.

캔버스 정보

[캔버스 정보]에서는 이미지 파일의 크기, 사용한 레이어 수, 캔버스 크기, 녹화 시간 같은 자세한 정보를 볼 수 있어요. 특히 녹화 시간은 실제 그림을 완성하는 데 얼마나 걸렸는지 알 수 있어서 유용합니다.

◀ [잘라내기 및 크기 변경]을 이용하면 이미지에서 필요한 부분만 손쉽게 자르거나 크기를 바꿀 수 있어요.

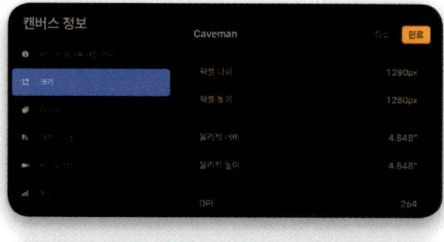

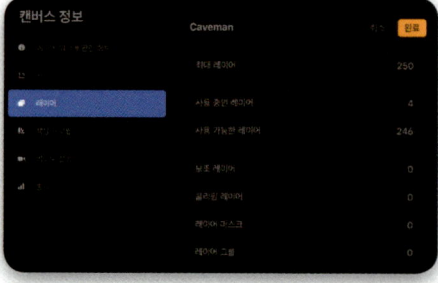

그리기 가이드

[캔버스 > 그리기 가이드]를 활성화하면 캔버스에 그림을 수월하게 그릴 수 있도록 도와줄 격자가 나타납니다. [캔버스 > 편집 그리기 가이드]에는 가이드의 종류와 그 밖의 모든 속성을 선택할 수 있는 옵션이 있습니다. [2D 격자], [등거리], [원근], [대칭] 중에서 하나를 선택할 수 있어요. 모두 이해하기 쉬운 편이고, 가이드 선의 색상·두께·불투명도 등 공통된 속성을 공유합니다.

[그리기 가이드]를 사용하면 브러시 획이 가이드 선과 일치하도록 [스냅] 기능을 쓸 수 있습니다. 투시를 고려한 건축물 등을 그릴 때 도움이 되죠. 스냅이 필요할 때는 [그리기 도움받기]를 활성화해 보세요.

2D 격자

[2D 격자]는 가로선과 세로선이 같은 간격으로 겹쳐 있습니다. 캔버스를 똑같은 크기로 나누어야 할 때나 대상을 캔버스에 균일하게 배치해야 할 때 유용하게 쓸 수 있어요.

등거리

[등거리]는 세로선과 30° 기울기의 대각선으로 형성된 격자입니다. 이 격자는 3차원으로 그리더라도 거리가 멀어짐에 따라 대상이 축소되어 보이지 않도록 할 때 사용할 수 있어요.

원근

[원근]은 프로크리에이트의 독창적인 기능으로 스크린을 탭하는 것만으로 소실점을 세 개까지 설정할 수 있습니다. 생성된 소실점은 드래그해서 위치를 바꿀 수 있고, 다시 한번 탭하면 삭제할 수 있어요.

대칭

[대칭]에서는 [수직], [수평], [사분면], [방사상] 중에서 원하는 옵션을 선택할 수 있습니다. 또 회전 대칭을 켜고 끌 수도 있어요. 이 옵션을 활성화하고 선을 그으면 대칭되는 선이 평소 반대 방향을 따라 생성되던 것과 달리 같은 방향을 따라 그려집니다.

▲ [원근]에서는 소실점을 최대 세 개까지 생성할 수 있어요.

그리기 도우미

[그리기 도우미]는 레이어에 영향을 받습니다. 다시 말해 특정 레이어에서만 적용할 수 있다는 뜻이에요. [레이어] 창에서 아무 레이어나 탭하고 [그리기 도우미]를 선택해 보세요. 이 옵션이 활성화된 레이어는 레이어 이름 밑에 '보조'라는 표시가 생깁니다.

설정

[설정] 카테고리에서는 프로크리에이트 사용 경험을 사용자에게 맞추고 개선할 수 있는 유용한 옵션을 제공합니다.

밝은 인터페이스

프로크리에이트에 기본으로 설정되어 있는 어두운 인터페이스가 싫다면 이 옵션을 사용해 보세요.

오른손잡이 인터페이스

이 옵션을 활성화하면 브러시 크기 & 불투명도 조절 슬라이더가 포함된 왼쪽 사이드바를 반대편으로 이동해서 그림을 그리지 않는 손으로 인터페이스를 조작할 수 있게 합니다. 왼손잡이에게 유용합니다.

브러시 커서

이 옵션의 활성화 여부에 따라 그림을 그릴 때 브러시의 실루엣을 보이게 할 수도 있고 감출 수도 있어요.

프로젝트 캔버스

다른 장치에서 화면을 공유할 때 인터페이스가 보이지 않게 해줍니다.

서드파티 스타일러스 연결

이름 그대로 애플 펜슬이 없을 때에만 필요한 옵션이에요.

압력 곡선 편집

획을 그을 때의 압력을 프로크리에이트가 어떻게 해석할지 변경할 수 있습니다.

빠른 실행 취소 지연 시간

자동 실행 취소가 시작되게 하려면 터치 상태를 얼마나 오래 유지해야 하는지 결정합니다.

선택 마스크 가시성

어떤 부분을 선택한 상태에서 나타나는 회색 빗금이 얼마나 잘 보이게 할지 조절합니다.

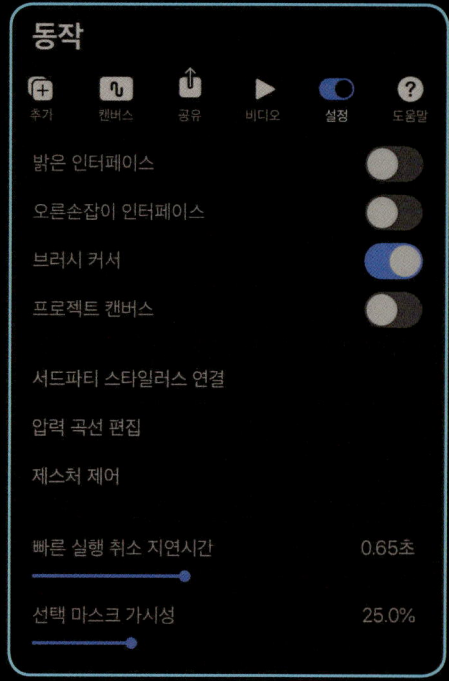

▲ [설정]에는 여러 가지 편리한 옵션이 있어요.

압력 곡선

누구나 연필을 잡는 방식이 있습니다. 어떤 사람은 가볍게 잡는 반면, 다 쓴 치약을 꾹 눌러 짜듯이 힘주어 잡는 사람도 있습니다. 압력 곡선은 애플 펜슬을 힘줘서 잡는 정도를 사용자가 설정할 수 있어요. 곡선을 위로 볼록하게 하면 선을 그을 때 획에 더 민감하게 반응하도록 설정할 수 있습니다. 반대로 곡선을 아래로 오목하게 하면 애플 펜슬을 힘줘서 잡는 사람에게 더 잘 맞게 설정됩니다.

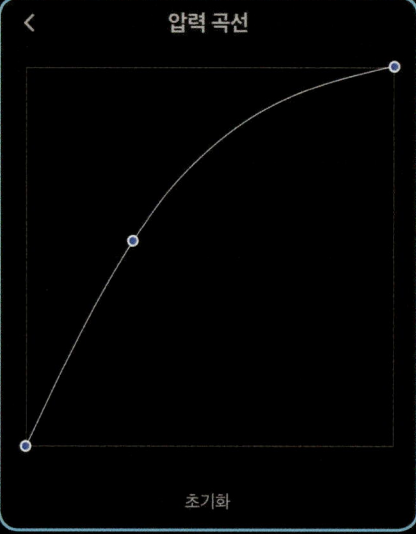 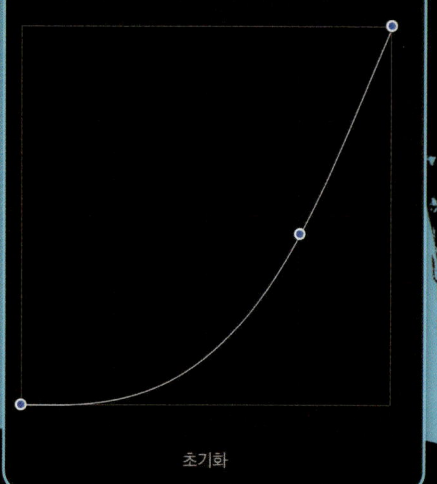

▲ 애플 펜슬을 가볍게 쥘 때(왼쪽), 힘줘서 쥘 때(오른쪽)

[설정 > 제스처 제어]에서는 프로크리에이트에서 사용하는 제스처를 사용자의 작업 흐름에 최적화해서 만들 수 있어요. 예를 들어 손가락으로 화면을 탭할 때 [문지르기]로 전환되도록 설정할 수 있습니다. [그리기 도움받기] 제스처를 설정할 수도 있고 [스포이드툴]을 불러오는 방식을 바꾸거나 불러올 때 걸리는 시간을 줄일 수도 있습니다. [QuickMenu]를 탭으로 불러오거나 [수정]에 터치를 조합해 레이어 선택을 활성화하는 것도 시도해 볼 만한 편리한 제스처 옵션입니다. 이 두 가지 명령을 사용하면 대형 프로젝트를 수행할 때 작업 속도를 높일 수 있어요.

▶ [제스처 제어]에서 제스처를 수정할 수 있어요.

비디오

프로크리에이트에는 다른 디지털 드로잉&페인팅 앱과 차별화되는 독특한 기능이 있습니다. 바로 타임랩스 영상 녹화 기능이에요.
[동작 > 비디오]에서 [타임랩스 녹화]를 활성화하면 프로크리에이트에서 캔버스에 그리는 획과 적용하는 동작 모두 순서대로 비디오에 기록합니다. [비디오] 기능은 컴퓨터 그래픽 작가에게 큰 도움을 줍니다. 자신의 작업 과정이 담긴 비디오 영상을 보면서 발전시킬 부분을 찾을 수 있을 뿐 아니라 다른 사람과 공유할 수도 있으니까요.

현재 작업하는 파일의 비디오 영상을 보려면 [타임랩스 다시 보기]를 탭하면 됩니다. 손가락으로 왼쪽 또는 오른쪽으로 밀면 뒤로 감기나 앞으로 건너뛰기를 할 수 있어요.
비디오를 내보내려면 [타임랩스 비디오 내보내기]를 탭합니다. 전체 영상을 내보낼 수도 있고, 영상의 길이가 매우 길 경우에는 30초로 압축한 버전을 내보낼 수도 있습니다. 옵션을 선택한 다음에는 비디오를 저장하고 싶은 경로를 선택해 주세요.

▲ 프로크리에이트에서는 기본 기능으로 캔버스의 작업 과정을 녹화할 수 있습니다. 이 기능을 잘 활용해서 실력을 키워 보세요.

> 둘째마당

프로젝트 도전 편
– 전문 작가의 완성작 8가지 따라 그리기

프로크리에이트의 사용 방법을 알았으니 이제 실전에서 사용해 볼 차례입니다. 둘째마당의 여덟 가지 프로젝트를 직접 따라해 보세요. 프로젝트에 참여한 전문 작가들이 작품을 완성하는 과정을 자세하게 설명합니다.

모든 프로젝트는 애플 펜슬을 사용해서 작품을 완성했습니다. 서드파티 스타일러스 펜(이하 줄여서 스타일러스 펜)을 사용하면 획을 그었을 때 애플 펜슬과 똑같은 효과가 나지 않을 수도 있다는 점을 알아 두세요. 특히 애플 펜슬의 첨단 압력·기울기 기능과 관련된 경우에 더욱 그렇습니다. 물론 스타일러스 펜으로도 프로젝트를 따라 하고 완성할 수 있습니다.

프로젝트를 시작할 때마다 먼저 첫 페이지에 제시한 무료로 제공하는 자료를 내려받는 것도 잊지 마세요.

11

동화 속
빨간 지붕 서점

이지 버턴(Izzy Burton)

이 프로젝트에서는 애니메이션 영화에 나올 듯한 고풍스런 가옥이 있는 풍경을 어떻게 완성하는지 알아보겠습니다. 눈길을 사로잡고 호기심을 불러일으키는 신비로운 느낌이 나는 판타지 일러스트를 그릴 거예요.

섬네일 스케치에서 컬러 러프 단계를 거쳐 아이디어를 작품으로 완성하는 법, 직접 찍은 건물 사진을 활용해 디자인 영감을 얻는 법을 배울 수 있습니다. 전체 모양을 잡고 그 안에서만 색과 텍스처를 입힐 수 있도록 픽셀을 잠그는 법도 다룰 거예요. 이뿐만 아니라 빛과 디테일을 더해 일러스트에 생명을 불어넣는 방법은 물론, 프로크리에이트의 기초 사용법도 배울 수 있어요. 여기에서 소개하는 기법과 기술은 다른 종류의 일러스트를 그릴 때에도 쉽게 접목할 수 있고, 이 책에서 소개하는 프로젝트를 수행할 때에도 도움이 된답니다.

이번 프로젝트에서는 사진을 참고 자료로 활용하지만 상상력을 발휘하는 것도 잊지 마세요. 일러스트레이션 작업을 할 때 가장 멋진 점은 실제 세계에 갇혀 있을 필요가 없다는 거니까요. 예제 일러스트에서 영감을 받되 환상적이면서도 과장된 색과 모양으로 새로운 세상을 즐겁게 만들어 보세요.

준비 파일
- 11_스케치 이미지
- 11_흩뿌리기(4버전).brush

참고 영상
- 11_전 과정 타임랩스 영상

학습 목표

▶ 전체 구도를 잡고 그 안에서만 작업할 수 있게 픽셀 잠그기

▶ 클리핑 마스크 사용하기

▶ 최종 일러스트에 빛과 반짝임 더하기

▶ 물체를 자연환경과 어우러지게 합치기

▶ 브러시 사용해 보기

01

작업을 시작하기 전에 시간을 내서 아이디어를 명확하게 정리하고 참고 자료를 모으면 큰 도움이 됩니다. 건물에 중점을 둔 일러스트를 그릴 때는 먼저 사진 자료를 준비하세요. 집 근처 건물이나 마음에 드는 곳을 방문하여 건물 사진을 찍어 보세요.

주제에 맞는 이미지를 한번에 볼 수 있게 모은 것을 '무드 보드(mood board)'라고 하는데요. 이번 프로젝트에서 사용한 무드 보드는 영국의 루이스 지방에서 촬영한 오래된 튜더 양식 건물입니다. 신비롭고 동화 같은 느낌을 내기에 딱 알맞은 건물이죠.

▶ 참고 사진으로 무드 보드를 만들면 영감을 얻을 때 도움이 돼요.

02

이제 아이패드 작업 환경을 설정해 볼게요. 아이패드의 화면 분할 기능을 사용해서 무드 보드를 프로크리에이트 캔버스와 나란히 배치할 수 있습니다.

화면 하단에 있는 회색 바를 위쪽으로 밀어 올리면 독(dock)이 열려요. 여기에서 사진 앱을 꾹 누른 상태로 드래그한 뒤 손가락을 뗍니다. 그다음에 마음에 드는 무드 보드를 찾아 선택해 주세요 (독에는 가장 최근에 사용한 앱만 나타납니다. 따라서 사진 앱이 보이지 않으면 먼저 따로 사진 앱을 열고 프로크리에이트로 돌아가서 다시 시도해 보세요. 그러면 독에서 사진 앱이 보일 거예요).

▶ 작업 환경 설정하기

11 • 동화 속 빨간 지붕 서점

03

[퀵셰이프]를 사용해서 섬네일 아이디어를 스케치할 스토리보드 패널 네 개를 만듭니다([퀵셰이프(QuickShape)]는 42쪽에서 자세히 설명합니다). 먼저 직선으로 사각형을 그린 뒤 [변형 > 균등]을 선택해 사각형이 페이지의 1/4 크기가 되도록 조절해 주세요.

그다음에 레이어를 복제합니다. [변형]을 사용해 두 번째 사각형을 첫 번째 사각형의 옆으로 옮기고, 다시 복제와 이동을 반복해서 총 네 개를 만들어 주세요.

마지막으로 레이어를 병합해 사각형 네 개 모두 한 레이어에 포함되도록 합니다. 섬네일 상자 레이어 이름은 '그리드'라고 정하겠습니다.

▶ [퀵셰이프] 도구를 사용해 직선으로 사각형을 그려요.

▲ 사각형 크기를 줄이고 복제해 네 개를 만든 뒤 모두 병합해 주세요.

04

[브러시 라이브러리]에서 [스케치 > 6B 연필]을 선택해 섬네일을 그립니다. 아이디어와 레이아웃, 구성에 집중해서 빠르게 대략 그리세요. 힘들여서 세세하게 그리려고 하지 말고 자유롭게 상상력을 발휘해 보세요. 이때 섬네일 사각형 레이어(그리드) 위에 새로운 레이어를 생성해서 그린 뒤 이름을 '섬네일 드로잉'으로 변경해 주세요.

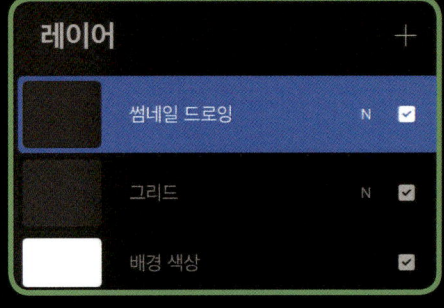

◀ 섬네일을 그릴 새로운 레이어를 생성하고 관리하기 좋게 이름을 변경해 주세요.

05

[변형]을 사용하면 그림을 회전시키거나 크기를 조절할 수 있습니다. 그림의 일부분만 크기를 줄이고 싶을 때는 [선택 > 올가미]를 사용해서 원하는 부분의 주위를 점선으로 둘러싸서 선택해 주세요. 그리고 [변형]으로 그림을 원하는 대로 회전시키거나 크기를 조절합니다. [6B 연필]은 애플 펜슬을 기울이는 각도에 따라 멋진 음영 효과를 낼 수 있답니다.

▲ 섬네일 스케치의 일부분을 [선택] 도구로 변형해 보세요.

아티스트의 팁

애플 펜슬(2세대)은 엄지손가락이 닿는 아랫부분을 두 번 탭하면 [그리기] 모드와 [지우기] 모드로 빠르게 전환할 수 있어요.

| 1 | 2 | 3 | 4 |

▲ 완성된 섬네일 스케치 네 종류

06

2번 섬네일이 가장 잘 나왔네요. 하지만 3번 섬네일의 일부 요소도 괜찮아 보입니다. 그럼 이 두 섬네일을 조합해서 새로운 섬네일을 만들어 볼게요. 먼저 [선택] 도구를 사용해 2번 섬네일 주변을 점선으로 둘러싼 뒤 세 손가락을 쓸어내려 클립보드 메뉴를 열어요. [복사하기 및 붙여넣기]를 선택해 '선택 영역에서'라는 새로운 레이어가 만들어지면 다른 섬네일은 [레이어] 창에서 체크를 해제해 숨김 상태로 만들어 주세요. 2번 섬네일에서 마음에 들지 않는 부분을 지운 뒤 다시 다른 섬네일 레이어를 체크해 보이도록 합니다.

3번 섬네일의 지붕 위 작은 탑처럼 마음에 드는 부분이 있으면 [선택] 도구로 복사해서 붙여 넣은 뒤 [변형] 도구로 위치를 옮기고 크기를 조절해 2번 섬네일과 잘 어우러지게 합니다. 마지막으로 레이어를 병합해 최종 섬네일 레이어로 완성하고 빈 부분은 스케치 브러시로 채워 줍니다.

◀ [선택] 도구를 이용해 섬네일에서 원하는 부분을 변형할 수 있어요.

▲ 2번 섬네일에서 원하지 않는 부분을 지웁니다.

▲ [선택] 도구를 이용해 3번 섬네일에서 탑처럼 생긴 부분을 복사하고 붙여 넣어요.

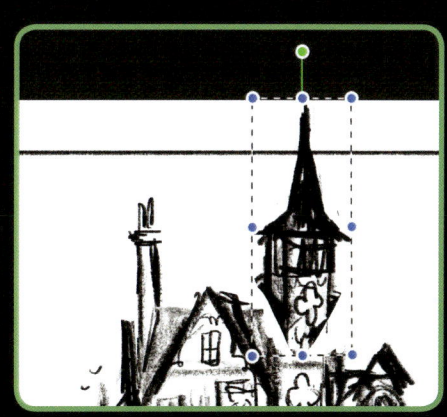

▲ 디테일을 복사하고 붙여 넣어 완성된 섬네일을 병합합니다.

07

섬네일이 마음에 들면 나머지 레이어를 숨기고 섬네일을 캔버스 전체 크기로 확대합니다. [변형 > 수평 뒤집기]를 선택해 주세요. 그림을 수평으로 뒤집어 보면 투시에서 이상한 점은 없는지, 기울어진 부분은 없는지 확인하기 좋아요. 만약 이미지가 기울어져 있다면 변형 영역을 표시하는 점선 테두리의 파란색 핸들을 드래그해 이미지를 바로잡아 주세요. 그리고 다시 [수평 뒤집기]를 사용해서 원래 방향으로 되돌립니다.

▶ 캔버스를 수평으로 뒤집어서 섬네일에 이상해 보이는 부분은 없는지 확인해 보세요.

08

문제점을 수정하는 좋은 방법이 또 있어요. [조정 > 픽셀 유동화]입니다. 밀기 기능을 선택하고 애플 펜슬로 원하는 영역을 드래그하면 그 부분을 움직일 수 있어요. 픽셀 유동화의 다른 옵션도 사용해 보면서 섬네일을 확실하게 다듬어 주세요.

▶ [픽셀 유동화]를 사용해 섬네일을 완벽하게 다듬어요.

09

이제 스케치를 더 정교하게 다듬어 보겠습니다. 먼저 레이어의 불투명도를 낮춘 뒤 새로운 레이어를 생성하고 레이어 이름을 '최종 썸네일'로 바꿔 주세요. 썸네일을 길잡이 삼아 이 레이어에 스케치를 할 거예요. 완성된 작품에서 스케치는 보이지 않으니까 여전히 조금 거칠게 그려 나가도 괜찮습니다. 최종 완성작의 길잡이가 될 만큼 디테일을 살려서 스케치한다고 생각하면 됩니다.

▶ 썸네일 레이어의 불투명도를 낮추고 그 위에 새로운 스케치 레이어를 생성하세요.

10

앞에서 직선을 그렸을 때와 같은 방식으로 [퀵셰이프]를 사용해 원을 완전히 동그랗게 그리세요 ([퀵셰이프] 사용법은 42쪽을 참고하세요). 이 원은 나중에 시계가 될 거예요. 그리고 시간을 내서 스케치를 다듬어 주세요. 이 스케치가 최종 일러스트로 향하는 지도가 됩니다.

스케치 수정은 레이어 여러 개에 채색 작업을 마친 후에 하는 것보다 지금 단계에서 하는 편이 훨씬 쉽습니다.

▶ [퀵셰이프]를 사용하면 원을 완전히 동그랗게 그리기가 쉬워요.

11

디지털 드로잉&페인팅을 할 때에는 표현하고 싶은 분위기를 다양한 색을 이용해 비교해 본 뒤 최종 색상을 결정하면 좋겠죠? 새로운 레이어를 만들어서 러프하게 색칠해 볼게요(이러한 작업을 '컬러 러프'라고 하겠습니다).

[스케치] 레이어의 혼합 모드를 [곱하기]로 설정하고 불투명도를 낮춥니다. 색깔을 하나 골라 [컬러 러프] 레이어에 바탕색(밑색)을 채워 주세요. 화면 오른쪽 상단의 [색상] 아이콘 ◉을 탭해서 캔버스로 드래그해 가져오면 됩니다(새로 만든 레이어에서 작업하는지 먼저 확인하세요).

아티스트의 팁

바탕색(밑색)은 이미지의 분위기를 결정할 때 매우 중요한 역할을 합니다. 실제 캔버스에 붓으로 직접 그릴 때처럼 캔버스를 바탕색으로 꼼꼼하게 칠해서 흰색이 보이지 않게 할 거예요.

바탕색으로 보라색을 칠하면 몽롱하고 신비로운 분위기를 낼 수 있습니다. 반대로 황금빛 바탕색을 쓰면 훨씬 따뜻하고 마음을 끄는 분위기가 생기죠. 그러니 채색을 시작하기 전에 어떤 색을 바탕색으로 쓸지 충분히 생각해 보세요.

▼ 단색으로 채운 레이어를 만들어요.

12

이제 바탕색 위에 채색을 합니다. 지금처럼 러프하게 채색할 때는 레이어를 신경 쓰지 않아도 괜찮아요. [브러시 라이브러리]에서 [페인팅 > 아크릴] 같은 넓은 브러시로 대충 색을 넣어 갑니다. 새 레이어를 여러 개 만들어 바탕색을 다양하게 칠해 보세요(참고 이미지를 활용해서 저마다 다른 시간대와 날씨를 표현해 보는 거예요. 빛과 색은 주변을 관찰하면 배울 수 있어요. 그러니까 참고용 사진을 직접 꾸준히 찍어서 자료실에 보관하면 좋습니다). **가장 마음에 드는 색상 레이어를 고르고 나머지 러프하게 채색해 본 레이어는 삭제해 주세요.**

▶ 머릿속에 떠오른 분위기를 브러시로 슥슥 칠해 나갑니다.

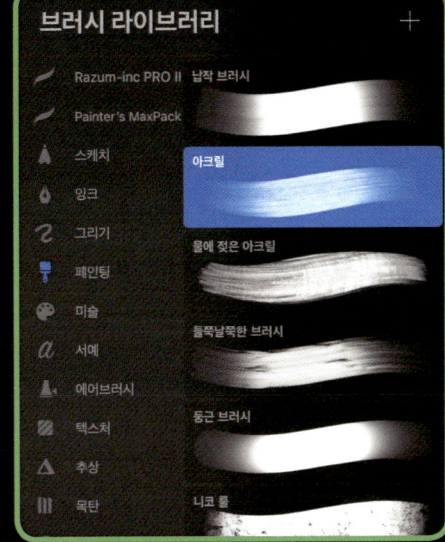

13

레이어를 정리해서 개수를 줄입니다. 이때 [최종 스케치] 레이어와 앞서 러프하게 채색했던 [컬러 러프] 레이어는 지우지 않도록 주의하세요. [컬러 러프] 레이어는 필요한 색을 선택할 때마다 켜고 끌 수 있도록 작품을 완성할 때까지 항상 모든 레이어 위에 둡니다. 본격적으로 채색 작업을 할 때 단독으로 편집하고 싶은 부분이 있으면 새로운 레이어에서 작업해야 합니다.

먼저 [배경 색상] 레이어를 만들고 하늘과 바다를 색칠할게요. [스포이드툴](45쪽 참고)로 [컬러 러프] 레이어에서 색깔을 선택합니다. [페인팅 > 납작 브러시]를 사용해 바탕색을 대충 칠해 줍니다(구름 부분에는 새로 추가한 [흩뿌리기] 브러시를 사용하면 부드럽고 몽글몽글해 보이는 효과를 줄 수 있어서 좋아요).

▶ 다양한 브러시를 사용해서 여러 가지 효과를 냅니다.

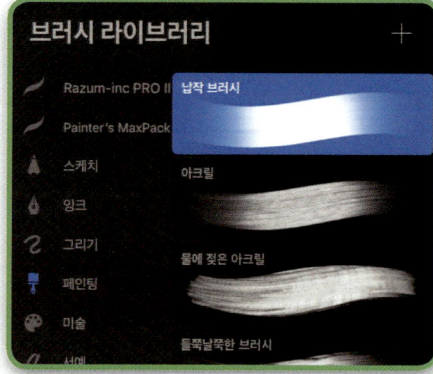
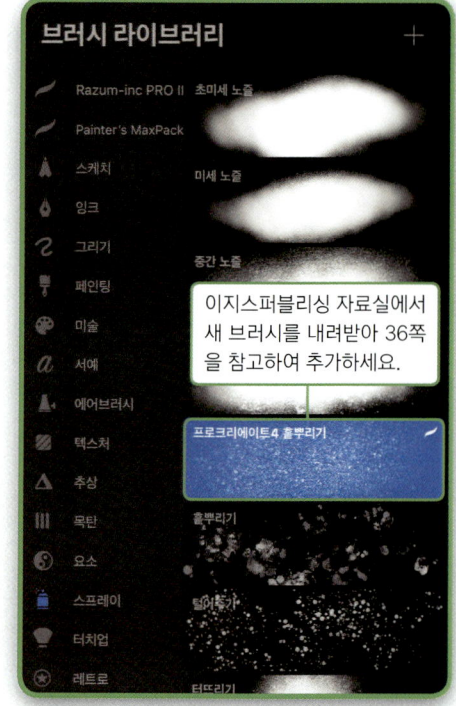

이지스퍼블리싱 자료실에서 새 브러시를 내려받아 36쪽을 참고하여 추가하세요.

14

[아크릴] 브러시는 불투명도가 낮아서 색을 겹쳐 칠할 수 있어요. 두 가지 색을 섞으려면 먼저 두 색이 일부 겹치게 칠해 주세요. 그런 다음 겹친 부분의 중심 색을 선택하고 겹쳐 보이는 선 부분을 덧칠해 주세요.

두 색이 멋지게 그러데이션을 이루며 섞일 때까지 이 과정을 반복합니다. 이렇게 수평선 부근의 색이 부드럽게 섞이면 몽롱한 느낌이 납니다. 작업할 때 레이어 이름을 지정해 주는 것도 잊지 마세요.

▼ 꺼두었던 [스케치] 레이어에서 작업할 때에는 중간에 한 번씩 켜보면서 스케치한 대로 작업이 잘 진행되는지 확인해 봅니다.

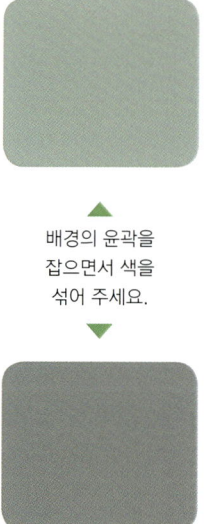

배경의 윤곽을 잡으면서 색을 섞어 주세요.

15

바탕색을 채웠다면 이제 섬을 그릴 새로운 레이어를 만듭니다. [잉크 > 드라이 잉크] 브러시로 섬 전체 모습을 그려요. 섬 모습이 마음에 들게 완성되었다면 [섬] 레이어에서 [알파 채널 잠금]을 설정합니다. 이제 섬 안에만 색이 채워질 거예요.

이번에는 [스케치 > 미술 크레용] 브러시와 [유기물 > 잔가지] 브러시로 섬에서 자라는 풀을 색칠합니다. 세세한 부분은 [6B 연필] 브러시를 사용해 주세요. 원하는 효과가 나올 때까지 여러 브러시를 사용해 보면 좋습니다.

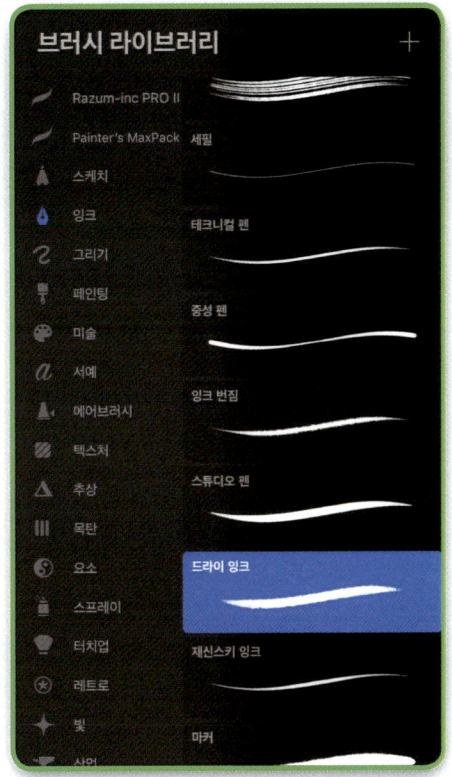
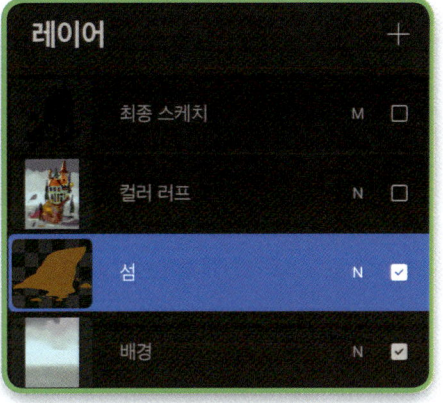

▶ 먼저 섬 전체 모습을 그린 뒤 디테일을 더해 나갑니다.

16

서점을 표현할 새로운 레이어를 생성합니다([레이어 6] 레이어). 역시 팔레트에서 적절한 색을 고른 후 [드라이 잉크] 브러시를 사용해서 서점 건물의 전체 모습을 그려 주세요. 단, 이번에는 윤곽선만 그려요. 그다음으로 화면 오른쪽 상단의 [색상] 아이콘 ● 을 드래그해서 윤곽선 안쪽을 채워 줍니다.

이제 [알파 채널 잠금]을 설정해 픽셀을 잠그고 건물에 디테일을 그려 넣습니다. 지붕 테두리, 유리창 같은 디테일은 새로운 레이어를 만들어서 그려요. 단, [클리핑 마스크] 기능을 사용해 [레이어 6] 레이어가 [서점] 레이어 바로 위에 오고 건물 전체 모습에서 벗어나지 않게 해줍니다.

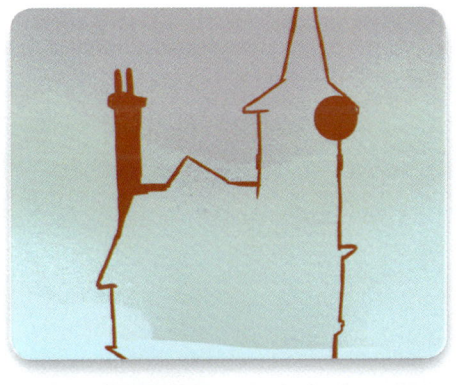

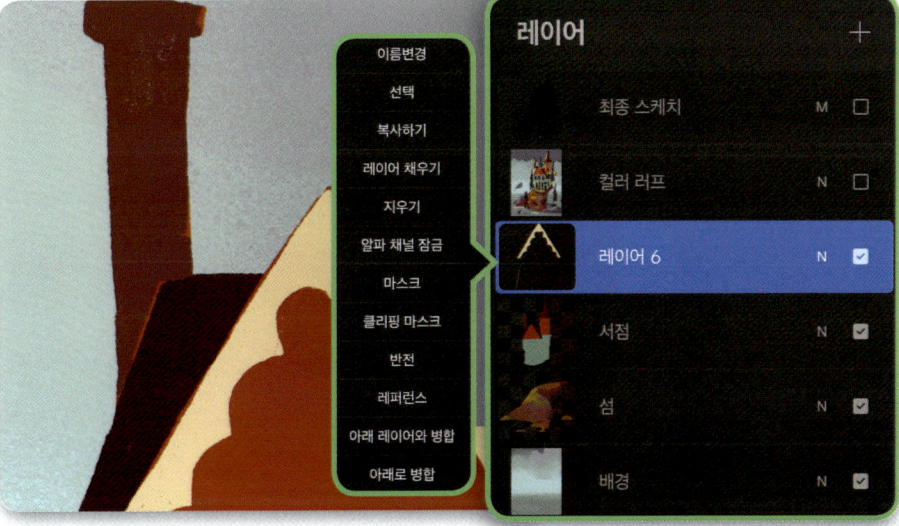

▶ 서점의 전체 모습을 그리고 [클리핑 마스크] 기능을 활용해 디테일을 추가합니다.

17

이제 건물의 그림자와 하이라이트를 넣기 위해 광원 위치를 정해서 한 방향으로 그림자가 지게 합니다. 거친 선이 필요한 부분은 [잉크 > 드라이 잉크] 브러시를, 부드럽게 처리할 부분은 [유기물 > 대나무] 브러시를 사용합니다. 벽돌과 타일 모양은 [6B 연필] 브러시로 낙서하듯이 그려요. 건물 전면의 나무 벽면 같은 곳은 평면처럼 보이지 않도록 색 변화를 추가합니다. 브러시 불투명도를 낮추고 밝고 강렬한 색을 메인 색상 위로 지나가게 칠한 뒤 [문지르기]를 [페인팅 > 오래된 브러시]로 설정해 색이 잘 어우러지게 섞습니다.

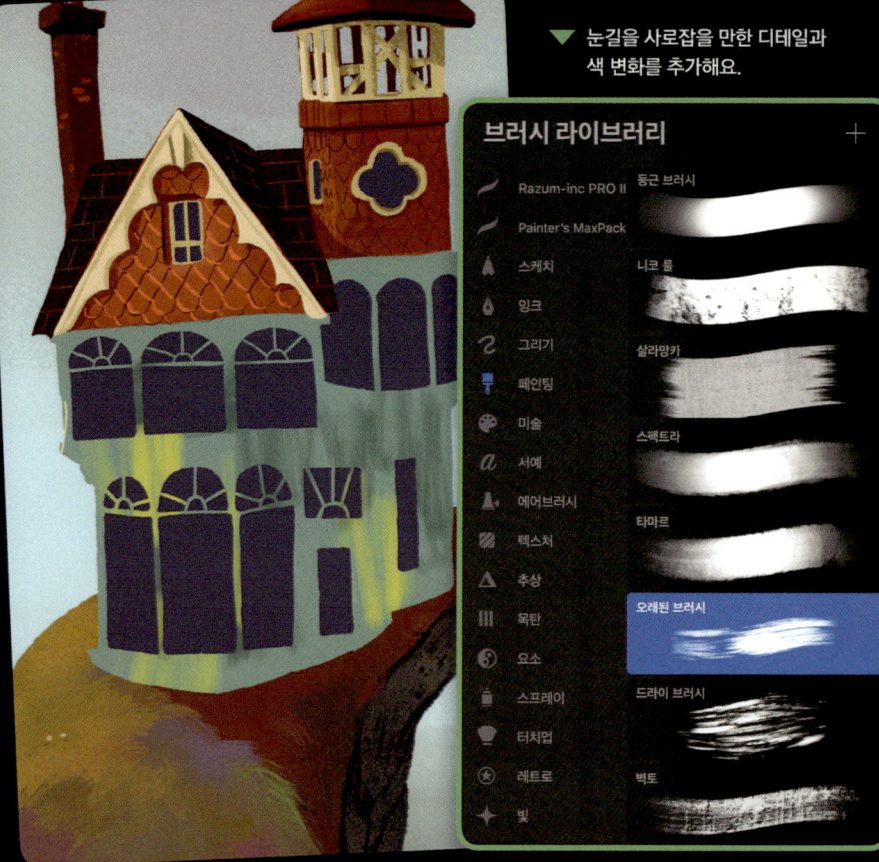

▼ 눈길을 사로잡을 만한 디테일과 색 변화를 추가해요.

18

새로운 레이어를 만들어 창문 안쪽에 책을 그려 넣습니다. 단색 직사각형을 옆으로 나란히 또는 위로 쌓아서 그리면 돼요. 책은 아주 작게 넣을 것이므로 실물처럼 깔끔하게 그릴 필요는 없습니다.

레이어의 혼합 모드를 [밝게]로 설정해 책이 유리창 안에 있는 것처럼 보이게 해주세요. 창문, 지붕 테두리, 서점 등의 레이어를 모두 그룹으로 묶은 뒤 그룹 이름을 '건물'로 바꿉니다. [건물] 레이어 그룹 위에 새로운 레이어를 만들고 [6B 연필] 브러시로 건물과 땅이 만나는 곳에 풀을 세부 묘사해 넣어 건물과 주변이 어색하지 않게 합니다.

▶ 유리창 안쪽의 책이나 건물 바깥의 풀 같은 디테일을 추가합니다.

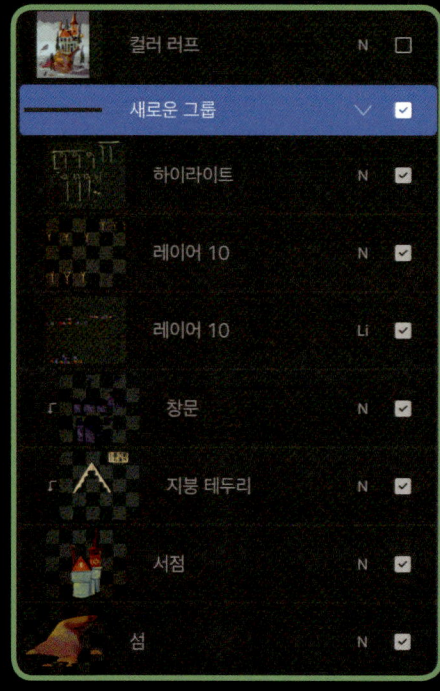

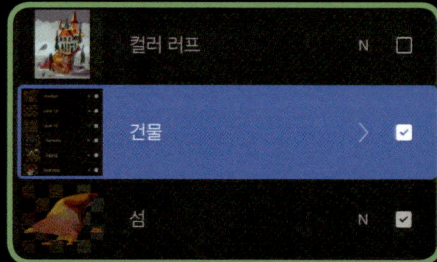

19

좁은 길을 만들고 풀밭에 디테일을 추가한 뒤 새로운 레이어를 만들어서 나무를 그려요. 먼저 [드라이 잉크] 브러시로 나무줄기의 모양을 잡습니다. [알파 채널 잠금]을 설정하고 [산업 > 황무지] 브러시를 사용해 좀 더 밝은 색으로 나무줄기에 질감을 추가해 주세요.

새 레이어를 만들고 [유기물 > 세이블] 브러시로 나뭇가지와 무성한 나뭇잎을 그려요. 서점 건물 뒤로 보이는 나무를 그리려면 두 번째 레이어도 필요해요. 이 레이어는 [건물] 레이어 그룹 아래로 옮깁니다. [6B 연필] 브러시로 나뭇가지에 나뭇잎 디테일을 층층이 넣어 완성해 주세요.

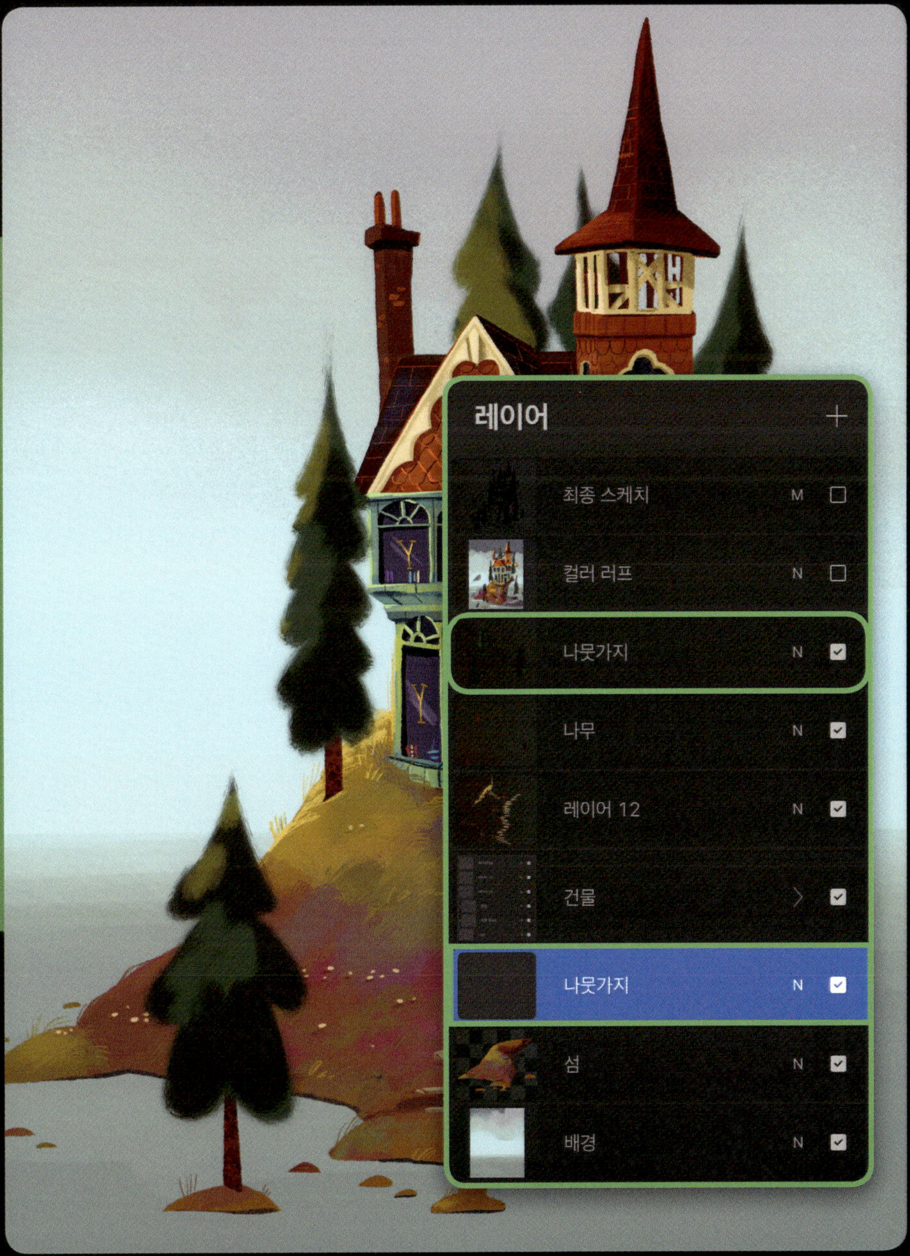

아티스트의 팁

채색할 때는 가장 어두운 부분과 밝은 부분, 다시 말해 검은색과 흰색이 올 부분의 색깔을 잘 선택하는 것이 좋습니다. 현실 세계에서는 순수한 검은색이나 흰색을 보는 일이 드물기 때문이에요.
가장 밝은 지점에 흰색 대신 아주 연한 노란색을 사용하면 따뜻한 느낌을 낼 수 있어요. 또한 아주 연한 파란색을 쓰면 작품에 차가운 느낌이 생기죠.
가장 어두운 부분도 마찬가지예요. 이 기법을 잘 사용하면 작품에 깊이감이 생긴답니다.

▶ 작업하는 중간중간에 이미지 전체를 볼 수 있도록 크기를 축소해서 원하는 대로 표현했는지 확인해 주세요.

20

건물 오른쪽 외벽에 시계도 그려 넣습니다. 그리고 만약 서점의 창문이 잘 구분될 만큼 대비가 확실하지 않다면 레이어에 [알파 채널 잠금]을 설정하고 색을 조금 어둡게 만들어 줘요. 불투명도가 낮은 브러시로 레이어 전체에 검은색을 칠하면 됩니다.

다음으로 [드라이 잉크] 브러시로 바위 모양을 그리고 [알파 채널 잠금]을 설정한 뒤 [산업 > 녹물] 브러시와 [스프레이 > 털어주기] 브러시로 텍스처를 입혀요.

그리고 배경에 언덕을 추가해요. 언덕마다 아래쪽에는 [스프레이 > 중간 노즐] 브러시를 사용해 주세요. 이때 배경과 같은 색을 선택하면 안개가 자욱하게 언덕을 감싸고 있는 것처럼 보일 거예요.

▶ 시계, 바위, 배경의 언덕 등 디테일을 추가합니다.

21

새로운 레이어에 [6B 연필] 브러시를 사용해 아주 연한 파란색으로 바다의 잔물결과 물보라를 더합니다. 굵거나 가늘게 표현해야 할 부분은 애플 펜슬의 기울기를 바꿔 가며 작업해요.

역시 [6B 연필] 브러시를 사용해 나무와 건물의 테두리에 아주 연한 노란색으로 하이라이트를 그려 넣습니다. 또, 그림자를 빼놓은 부분이 있으면 추가해 주세요.

▼▶ 하이라이트, 그림자, 잔물결, 물보라를 추가합니다.

22

레이어를 계속 추가하다 보면 제한된 레이어 개수에 도달할 거예요. 그러니 섬을 구성하는 레이어를 모두 병합해 주세요.

그다음으로 [섬] 레이어를 복제하고 [변형 > 수직 뒤집기]를 탭해요. 이 레이어 이름을 '반사'로 바꿉니다. [반사] 레이어를 [섬] 레이어 밑으로 이동한 뒤 불투명도를 낮추고 그리기 모드로 들어가 눈짐작으로 필요한 부분을 수정합니다. 또, 섬이 물에 비치는 모습 중에서 부자연스러운 부분이 있다면 [지우기]로 지워 주세요.

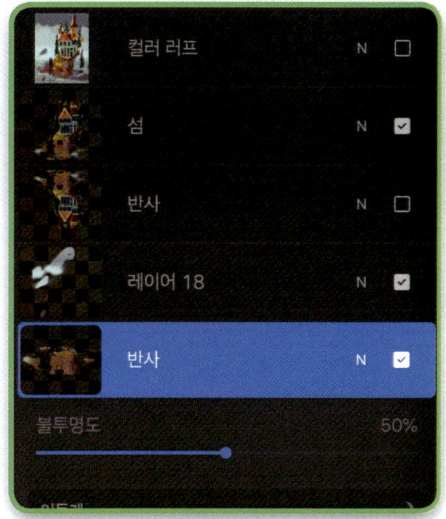

▶ 이미지를 병합하고 수직으로 뒤집어 섬이 물에 반사된 모습을 표현합니다.

23

맨 위에 새로운 레이어를 만들고 [스프레이] 브러시로 안개를 추가합니다. 그리고 [6B 연필] 브러시를 사용해 작은 새도 그려 주세요.

24

새로운 레이어를 만들고 혼합 모드를 [오버레이]로 바꿉니다. [스프레이] 브러시 중 하나를 사용해 화면 왼쪽 바깥 광원에서 아주 연한 노란색 빛이 들어오도록 칠해 주세요. 레이어 불투명도를 보기 좋은 정도로 조절해 줍니다.

다시 [오버레이]로 설정한 레이어를 하나 더 추가하고 가장 밝은 하이라이트가 있어야 할 곳에 빛을 더 넣어 주세요.

▶ 따뜻함과 빛을 추가해요.

25

이미지가 만족스러울 정도로 완성되면 모든 레이어를 병합합니다(레이어를 병합하기 전에 백업해 두고 싶다면 [갤러리] 화면으로 가서 [선택 > 복제] 과정을 거치면 이미지 전체가 복제돼요).

병합한 이미지를 복제한 뒤 [조정 > 색상 균형]을 선택합니다. 어두운 영역, 중간 색조, 밝은 영역을 바꿔 가며 원하는 분위기가 날 때까지 다양하게 시도해 보세요. 밝은 영역에는 빨간색과 노란색을 더해서 더 따뜻한 느낌을 냅니다.

26

최종 완성한 작품은 파일로 내보내 저장하거나 공유합니다(22쪽 참고).

▶ 이미지를 저장하기 전에 [색상 균형]을 사용해 마지막으로 색상을 조정합니다.

프로젝트를 마치며

안개에 둘러싸인 바위섬의 고풍스러우면서도 신비로운 서점을 완성했습니다. 혹시 사람의 손길이 끊긴 지 오래된 버려진 서점일까요? 사연을 알고 있는 사람은 없을 거예요. 마치 직접 알아보라는 듯이 호기심을 불러일으키고 상상력을 자극하는 일러스트입니다. 하늘을 나는 새들처럼 작은 디테일이 이미지에 생명을 불어넣고 있어요.

이번에 사용한 기법을 활용해서 시간대, 날씨, 색상 등을 바꿔서 다른 분위기가 나는 프로젝트도 만들어 보세요. 캐릭터를 추가해 더 많은 이야기가 담긴 작품에 도전해 보는 것도 좋습니다.

↓ 빨강(Red)

⬇ 해변에서(By the shore)

12
귀엽고 사랑스러운 인물 캐릭터

아벨린 스토카트(Aveline Stokart)

이번 프로젝트에서는 배경이 단순한 인물 캐릭터 그리는 방법을 다룹니다. 캐릭터는 파리의 거리를 산책하는 젊은 여성이에요. 품위 있고 밝은 성격을 나타내면서 살짝 수줍어하는 느낌도 전해지도록 할 거예요. 또, 이런 캐릭터의 분위기와 잘 어울리는 장소를 어떻게 그리는지도 배웁니다.

햇살이 눈부신 어느날 오후, 옛 프랑스 느낌이 나는 길거리를 산책하는 여성의 한순간을 포착해서 분위기를 살려 인상 깊게 표현할 거예요.
또한 아이디어 스케치부터 최종 렌더링까지 단계별로 차근차근 안내합니다. 매력적이면서도 눈길을 끄는 작품이 어떻게 탄생하는지 알 수 있을 거예요.

클리핑 마스크와 알파 채널 잠금 기능을 사용해 채색하는 방법, 레이어 혼합 모드를 사용하는 방법, 따뜻하고 생기 있는 분위기를 연출할 때 어떤 효과를 적용하는지도 배워 보세요.

준비 파일
- 12_스케치 이미지

참고 영상
- 12_캐릭터 연구 타입랩스 영상
- 12_전 과정 타입랩스 영상

학습 목표

▶ 정돈된 작업 흐름을 유지할 수 있도록 레이어 관리하기

▶ 클리핑 마스크와 알파 채널 잠금을 활용해 색칠하기

▶ 레이어 혼합 모드를 사용해 빛과 그림자 만들기

▶ 주제에 눈길이 집중되도록 심도 표현하기

▶ 간단하고 유용한 효과를 추가해 최종 렌더링 실력 향상하기

01

갤러리에서 새로운 파일을 만드는 것부터 시작합니다. A4(2,480 × 3,508px, 300dpi)처럼 기본으로 설정되어 있는 포맷을 선택할 수도 있고 사용자가 원하는 크기로 만들 수도 있습니다. 단, 원하는 캔버스 크기를 직접 만들 경우에는 DPI 설정을 염두에 두어야 해요. 인쇄 품질을 고려해야 한다면 300dpi 아래로는 설정하지 않는 편이 좋습니다.

▶ 해상도에 따라 사용할 수 있는 레이어의 최대 개수가 달라집니다.

아티스트의 팁

스케치와 라인 드로잉을 할 때 흔히 검은색을 사용합니다. 그런데 디지털 드로잉&페인팅에서 선 위에 겹쳐서 검은색을 칠하면 탁한 느낌이 들고 이미지 전체가 무거워 보일 수 있어요. 이럴 때에는 붉은 계열 색상을 추천합니다. 붉은 계열 색상은 색을 칠했을 때 따뜻한 느낌을 줍니다.

02

새로운 캔버스에 [잉크 > 잉크 번짐] 브러시를 사용해 캐릭터의 다양한 포즈를 스케치합니다. [잉크 번짐]은 멋진 텍스처를 표현할 수 있는 브러시예요. 하지만 마음에 드는 브러시를 찾을 때까지 다양한 브러시를 사용해 보세요.
왼쪽 사이드바의 슬라이더를 사용해 브러시의 크기와 불투명도를 35% 정도로 낮춥니다. 이렇게 설정하면 가는 획을 연하게 그을 수 있어요. 굵고 진한 선으로 그리면 뭐가 뭔지 알아보기 힘들 수 있으므로 이렇게 설정하는 것이 중요합니다. 처음에는 연하게 캐릭터의 전체 구성을 잡은 뒤 확실한 선을 표현할 때에는 점차 진하게 그립니다.

▼ 다섯 가지 캐릭터 포즈를 스케치해서 서로 다른 분위기가 나도록 표현해 봅니다.

03

다섯 가지 캐릭터 포즈 중 가장 마음에 드는 스케치를 따로 분리해서 새로운 레이어로 만들게요. 먼저 [선택 > 올가미]로 캐릭터 주변을 감싼 뒤 회색 원를 탭하면 선택을 완료할 수 있어요. 이렇게 [선택]이 활성화되면 [복사하기 및 붙여넣기]를 탭해서 선택한 부분을 새로운 레이어로 만들 수 있습니다. 이 레이어 이름을 '캐릭터 스케치'라고 할게요.

[변형]을 사용하면 선택한 부분을 회전하거나 크기를 조절할 수 있습니다. 스케치한 비율 그대로 유지하려면 [자석]을 사용하세요([자석] 기능은 63쪽 참고).

▶ 눈길을 사로잡는 매력적인 캐릭터 스케치를 선택하세요.

04

레이어 이름을 지정하면 나중에 찾기가 훨씬 쉬워요. 레이어를 정리하고 더 이상 필요하지 않은 레이어는 숨깁니다. 체크 표시를 해제해서 나머지 캐릭터는 숨겨 주세요.

[캐릭터 스케치] 레이어는 보이는 상태로 두고 혼합 모드를 [곱하기]로 설정합니다. [곱하기] 모드에서는 선이 투명해져서 다른 색 위에 겹칠 경우 더 진하게 보여요.

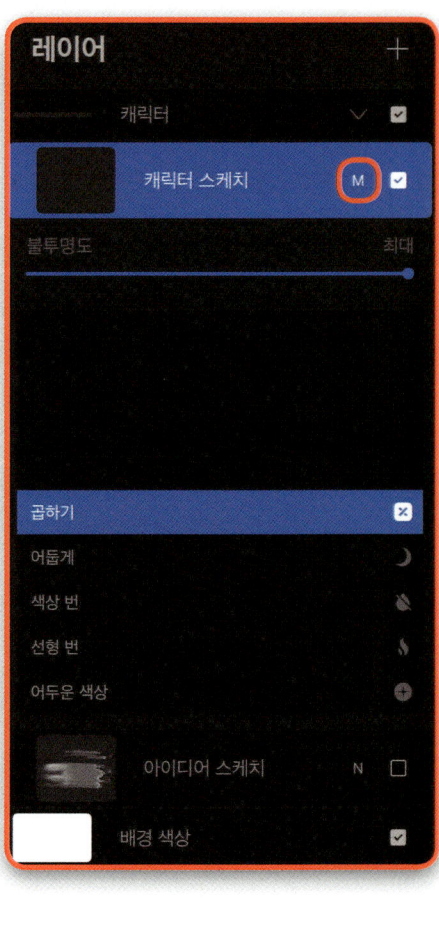

▶ [곱하기] 모드로 설정한 [캐릭터 스케치] 레이어

05

새로운 레이어를 만들어 [캐릭터 스케치] 레이어 아래로 이동한 뒤 레이어 이름을 '피부'로 바꿔 주세요. 이제 [서예 > 분필] 브러시를 사용해 캐릭터의 의상에 색깔을 넣어 볼게요. [분필] 브러시는 텍스처가 멋지고 색깔을 큼직큼직하게 칠하기가 쉬워요. 여러 가지 색깔을 조합해 보고 색을 고르는 단계이므로 꼼꼼하게 칠하려고 신경 쓰지 않아도 돼요.

이때 캐릭터를 구성하는 요소마다 레이어를 각각 따로 만들어 주세요. 그러면 다른 부분을 건드리지 않고 필요한 부분만 색깔을 바꾸기 쉬우니까요. 첫 번째로 채색해 본 색 조합 레이어를 그룹으로 묶고 이름을 '컬러 1'로 지정해 줍니다.

▶ 피부, 머리카락, 옷, 액세서리 같은 구성 요소마다 새로운 레이어를 사용해 주세요.

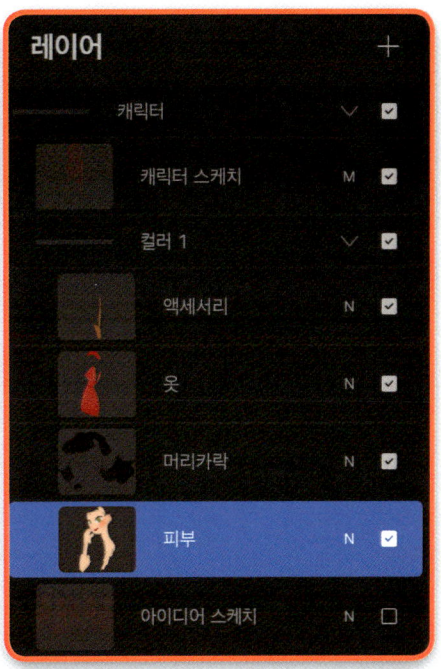

아티스트의 팁

작업하는 동안 참고 이미지를 함께 보고 싶다면 아이패드의 화면 분할 기능을 이용하세요. 프로크리에이트가 열려 있는 상태에서 화면 아래쪽 테두리의 중간 부분을 위로 살짝 쓸어 올리면 최근에 사용한 앱이 표시되는 독(dock)이 나타납니다(독은 81쪽 참고). 참고 이미지가 저장된 사진 앱이나 다른 앱을 탭한 상태에서 드래그해 화면의 왼쪽이나 오른쪽 가장자리로 가져가 주세요. 그러면 두 화면을 동시에 띄우고 작업 중간중간마다 다른 이미지도 찾아보며 체계적으로 연구할 수 있답니다.

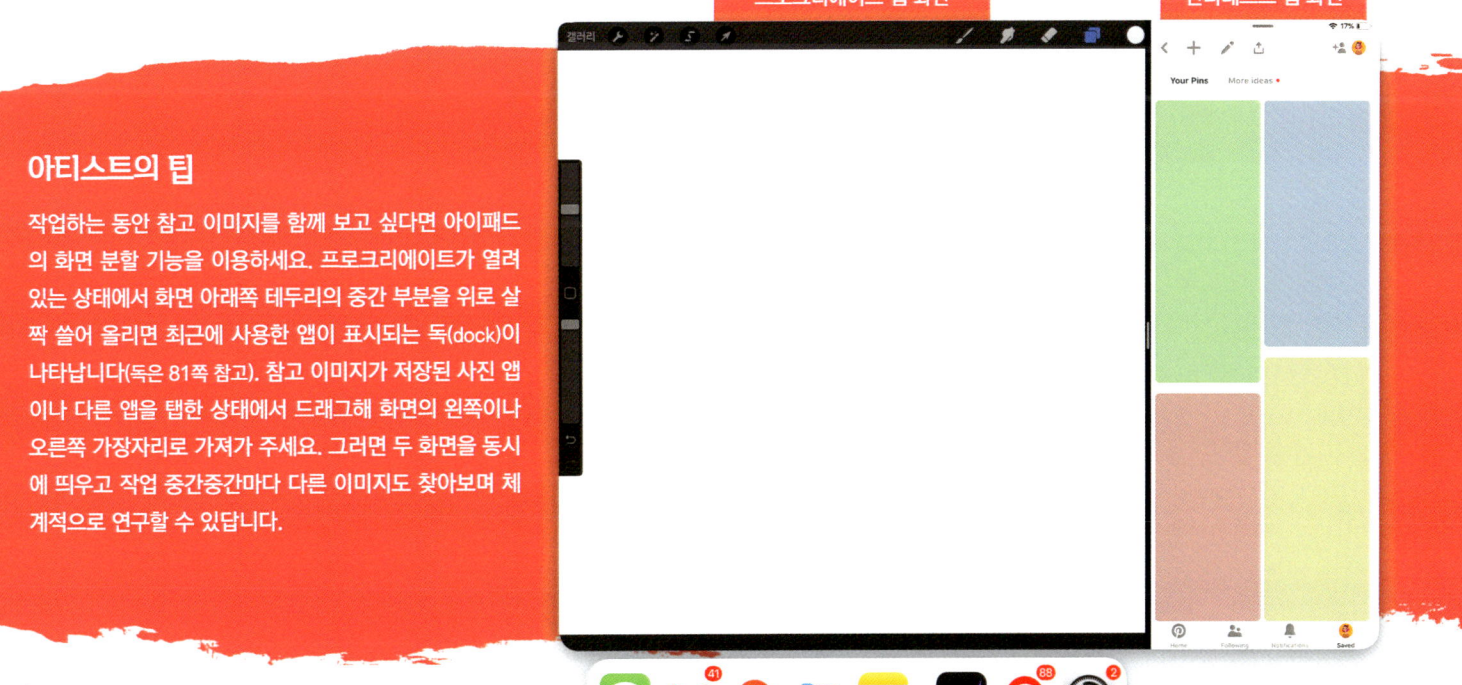

▶ 특정 분위기나 색감, 테마 등에서 영감을 얻고 싶다면 무드 보드를 만들어 보세요. 핀터레스트 앱도 추천합니다!

06

다양한 캐릭터를 디자인하기 위해 [컬러 1] 레이어 그룹을 복제한 뒤 이름을 '컬러 2'로 바꿉니다. 이 과정을 다섯 번 반복해서 각기 다른 색 조합을 시험할 그룹을 총 여섯 개 만들어요. 그런 다음 색 조합 그룹 하나를 탭해서 열고 각 레이어에 다른 색을 칠합니다. 이때 [알파 채널 잠금] 설정을 활용해 보세요. 이미 만들어진 캐릭터의 테두리를 벗어나지 않고 안쪽에만 곧바로 다른 색을 칠할 수 있어요. 아니면 색조, 채도, 밝기 슬라이더를 각각 조절해서 색을 바꿀 수도 있습니다.

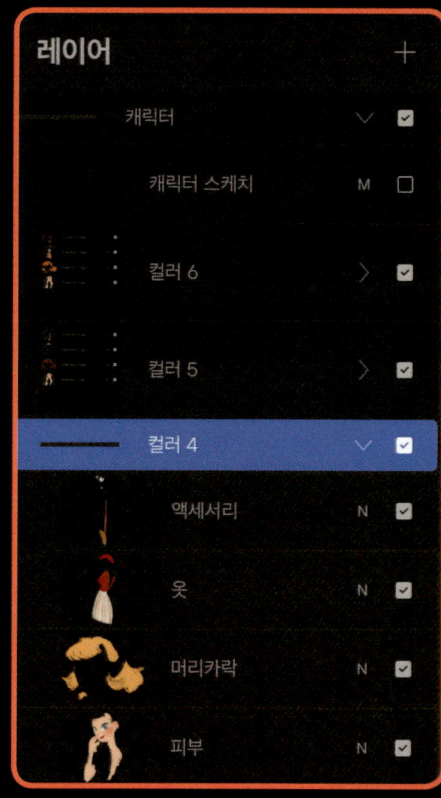

▲ [알파 채널 잠금]을 설정하면 레이어 섬네일의 배경에 체크무늬가 나타납니다.

07

여섯 가지 색 조합 중에 하나를 선택했다면 그 레이어 그룹을 복제한 뒤 병합해 주세요. 캐릭터 구성 요소를 모두 포함한 새로운 레이어가 생성될 거예요.

캐릭터 아이디어를 정리했으니 이제 캐릭터에 맞는 간단한 배경을 생각할 차례예요. 배경도 같은 파일에서 러프하게 그리는 작업을 할 거예요. 그러니 캐릭터와 관련된 모든 레이어를 그룹으로 묶고 그룹 이름을 '캐릭터'로 붙여 주세요. 그리고 이 [캐릭터] 레이어 그룹을 숨겨서 배경을 그릴 빈 공간을 만들어 주세요.

▶ [캐릭터] 레이어 그룹에는 모든 색 조합 레이어가 들어 있어야 해요.

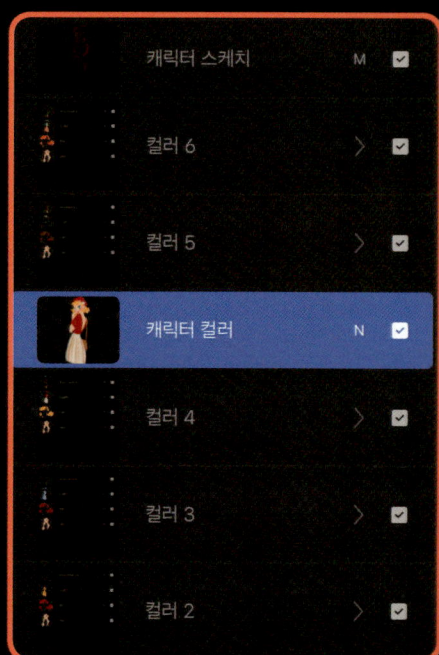

17

얼굴은 다른 레이어와 분리되도록 새로운 레이어 그룹을 만들어요. 먼저 눈의 흰자위용 레이어를 하나 만들고, 그 위에 눈동자용 레이어를 만들어 [클리핑 마스크]를 설정합니다. 이렇게 하면 눈동자가 눈 바깥으로 나가지 않으므로 필요할 때 눈동자의 위치를 바꿀 수 있어요.

그 위에는 속눈썹과 눈썹, 입술을 작업할 레이어를 하나씩 만듭니다. 그리고 이 레이어를 모두 그룹으로 묶어 이름을 '얼굴'이라고 붙입니다.

마지막으로 [캐릭터] 레이어 그룹 가장 위에 새 레이어를 만들고 분홍 계열 색상으로 선화를 다시 그립니다. 이렇게 하면 각 요소의 윤곽이 더 확실해지고 [스케치 정리] 레이어를 숨겼을 때도 선이 사라지지 않아요. [선화] 레이어는 [곱하기] 모드로 설정합니다.

▲ 목과 쌍꺼풀, 코, 손가락, 귀 안쪽, 가방 테두리 등의 윤곽이 명확해지도록 선을 추가합니다.

18

캐릭터 채색이 마무리되면 앞에서 설명한 방법으로 배경을 색칠합니다. 먼저 캐릭터의 모든 구성 요소를 [캐릭터]라는 그룹으로 묶은 뒤 숨겨 줍니다. 다음으로 [캐릭터] 레이어 그룹 아래에 새로운 레이어를 생성해요. [컬러 러프] 섬네일에서 [스포이드툴]로 색을 선택해 채색을 시작합니다. 큼직큼직하게 덩어리로 색을 칠할 때는 [분필] 브러시를 써도 좋아요.

배경은 모두 한 레이어에 그려도 괜찮지만 캐릭터의 구성 요소는 각각 레이어로 분리하면 나중에 훨씬 자유롭게 편집할 수 있습니다.

세밀하고 정확하게 그리려고 애쓰지 않아도 돼요. 배경은 아웃포커스가 되도록 흐리게 처리할 예정이거든요.

◀ 여러 레이어를 사용해 거리를 색칠합니다.

19

아웃포커스 효과를 내기 위해 [배경] 레이어를 복제합니다([배경] 레이어가 여러 개일 경우에는 그룹으로 묶어서 복제한 뒤 병합합니다). 복제한 레이어에 [조정 > 가우시안 흐림 효과]를 적용해 주세요([가우시안 흐림 효과]는 64쪽 참고). 흐림 강도를 17%로 설정해 심도 효과를 냅니다.

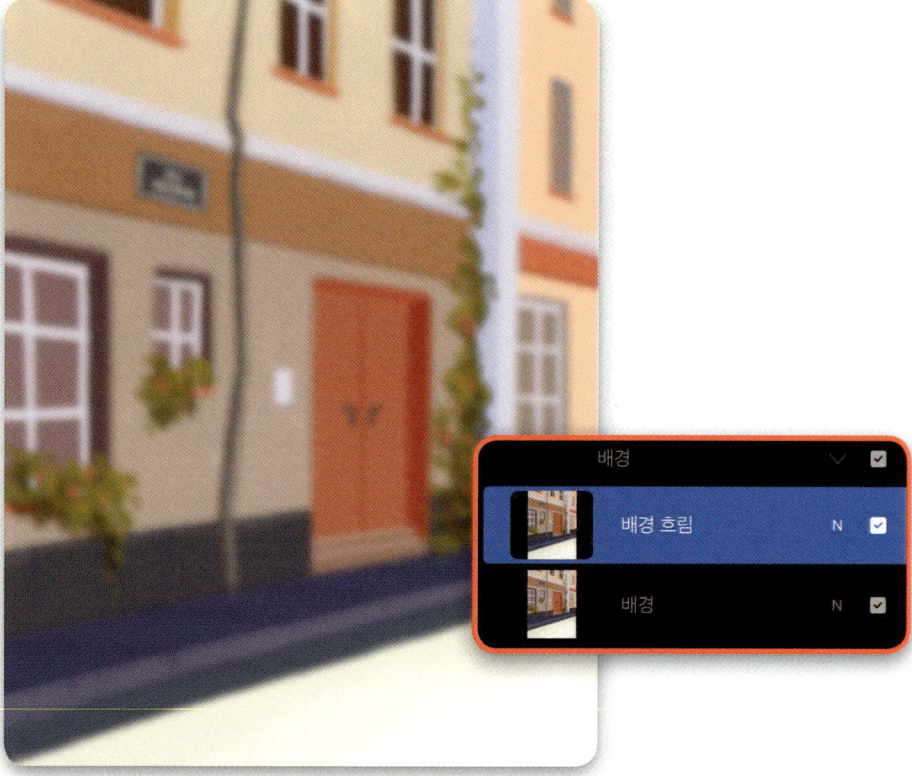

▶ [가우시안 흐림 효과]의 강도는 화면을 밀어서 조절해요.

20

이제 빛을 넣을 차례입니다. [캐릭터] 레이어 그룹을 다시 보이게 하고 그 위에 새로운 레이어를 만들어 주세요. 이 레이어는 [곱하기] 모드로 설정해요. 따뜻한 보라색으로 그림자를 칠합니다. 검은색은 그림이 탁해 보일 수 있으니 절대 사용하지 마세요. [문지르기 > 잉크 번짐] 브러시를 선택해 크기는 80~100%로, 불투명도는 10~20%로 설정합니다. 그림자의 경계선을 가볍게 문질러서 부드럽게 만들어 주세요.

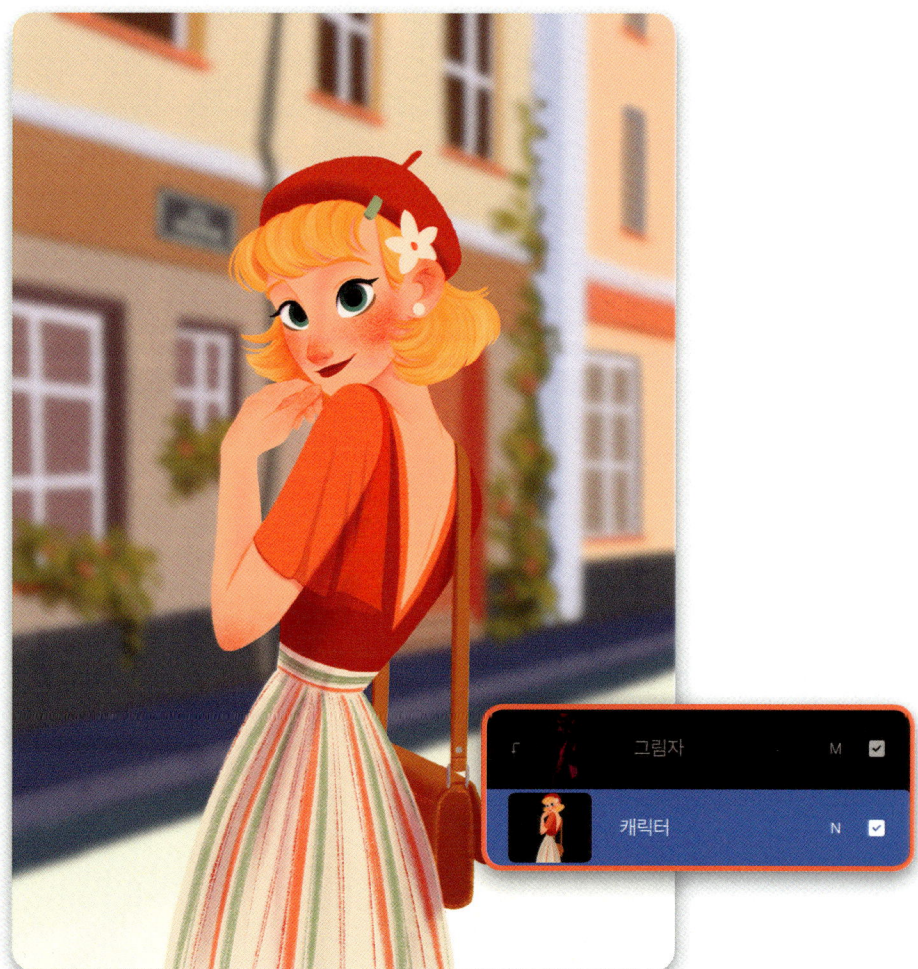

▶ 흐릿한 배경을 등지고 서 있는 캐릭터의 모습입니다.

21

햇빛을 추가해 볼게요. 새로운 레이어를 만들고 캐릭터의 햇빛이 닿는 부분에 연한 노란색을 칠해 주세요. 레이어의 혼합 모드를 [오버레이]로 설정해 색이 대비되면서도 자연스럽게 스며들게 합니다. 하이라이트는 다시 이 위에 새로운 레이어를 만들어서 작업해요. 강조할 부분은 앞에서 사용한 연한 노란색으로 칠해 주세요.

다음으로 하늘의 반사광을 추가합니다. 아주 부드러운 빛이지만 전체적으로 빛 처리에 일관성이 더 생길 거예요.

새로운 레이어를 만들고 캐릭터의 모자, 코, 손 위에 연한 파란색을 약간 추가합니다. 혼합 모드는 [스크린]으로 설정하고 불투명도를 55%로 낮춰 주세요.

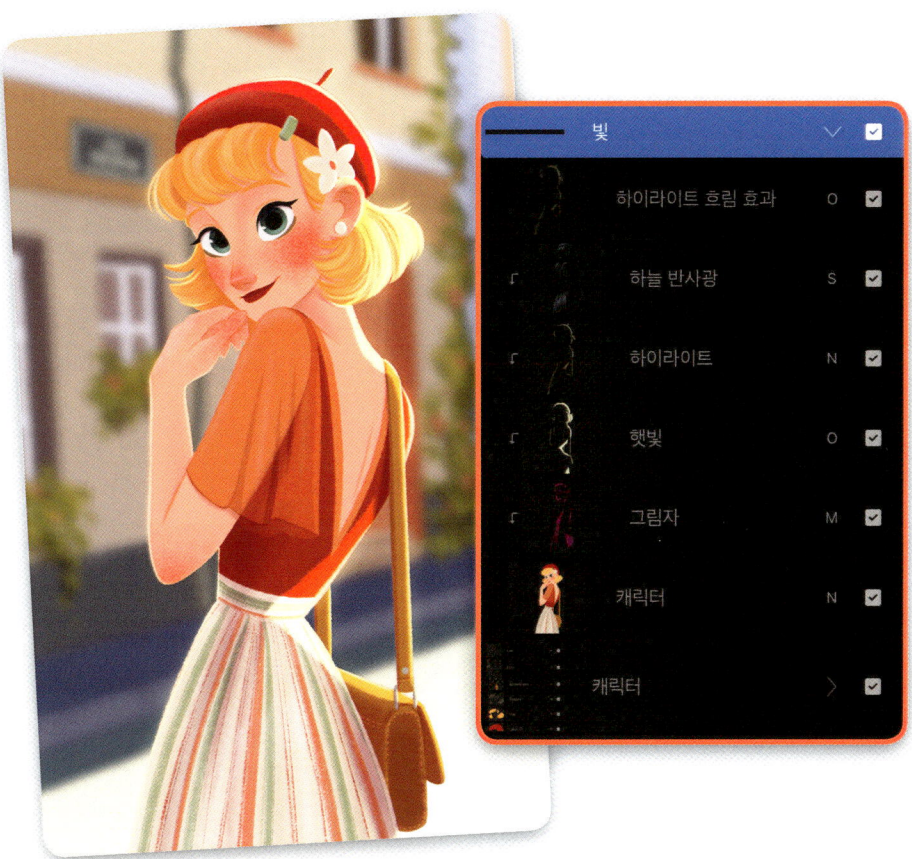

▶ 캐릭터 그룹을 복제하고 병합한 뒤 [클리핑 마스크]를 사용해서 빛과 그림자를 추가해요.

22

분위기가 좀 더 살아날 수 있도록 [하이라이트] 레이어를 복제하고 [오버레이] 모드로 설정해 주세요. [가우시안 흐림 효과]를 20% 강도로 적용하면 캐릭터 위로 은은하게 빛나는 느낌이 날 거예요.

이 단계에서 몇 가지 디테일을 추가할 수 있습니다. 새로운 레이어를 만들고 눈에 반사되는 빛을 흰색으로 표현합니다. 혼합 모드는 [추가]로 설정하고 불투명도를 13%로 낮춰 주세요. 역시 흰색을 사용해 가는 머리카락을 그려요. 그뿐만 아니라 대충 점을 찍어 떠다니는 먼지 알갱이도 그립니다. [살짝 흐림 효과]를 적용해 주면 알갱이가 보기 좋게 빛나는 효과가 날 거예요.

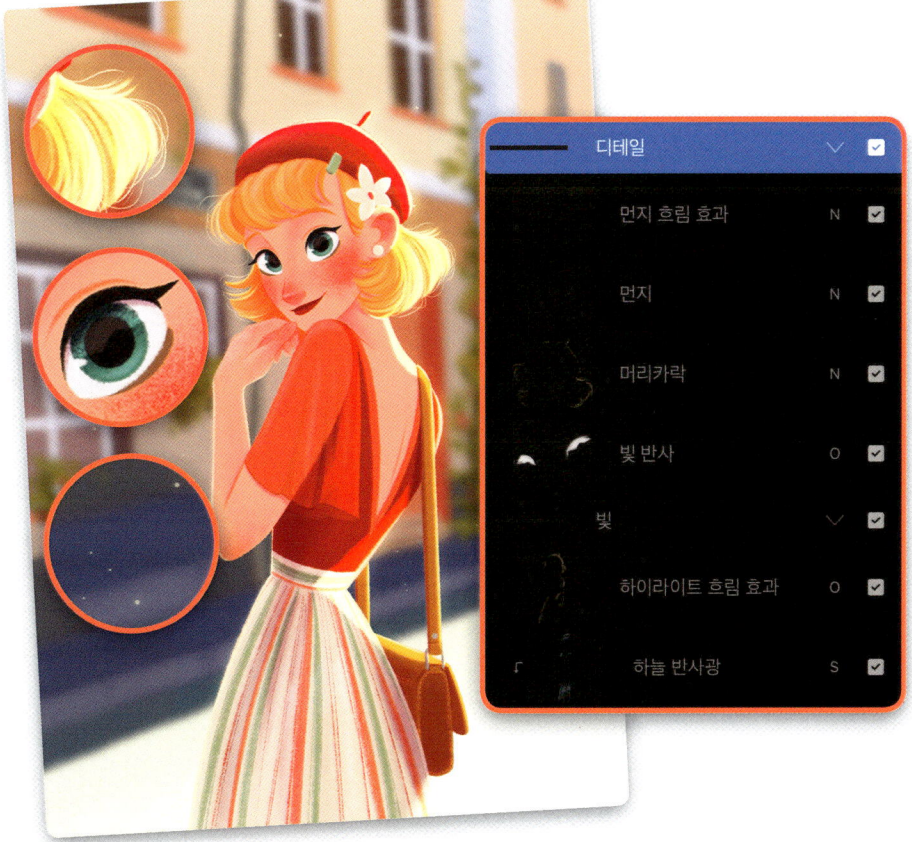

▶ 세부 작업 결과를 확대해 본 모습입니다.

23

이제 이미지의 색상을 조정해 전체 분위기를 더 따뜻하게 만들어 줄 거예요. 이미지 전체에 조정 효과를 적용하려면 모든 레이어를 하나로 병합해 맨 위에 올려놓고 작업해야 합니다. [모두 복사하기 > 다시 붙여넣기]를 하면 돼요(만약 [붙여넣기]가 활성화되지 않으면 [실행 취소]한 뒤 다시 해보세요. [붙여넣기]가 나타날 거예요).

전체 이미지가 하나의 레이어로 병합되었으면 그 래프를 이용해 색을 조정할 수 있습니다. [감마] 모드에서는 가운데 파란색 동그라미를 살짝 내려서 대비 효과를 높이고, [빨강] 모드에서는 살짝 올려서 이미지 전체에 따뜻해 보이는 효과를 주세요.

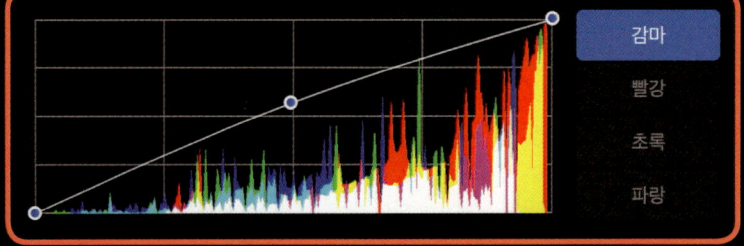

▲ [감마] 모드는 이미지의 모든 색상에 영향을 미칩니다.

24

효과를 추가하기 위해 [최종 이미지] 레이어를 복제합니다. [조정 > 투시도 흐림 효과]로 캐릭터가 살짝 움직이는 느낌이 들게 해줄 거예요. 커서를 캐릭터의 얼굴 중앙으로 옮기고 흐림 강도를 5%로 설정해 주세요. 보일 듯 말 듯한 효과이지만 캐릭터의 눈이 생기 있게 보입니다.

다시 [조정 > 노이즈 효과]를 13% 강도로 적용합니다. 오래된 비디오테이프(VHS) 영상처럼 가장자리가 살짝 어긋나는 느낌을 내고 싶으면, 레이어를 복제하고 혼합 모드를 [색상]으로 설정한 뒤 캐릭터를 약간만 옮겨 주세요.

마지막으로 새로운 레이어에 부드러운 주황색 빛무리를 칠합니다. 이때 레이어의 혼합 모드를 [추가]로, 불투명도를 30%로 설정해 주세요. 채색할 때에는 크기를 확대한 [에어 브러시 > 소프트 에어브러시]를 사용해요. 완성된 이미지가 마음에 들면 파일을 내보내고 공유합니다(22쪽 참고).

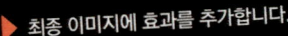

▶ 최종 이미지에 효과를 추가합니다.

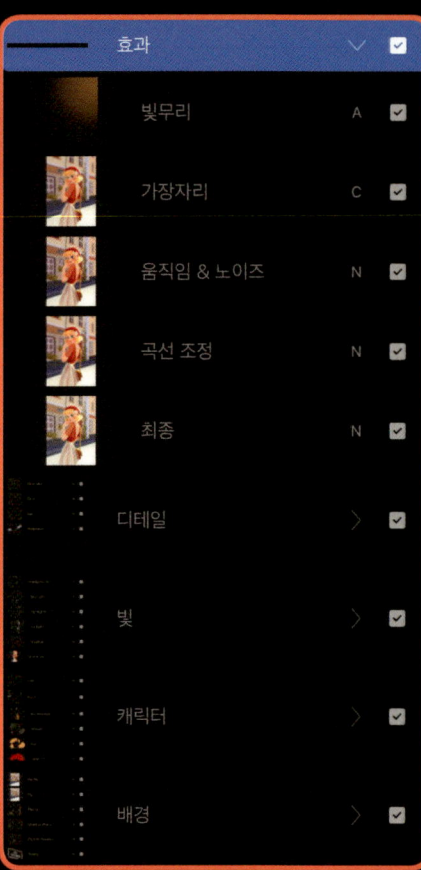

프로젝트를 마치며

이번 프로젝트를 끝까지 따라 했다면 이제 캐릭터를 그리고 어울리는 배경을 넣어 분위기를 보완하는 작업을 할 수 있을 거예요. 따뜻하고 밝으면서 생기 넘치는 느낌을 더해 캐릭터를 돋보이게 하는 법, 보는 이를 이미지 속으로 끌어들이는 법을 배웠을 겁니다.

다음으로는 다양한 캐릭터 그리기에 도전해 보세요. 캐릭터마다 개성이나 감정이 잘 드러나고 배경은 분위기와 잘 어울려야 합니다. 캐릭터가 겁에 질렸을 때, 슬플 때, 아니면 사랑에 빠졌을 때의 분위기를 표현하려면 어떤 색을 써야 할지 생각해 보세요.

↓ 가을 소녀(Autumn Girl)

↓ 비(Rain)

↑ 사서(Library Girl)

12 · 귀엽고 사랑스러운 인물 캐릭터

13

몽환적인 분위기가 나는 행성의 사막

사무엘 인킬레이넨(Samuel Inkiläinen)

이번 프로젝트에서는 몽환적인 사막 풍경 그리는 법을 설명합니다. 깎아지른 듯한 절벽을 배경으로 거대한 해파리가 평화롭게 떠다니는 작품이에요. 그림을 그리는 첫 단계부터 마지막 완성 단계까지 차근차근 따라가면 됩니다. 처음부터 크고 복잡한 그림을 그리려면 당황스러울 수 있어요. 작고 단순한 그림부터 그리기 시작해서 점차 크고 디테일이 많은 작품으로 향상해 나갈 거예요.

먼저 참고 이미지를 검색하고 빠르게 연구 스케치를 하는 준비 단계를 거쳐 주제에 익숙해지도록 합니다. 그다음 섬네일 단계로 넘어가요. 이 단계에서는 색상을 구도, 명도와 분리해서 최대한 단순하게 작업합니다. 그리고 여러 가지 색 배합을 해본 뒤 최종 섬네일 스케치를 다듬어요. 이 과정을 거치면 앞으로 어떤 방향으로 작업할지 확실하게 감을 잡을 수 있습니다. 이와 더불어 작업하는 내내 길잡이가 될 컬러 스케치도 생깁니다.
채색 방식을 보완해 줄 사용자 지정 브러시를 만드는 법도 빼놓을 수 없죠. 실수한 부분을 고치고, 작품을 내 취향에 맞게 수정하는 방법도 배울 거예요. 마지막 단계에서는 몇 가지 후처리 기법과 조정을 적용해 작품의 수준을 더 끌어올리는 방법도 설명합니다.

준비 파일
- 13_Samuel Inkilainen - brush set 브러시 세트

참고 영상
- 13_전 과정 타임랩스 영상

학습 목표

▶ 클리핑 마스크 사용하기
▶ 알파 채널 잠금 사용하기
▶ 레이어 혼합 모드 사용하기
▶ 사용자 지정 브러시 만들기
▶ 다양한 조정 도구 사용하기

01

먼저 인터넷에서 그림 주제와 관련된 다양한 이미지를 찾습니다. 창의적인 사고를 시작하는 좋은 방법이죠. 참고 이미지를 그냥 보기만 하지 말고 그리려고 하는 풍경 속에 등장할 여러 지형이 어떻게 형성되는지도 알아보세요. 이 지식을 적용해 디테일을 추가하고 그림이 좀 더 실감나 보이게 할 수 있습니다.

첫 스케치를 할 때는 손으로 그린 느낌이 나도록 [테크니컬 연필] 브러시나 [HB 연필] 브러시를 사용해 보세요.

▶ 온라인에서 찾은 사진을 바탕으로 앞으로 참고할 스케치를 하고 알아 두면 좋은 정보도 적어 둡니다.

02

다음으로 섬네일 스케치를 해보겠습니다. 먼저 바탕이 될 직사각형 캔버스를 만들어요. 뒷배경, 중간 배경, 해파리, 전경 등을 각각 새로운 레이어로 만듭니다. 일단 그리고 싶은 지형과 비슷한 모양으로 테스트를 시작해요. 새로 만드는 레이어는 모두 [클리핑 마스크]로 설정해 모든 작업이 틀 안에서 유지되도록 해줍니다.

형태가 작은 요소를 추가할 때는 [알파 채널 잠금] 기능을 사용해서 큰 기본 모양 안에 디테일이 들어가게 해요. 이렇게 작은 형태를 추가하고 대비를 높여서 시선이 집중되는 그림의 초점을 확실하게 잡아 줍니다.

계속해서 마음에 드는 디자인을 찾아보세요. 각 요소를 바꿔 가며 매치해서 새로운 섬네일을 만듭니다. 단, 섬네일은 단순하게 유지하세요. 자칫하다가는 그림을 확대하고 필요 이상으로 디테일을 추가하게 되기 쉽거든요. 결국 이 섬네일 중 딱 하나만 선택한다는 사실을 잊지 마세요.

▶ 작고 단순한 섬네일 스케치로 구도와 명도를 어떻게 잡을지 브레인스토밍을 합니다.

03

가장 흥미로워 보이고 축소했을 때도 확실하게 알아볼 수 있는 섬네일을 선택합니다. 그다음 다양한 컬러 팔레트를 사용해 보세요. 섬네일을 여러 개로 복제한 뒤 [조정 > 색상 균형]과 [조정 > 색조, 채도, 밝기]를 사용해 색을 넣어요. 조정만으로 부족할 경우에는 주저하지 말고 섬네일에 채색을 해도 좋습니다.

경계가 부드러운 브러시(soft brush)를 사용해 해파리에 그러데이션을 대충 넣고 테두리에 살짝 빛나는 느낌을 더해 주세요. 이어서 경계가 명확한 브러시(hard brush)로 배경을 선명하게 그리고 디테일도 추가해 줘요.

▲ [색상 균형]과 [색조, 채도, 밝기] 조정으로 색 배합을 다양하게 시도해 보세요.

04

색을 입힌 섬네일 중 하나를 선택해 다듬기 작업을 시작합니다. 새로운 레이어를 만들어 경계가 명확한 브러시를 골라 색칠하고 불필요한 부분을 지워 가며 넓은 채색 영역을 작게 나누어 주세요. 또 [스포이드툴]을 사용해 하늘의 가장 밝은 부분에 해당하는 색을 선택하고, 그 색으로 하늘 전체를 가로지르는 긴 선을 그어서 간단하게 구름을 표현합니다. 이 시점에서 그림에 담을 이야기를 꾸며 보고 어떻게 하면 잘 전달할 수 있을지 생각해 보는 것이 좋습니다.

여기에서는 전경에 망토를 두른 캐릭터 모양을 추가하고 중간 배경 아래쪽에 작은 빛 알갱이를 그려 넣어 마치 지면에서 작은 해파리가 나타나기 시작하는 듯한 느낌을 낼 거예요. 완성한 섬네일은 실제 작품을 그려 나가는 길잡이가 됩니다.

▼ 디테일과 복잡성을 더해 선택한 컬러 섬네일을 다듬기 시작합니다.

05

더 큰 캔버스를 만들어요. 그리고 섬네일 파일에서 가져온 [섬네일] 레이어를 새로운 캔버스에 추가해 주세요. 레이어를 한쪽 손가락으로 탭한 상태에서 다른 쪽 손가락으로 새로 만든 파일을 연 뒤 [레이어] 창으로 가져오면 됩니다.

그다음 깔끔하게 보이도록 섬네일을 길잡이 삼아 각 요소의 모양을 깨끗하게 다시 그려 주세요 (섬네일 자체를 다듬고 정리해서 최종 이미지로 완성하는 방법도 있습니다). 섬네일 단계에서 빠르고 즉흥적으로 아이디어를 시험하며 그렸던 것과는 반대로 신중하게 작업해 나갑니다. [스포이드툴]로 섬네일에서 색상을 선택하고 경계가 부드러운 브러시로 하늘에 그러데이션을 표현해 주세요.

▲ 섬네일을 길잡이 삼아 먼저 하늘을 그러데이션으로 채색해 주세요.

06

[Opaque Oil] 브러시처럼 끝이 뾰족한(sharp-edged) 브러시를 사용해 전경, 중간 배경, 뒷배경, 그리고 해파리의 기본 모양을 각각 별도의 레이어에 그립니다. 이렇게 레이어를 따로 쓰면 나중에 테두리를 신경 쓸 필요가 없어요. 이 레이어들이 바탕이 되어 원하는 모양을 손쉽게 선택할 수도 있고 [알파 채널 잠금]을 설정하거나 [클리핑 마스크]를 적용할 수도 있습니다.

▶ 끝이 뾰족한 브러시를 사용해 중요한 요소의 실루엣을 명확하게 그려 주세요.

07

[알파 채널 잠금] 기능을 사용해 각기 다른 요소에 기본 색상을 모두 추가합니다. 하이라이트와 그림자는 나중에 추가할 거예요. 그러니 너무 진하거나 연한 색은 아직 사용하지 않는 편이 좋아요. 공기 중의 먼지 알갱이와 수분 때문에 멀리 떨어진 곳은 확실하게 보이지 않으므로 대비와 채도를 가장 낮게 적용해 줍니다. 이런 기법을 색 투시(atmospheric perspective)라고 해요. 배경의 기본 색으로는 어둡고 채도가 낮은 색을 사용해 채도가 높고 빛이 나는 해파리가 더 강조될 수 있게 합니다.

▶ 부분적인 색을 추가해 각기 다른 요소로 분리합니다.

08

기본 모양을 잡은 [바탕] 레이어 위에 새로운 레이어를 만들고 [클리핑 마스크]를 설정합니다. 이 레이어를 사용해 절벽의 단면에 옆면과 경사면을 표현해 주세요. 전경의 바위에도 윗면의 평평한 부분을 나타내 줍니다. 그 밖에 빛이 닿을 만한 중요한 부분도 모두 그려 주세요.

▼ [클리핑 마스크]를 사용해 빛이 닿는 면을 표현해요.

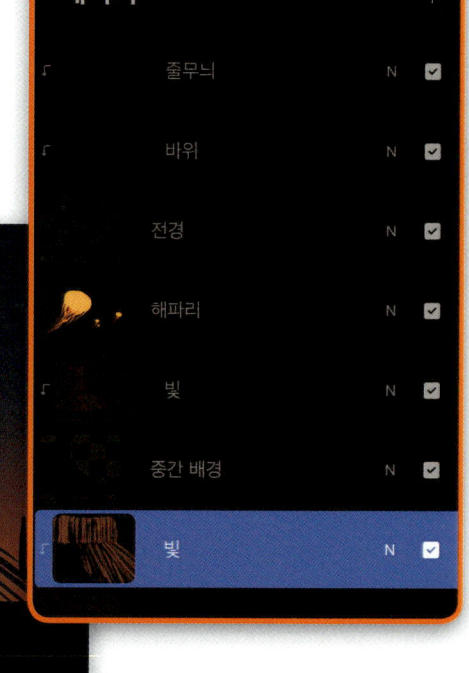

09

절벽의 단면이 그림과 어색하게 분리되어 보이지 않도록 잘 어우러지게 하고 형태를 다듬을 차례입니다. [클리핑 마스크] 레이어에 [알파 채널 잠금]을 설정하고 경계가 부드러운 브러시를 사용해 노을 색에서 그 아래 레이어의 색으로 그러데이션을 넣어요. 햇빛이 어느 방향에서 올지 정하고 주의해서 일관성 있게 빛을 표현합니다.

이제 강렬한 빛의 느낌을 살짝 더해 볼게요. 밝은 색과 어두운 색 사이, 색이 변하는 중간 지점의 색상을 선택하고 채도를 높여 주세요. 그리고 이 색을 색이 변하는 곳에 경계가 부드러운 브러시로 가볍게 칠합니다. 보일 듯 말 듯한 효과가 나도록 해 주세요.

▲ [알파 채널 잠금]을 사용해 빛이 닿은 면에 그러데이션을 넣어요.

10

만약 선택한 색상이 잘 어울리지 않는 부분이 있다면 [선택]을 이용해 조정하고 싶은 영역을 선택해 주세요. 그다음 [조정 > 색조, 채도, 밝기]를 선택해 색을 바꿔 줍니다. 처음에 형태를 깔끔하게 그리고 색 영역을 단순하게 설정했기 때문에 빠르고 쉽게 선택할 수 있답니다.

색을 조정하는 또 다른 방법으로 다양한 레이어 혼합 모드를 사용할 수 있어요. 여러 가지 모드를 사용해 보고 어떤 효과를 얻을 수 있는지 확인해 보세요(필자는 혼합 모드 중 [곱하기], [추가], [색상 닷지], [오버레이], [소프트 라이트], [색상]을 자주 활용합니다).

이제 [배경] 레이어에 경계가 부드러운 브러시로 안개를 그리고, 전경에 빨간 망토를 두른 인물이 통나무에 걸터앉아 있는 모습을 그립니다. 모닥불을 피울 기본 바탕으로 타원을 추가해 주세요.

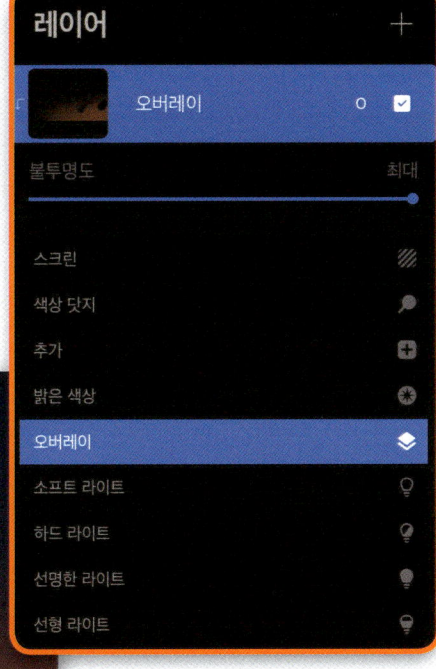

◀ 다양한 [조정] 옵션을 사용해 실수를 바로잡고 색상에 통일감을 줍니다.

11

형태가 마음에 들지 않는 요소가 있다면 [픽셀 유동화]를 사용해 보세요. 그림 전체를 다시 칠하지 않고도 사소한 실수를 고칠 수 있습니다. 선택한 지점을 움직이고 싶을 때는 [픽셀 유동화 > 밀기]를 사용해요(다른 도구와 설정도 어떤 효과가 있는지 시험해 보는 것이 좋습니다).

중간 배경에 길을 추가하고 [요소 > 화염] 브러시로 짙고 채도가 높은 주황색을 써서 모닥불을 그립니다. 그다음 새로운 레이어를 만들고 경계가 부드러운 브러시로 불꽃 주위에 따뜻한 불빛도 추가해 주세요. [중간 배경] 레이어의 햇살이 마지막에 닿을 만한 부분에도 빛을 넣어 줍니다. 또, [지우기]에서 경계가 명확한 브러시를 선택해 그림자를 만들어요.

▲ [픽셀 유동화]를 사용해 형태를 자신이 원하는 모양으로 맞춰 보세요.

12

절벽에 더 어두운 색으로 균열을 추가해 그림자 부분을 확실하게 묘사합니다. 명도를 잘 조절하되 순수한 검은색은 사용하지 않도록 하세요. 불필요한 레이어는 손가락으로 꼬집듯이 모아서 병합해 줍니다. 작업 흐름이 더 빨라질 거예요.

중간 배경에 키가 작은 관목을 암시하는 모양을 추가해 그림 속 각 요소의 크기를 쉽게 파악할 수 있게 합니다. 동글동글한 관목은 작은 크기를 유지하며 가로 방향으로 무리를 이루게 그려요. 멀어질수록 더 작게 그립니다.

아티스트의 팁

실수는 눈에 잘 보이지 않아요. [동작 > 캔버스 > 캔버스를 수평으로 뒤집기]를 사용해 캔버스를 뒤집어 보세요. 새로운 시각으로 그림을 볼 수 있을 거예요. 처음부터 형태나 색이 제대로 표현되지 않았다고 해서 의기소침해질 필요는 없어요. 그림을 그린다는 것은 반복하는 과정이고 실수는 저지르기 마련이랍니다. 조급하게 생각하지 말고 중간중간 짧은 휴식을 취해 지친 눈을 쉬게 해주세요.

◀ [중간 배경] 레이어에 키가 작은 관목을 추가하고 절벽의 그림자 부분에 더 어두운 색으로 균열을 표현해 주세요.

13

빛이 닿는 면을 명확하게 묘사해 줍니다. 절벽에서 빛이 닿는 부분은 혼합 모드를 [오버레이]로 설정한 레이어를 사용해 채도가 높은 강렬한 주황색으로 따뜻하게 밝혀 주세요.

다음으로는 모닥불의 불꽃처럼 색깔이 있는 빛에 영향을 받는 부분을 작업합니다. 이 부분의 색을 결정하기 위해 [스포이드툴]로 광원의 색을 선택해 빛이 닿는 면에 아주 가볍게 칠해 주세요([소프트] 브러시처럼 브러시의 불투명도가 펜의 압력으로 결정되는 브러시를 사용합니다). 그 결과 혼합된 색상을 [스포이드툴]로 선택하면 이 색이 특정 표면에 색깔이 있는 빛이 닿은 색이 됩니다.

◀ 모닥불 주변의 바위처럼 다른 광원을 마주하는 면을 작업해 주세요.

▼ 애플 펜슬의 압력으로 불투명도를 조절할 수 있어요.

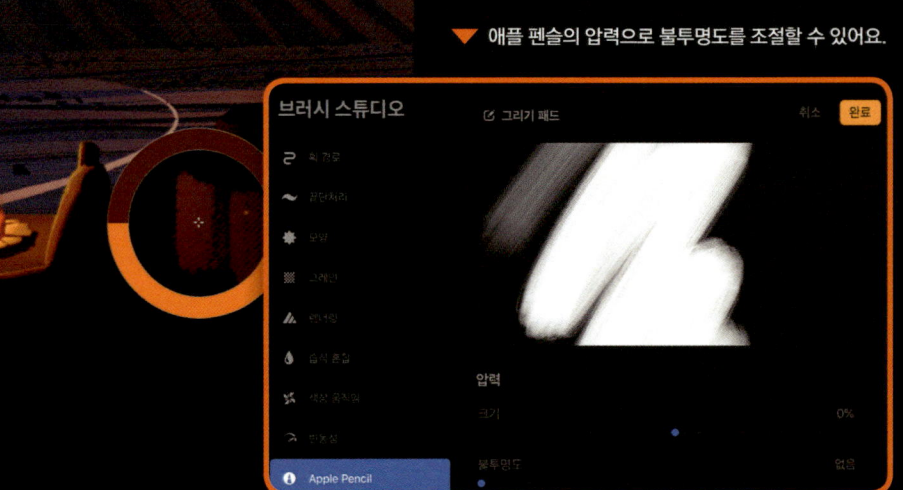

14

크기와 거리를 더 확실히 파악할 수 있도록 [소프트 에어브러시]를 사용해 레이어 사이에 안개를 부드럽게 그립니다. 그러면 배경이 밝아지면서 색 투시 효과가 날 거예요. 레이어 사이의 명도 차이가 커져서 이미지를 알아보기가 더 쉬워지죠. 또 [오버레이]나 [곱하기] 레이어를 사용해 차가운 파란색 색조로 그림자 부분을 더 어둡게 만들어 주세요. 햇빛이 비치는 따뜻한 부분을 강조할 수 있습니다.

[문지르기]를 [Hard Smudge] 브러시처럼 둥글고 경계가 명확한 브러시로 설정하고 안개의 형태도 좀 더 다듬어 줍니다. 둥근 브러시의 경계가 날카로워서 안개에도 경계가 선명한 부분이 나타날 거예요. [소프트 에어브러시]를 사용해 테두리가 자연스럽고 부드럽게 표현된 부분과 멋진 대비를 이룹니다.

▶ 흐릿한 안개를 레이어 사이에 그려 넣어 대비를 높이고 분위기를 더 살려 주세요.

15

경계가 명확한 브러시를 사용해 구름을 추가합니다. 전체 구도와 잘 어울리는 모양이 되도록 신경 써서 그려 주세요. [문지르기]를 사용해 테두리의 색을 섞으면 희미한 부분이 생기면서 구름과 더 비슷한 모양이 될 거예요.

구름이 전체 구성의 핵심 부분이며 생생한 형태를 디자인할 재미있는 요소가 된다는 점도 잊지 마세요. 자연 소재 중에서 구름처럼 다양하고 재미있는 형태를 무수히 많이 형성하는 요소는 그렇게 흔하지 않으니까요. 경계가 깔끔한 브러시를 사용하면 구름 모양 디자인에 더 집중할 수 있습니다. 구름을 최대한 재미있게 그려 보세요.

▲ 경계가 깔끔한 브러시를 사용해 구름을 그리고 [문지르기]로 일부분을 부드럽게 풀어 주세요.

16

부드러운 하늘의 빛과 모닥불의 빛이 어떤 영향을 미칠지 고려하면서 전경의 바위 표면과 하이라이트 부분을 작업합니다. 그다음 인물 옆의 지면에 작은 배낭도 하나 그려 주세요. 전경에도 해파리의 촉수와 겹치는 지형을 추가합니다. 그러면 해파리의 크기가 더 부각될 거예요.

이제 해파리에 빛나는 효과를 추가해 보겠습니다. [해파리] 레이어를 복제한 뒤 35% 강도로 [가우시안 흐림] 효과를 적용해 주세요. 레이어의 혼합 모드는 [밝게]로 바꾸고 [불투명도]는 60%로 낮춥니다.

다시 한번 [해파리] 레이어를 복제합니다. 이번에는 50% 강도로 [가우시안 흐림] 효과를 적용한 뒤 [불투명도]를 45%로 낮춰 줘요. 그리고 새로 만든 두 레이어를 기존의 해파리 레이어 밑으로 옮깁니다.

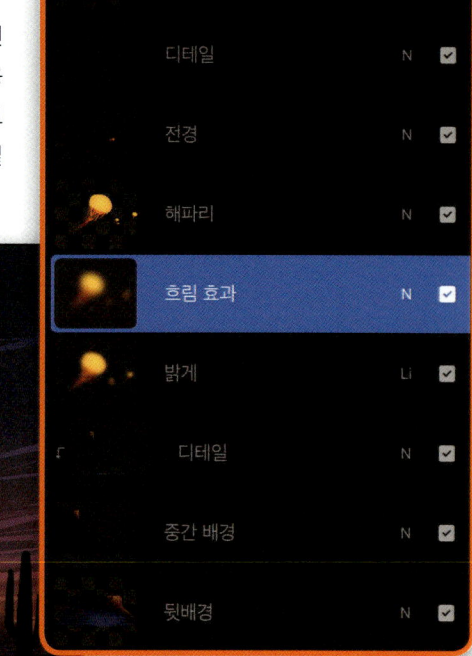

▶ 디테일을 더하고 해파리에 따뜻하게 빛나는 효과를 추가해 주세요.

17

이제 전경에 덤불을 추가할 거예요. 손으로 일일이 그려도 되지만 새로운 브러시를 만들면 시간을 절약할 수 있습니다.

먼저 1000 × 1000 픽셀 크기의 새로운 캔버스를 만들어 주세요. [선택 > 직사각형]을 사용해 잎사귀 하나를 만들고 안쪽을 검은색으로 채웁니다. 이 잎을 복제하고 [변형]을 사용해 나머지 잎도 만들어요. 그리고 레이어들을 꼬집듯이 모아서 모두 병합해 줍니다.

마지막으로 경계가 부드러운 브러시를 [지우기]로 선택해 밑부분을 살짝 지워 줘요. 이렇게 하면 이 브러시를 사용했을 때 배경과 잘 어우러집니다. 이 이미지를 JPEG로 저장합니다.

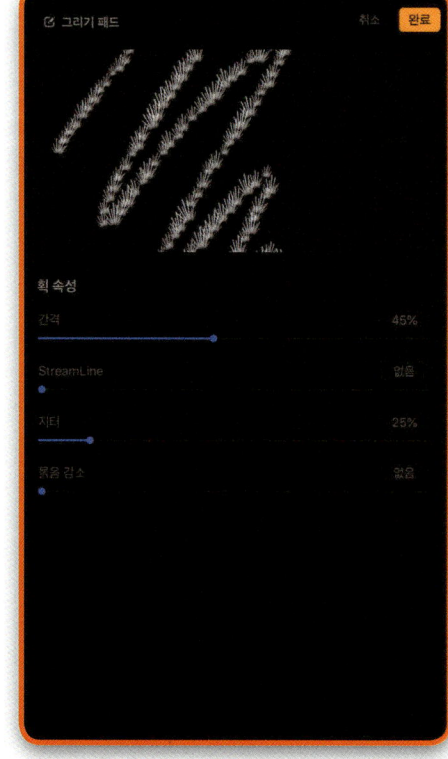
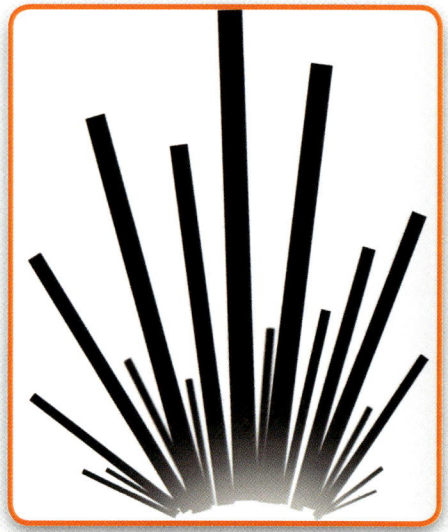

▶ 풀잎 모양을 간단하게 그릴 수 있는 새 브러시를 만들어요.

18

[브러시 라이브러리]에서 ➕를 탭해 새로운 브러시를 만듭니다. [모양]으로 들어가 [모양 소스]의 [편집]을 탭하고 [가져오기 > 사진 가져오기]로 앞에서 저장한 이미지를 불러와요. 두 손가락으로 탭해 색을 반전시킨 후 [완료]를 탭해 주세요. 그다음 [분산]을 10%로 설정해 브러시 방향에 무작위성을 조금 더해 주세요.

[획 경로]의 획 속성에서 간격을 45%로, 지터를 25%로 설정합니다. [그레인 소스]는 비어 있지만 blank로 설정되어 있을 거예요. 이 브러시는 텍스처가 필요하지 않으므로 그레인 설정은 신경 쓰지 않아도 됩니다. [변동성]을 선택해서 [지터 > 크기]를 45%로 설정하면 크기도 제각각으로 변화를 줄 수 있습니다.

마지막으로 [Apple Pencil]을 선택해서 [압력 크기]를 35%로 설정하면 브러시 크기를 좀 더 쉽게 조절할 수 있습니다. 이 브러시 이름을 '덤불'로 저장합니다.

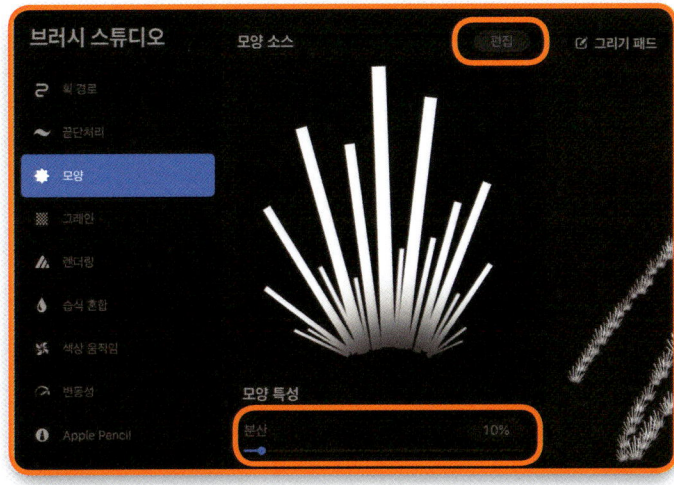

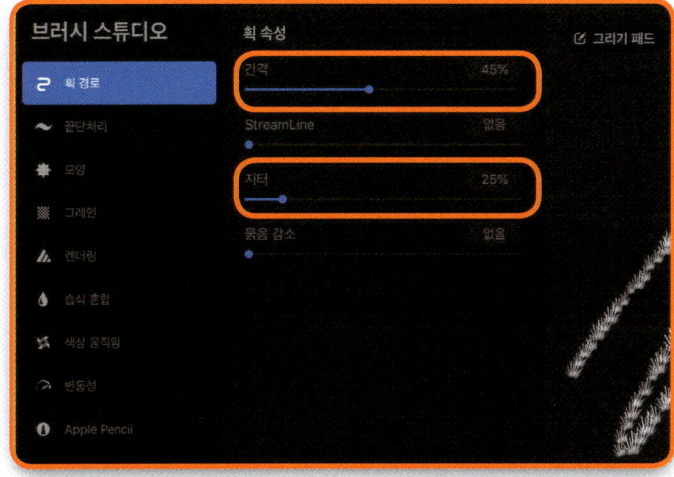

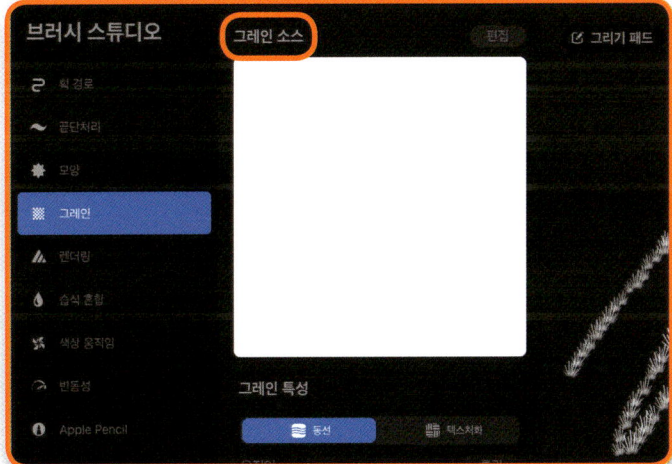

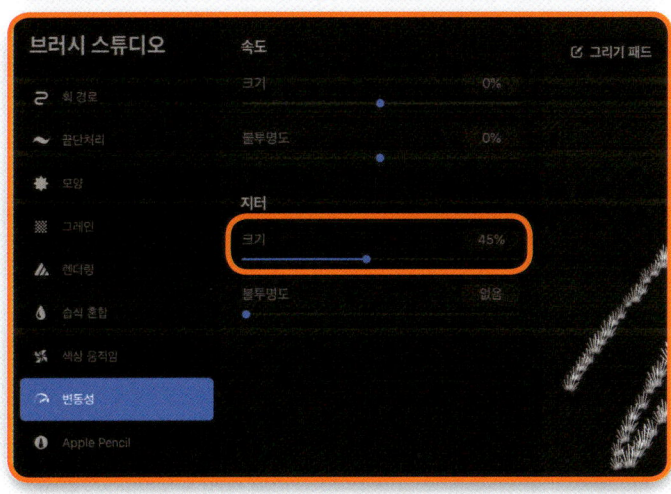

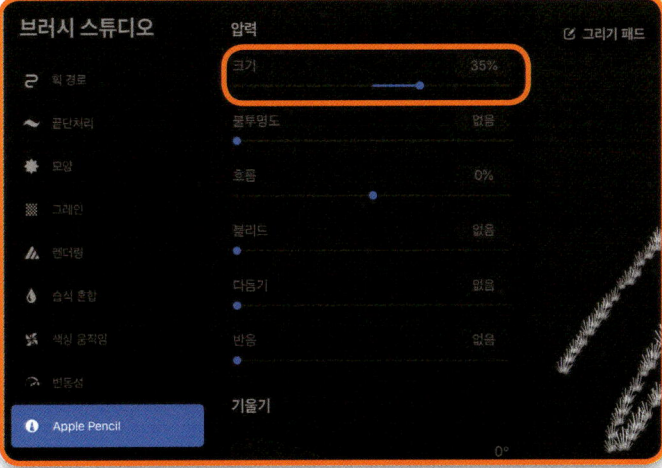

◀ 원하는 브러시 효과가 나오도록 브러시 설정을 조정해 주세요.

19

새로 만든 [덤불] 브러시를 사용해 전경에 여기저기 무리져 흩어져 있는 덤불을 그려 넣어 주세요. 가장 멀리 떨어진 레이어부터 시작해요. 그리고 더 옅은 색을 사용해 그 위에 두 번째 레이어를 작업합니다. 다시 한번 색을 바꾸고 세 번째 레이어를 작업해 깊이감을 주세요.

이 [덤불] 레이어 뒤에 새로운 레이어를 추가하고 빛나는 덤불을 몇 개 그립니다. 가장 큰 해파리의 빛이 뒤에서부터 잎에 와 닿는 느낌을 내는 거예요. 또, 더 옅은 색으로 군데군데 꽃을 그려 넣어 변화를 주고, 죽은 나무나 말라붙은 나뭇가지 모양도 추가합니다.

▲ 덤불은 새로 만든 브러시로 레이어 여러 개에 나눠 그립니다.

20

계속해서 시선이 집중되는 부분의 색상을 조정하고 디테일을 더 묘사해 줍니다. [Speckle] 브러시로 지면에서 올라오기 시작하는 작은 해파리 모양을 추가해 주세요. 이 해파리 역시 레이어를 복제하고 흐림 효과를 주는 같은 기법을 적용해 빛을 표현해 주세요. 또 가장 앞쪽에 있는 거대한 해파리에는 빛 테두리를 넣어 줍니다. 단, 지나치지 않도록 주의하세요.

이후 단계부터는 배경에 분리된 레이어를 사용하지 않아도 됩니다. 하나하나 레이어를 바꿔 가며 작업하는 시간을 줄이기 위해 배경에 사용한 레이어를 모두 하나로 병합합니다. 레이어를 병합하기가 망설여진다면 파일 자체를 복제해 문제가 생겼을 때를 대비합니다.

아티스트의 팁

큰 변화를 주는 단계는 지났습니다. 기초가 탄탄하고 전체적으로 이미지의 완성도가 생기면 이제 디테일 작업을 할 시간이에요. 음악을 들으며 하나씩 그려 나가세요. 아마도 전체 작업 중에 가장 더디고 지루한 과정일 테니까요. 하지만 조급해하지 않도록 하는 것이 중요합니다.

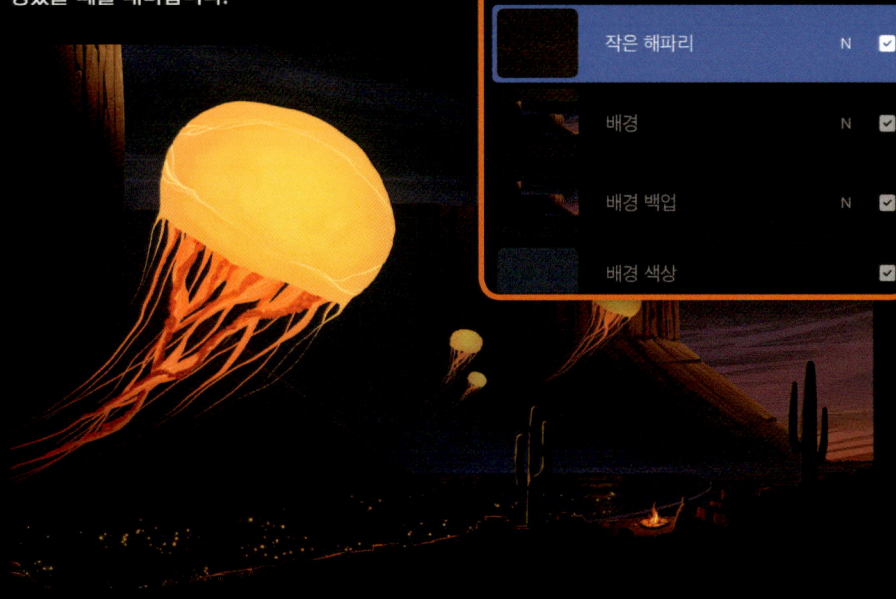

▲ 레이어를 병합하고 확대해서 디테일을 더 세심하게 다듬어요.

21

경계가 부드러운 브러시를 사용해 레이어 혼합 모드를 마음껏 활용해 보세요. [오버레이]로 명도와 색상을 조정하고 [색상 닷지]로 광원에 활기를 더해요. [곱하기]로 일부 영역에 어둠을 더하고 [소프트 라이트]로 색 조정을 세밀하게 합니다. 디테일 작업 과정을 이어 나가면서 실수한 곳이 있으면 바로잡아 주세요. 작은 해파리를 조금 더 추가하고 모닥불에서 피어오르는 연기도 그려요. 시선이 쏠리는 곳은 꼼꼼하게 집중해서 작업합니다. 덜 중요한 부분은 살짝 거칠게 작업해서 핵심 부분을 강조하는 게 좋아요.

▲ 레이어 혼합 모드를 사용해 이미지의 색과 대비를 높여 줍니다.

22

더 이상 추가할 요소가 없으면 마무리 작업을 위해 모든 레이어를 병합합니다. [조정 > 선명 효과]를 사용해 가장자리를 더 깔끔하게 만들어 주세요(레이어를 복제해서 조정 효과를 적용하면 영향을 주고 싶지 않은 부분을 지울 수 있어요).
이제 사진처럼 알갱이가 거친 그레인 효과를 내기 위해 새로운 레이어를 만들고 중간 톤의 회색으로 채웁니다. 노이즈 효과를 100% 강도로 적용하고 레이어 혼합 모드를 [오버레이]로 설정한 뒤 불투명도를 20% 정도로 낮춰 주세요. 그리고 색조, 채도, 밝기 슬라이더를 사용해 레이어의 채도를 0으로 맞추면 은은한 흑백 그레인 효과를 얻을 수 있습니다. 마지막으로 이미지를 내보내 저장하거나 공유합니다(22쪽 참고).

▶ 노이즈와 선명 효과를 적용해 마무리 작업을 합니다.

프로젝트를 마치며

판타지 풍경을 배경으로 신비한 이야기를 들려주는 듯한 작품을 완성했습니다. 따뜻하고 어스레한 빛을 담은 컬러 팔레트와 초자연적인 분위기가 서로 잘 어울립니다.

러프 스케치부터 시작해 그림을 구상하는 작업 방식은 도중에 어떻게 해야 할지 몰라 당황하는 일이 일어나지 않도록 해줍니다. 그림을 즉흥적으로 그릴 때 간혹 일어나는 일이죠.

이 작품은 여러 과정에서 보는 이가 익숙하게 여길 만한 시각적 단서를 이용했습니다. 각 요소의 크기를 정확하게 전달하기 위한 노력이었죠. 이런 시각적 단서가 없다면 하늘을 떠다니는 해파리가 그저 카메라 가까이에서 찍힌 보통 크기의 해파리처럼 보일 수 있기 때문이에요.

13 · 몽환적인 분위기가 나는 행성의 사막

↑ 감시탑(Watchtower)

14

공상 만화에 나오는 상상의 동물

니컬러스 콜(Nicholas Kole)

이번 프로젝트에서는 작업 단계별로 판타지 캐릭터(몬스터) 그리는 방법을 알아봅니다. 작업은 먼저 맥락과 프롬프트를 조사한 뒤 이를 바탕으로 시작해요. 예를 들어 비디오 게임에 나오는 판타지 캐릭터를 만들 경우 게임 플레이 관련 정보를 알아봅니다. 이 캐릭터가 어디에 나오는지, 어떤 능력이 있는지, 캐릭터 디자인에 영향을 미칠 만한 재미있는 이야기는 없는지 등을 조사하고 작업을 시작합니다.

먼저 좋아하는 동물 목록을 만들고 몬스터에 빌려올 만한 특성이 있는지 생각해 봅니다. 바닷속 생물은 새로운 영감을 주는 훌륭한 원천이 될 수 있어요. 물속이라는 환경에 맞는 요소와 생김새가 대부분 사람과는 차이가 있기 때문이죠. 예를 들어 바다사자와 범고래와 아홀로틀의 느낌을 조금 빌리고 선사시대에 살았던 던클리오스테우스(머리와 가슴에 갑옷이 덮인 원시 물고기)의 이빨을 접목하면 어떤 캐릭터를 만들 수 있을까요?

준비 파일
- 14_스케치 이미지
- 14_MaxU Shader Pastel 브러시

참고 영상
- 14_전 과정 타임랩스 영상

학습 목표

▶ 스케치를 다듬고 조정해 역동적인 캐릭터 형태 만들기

▶ 텍스처가 있는 브러시의 기울기 활용하기

▶ 전략적으로 레이어 설정하기

▶ 레이어 마스크를 활용해 조정할 수 있는 디자인 만들기

▶ 색조와 명도에 변화를 준 그림자로 부피감 만들기

01

러프 스케치부터 시작합니다. 처음부터 디테일을 지나치게 많이 넣으면 작업이 힘들어지고 작업 과정이 느려질 수 있어요. [마음에 드는 스케치용] 브러시를 선택하고 크기를 중간 이상으로 설정해 디테일하게 묘사하고 싶은 유혹을 미리 차단해 주세요.

마음에 드는 형태를 찾아보고 자연에서 영감을 얻어요. 또 어떤 독특한 신체적 특징을 살릴지, 아니면 캐릭터 디자인에서 흔히 찾아보지 못하는 특징으로 어떤 것이 있을지 생각해 봅니다. 그리고 이러한 특징을 스케치 속에 통합할 수 있는 다양한 방식을 생각해 보세요.

▶ 러프 스케치를 가볍게 해봅니다. 원하는 디자인을 찾을 때까지 여러 번 다양하게 시도해요.

02

스케치 중 일부분이 잘 나왔다면 레이어를 복제해서 새로운 버전마다 캐릭터의 포즈나 몸통을 다르게 시도해 보세요(여기는 1단계 작업으로 캐릭터의 머리 부분에 해당합니다). 사전 조사가 중요해요. 판타지 캐릭터의 경우 지나치게 익숙한 것보다는 새롭거나 예상하지 못했던 해부학적 구조를 도입할 수도 있으니까요. 대담하면서 단순한 모양을 목표로 스케치하세요.

불필요한 디테일은 많이 넣지 않는 것이 좋습니다. 디테일의 균형이 잡힌 간결한 디자인이 보는 사람도 이해하기 쉬워요. 특별히 캐릭터가 눈에 띄어야 하는 영역에서는 디자인이 이해하기 쉽고 명확할수록 시선을 끌기도 쉽습니다.

▶ 마음에 드는 머리 디자인을 골라 몸통과 포즈를 다양하게 적용해 보세요.

03

디자인이 결정되면 처음에는 느슨하게 그리기 시작하다가 빠르게 그려 나가는 편이 흐름을 잃지 않는 데 도움이 돼요. 이제는 새로운 아이디어를 찾는 대신 디테일을 추가하기 시작합니다.

[픽셀 유동화]를 사용하는 것도 스케치 단계의 속도를 높이는 한 가지 방법이랍니다. 스케치가 불안정하거나 균형이 어긋난 것처럼 보일 때, 또는 그리기 까다로운 선을 여러 번 다시 그리기보다는 빠르게 원하는 형태로 움직이고 싶을 때 [조정 > 픽셀 유동화]를 사용해 보세요. 시험해 볼 만한 다양하고 유용한 옵션이 나올 거예요. [밀기]는 스케치를 앞뒤로 조금씩 움직일 수 있어서 한 가지 디자인으로 결정하기 전에 새로운 형태를 시험해 볼 수 있어요.

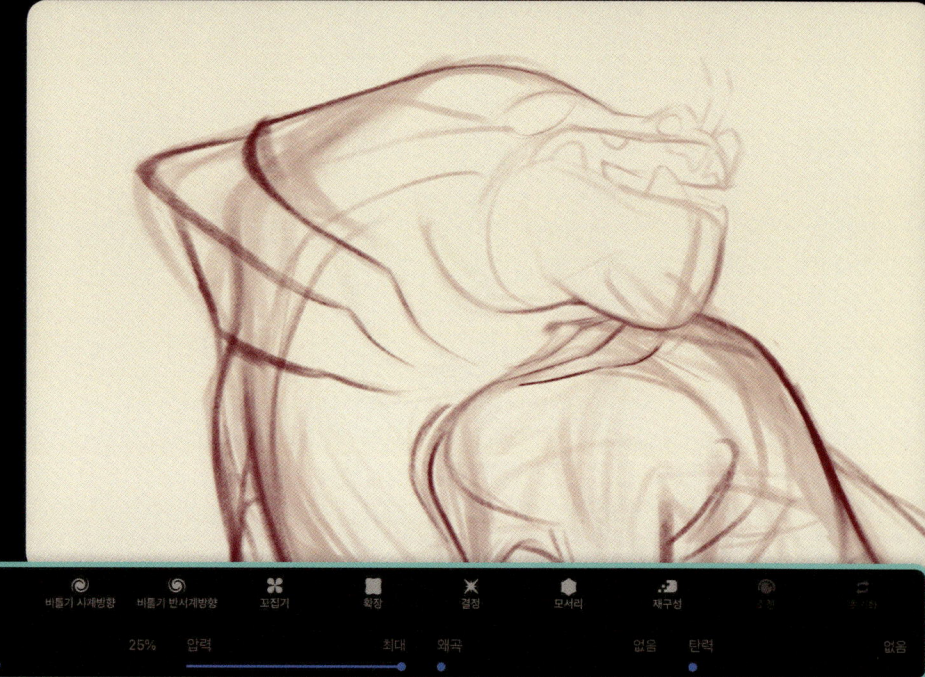

▲ [픽셀 유동화]의 [밀기]로 스케치를 어떻게 움직일 수 있는지 보여 주는 예시입니다.

04

그럴 듯한 형태와 포즈로 스케치를 마쳤다면 레이어 불투명도를 낮춰 주세요. 스케치가 보이기는 하지만 방해가 될 정도는 아니면 됩니다. 그리고 기존 레이어 위에 새 레이어를 만들어요. 이 레이어에 아래 러프 스케치를 길잡이 삼아 더 깨끗하고 상세한 선화를 그립니다.

이제부터 디자인을 신중하게 완성해 나가는 단계입니다. 발톱이나 주름 같은 디테일도 구체적으로 그리기 시작해요.

▶ 러프 스케치가 아래에 보이는 상태에서 깔끔하게 정리한 스케치입니다. 머리에 관심이 집중되게끔 앞다리와 꼬리를 조정했어요.

05

채색하기 전에 캔버스를 뒤집어 봅니다. 이렇게 하면 그림을 새로운 각도에서 볼 수 있어서 채색과 렌더링 작업을 본격적으로 하기 전에 미진한 부분을 찾아낼 수 있어요. 캔버스를 뒤집으려면 [동작 > 캔버스 > 캔버스를 수평으로 뒤집기]를 선택해 주세요. 눈이 비대칭이라거나 팔다리의 투시에 균형이 맞지 않는 문제를 흔히 발견할 수 있습니다. 귀찮더라도 초기에 캔버스를 자주 뒤집어 보는 습관을 들이는 편이 좋아요. 실수한 부분은 다시 그려도 되고 [픽셀 유동화]를 사용해 원하는 위치로 밀어도 됩니다. 그다음 다시 캔버스를 원래 방향으로 뒤집어 주세요.

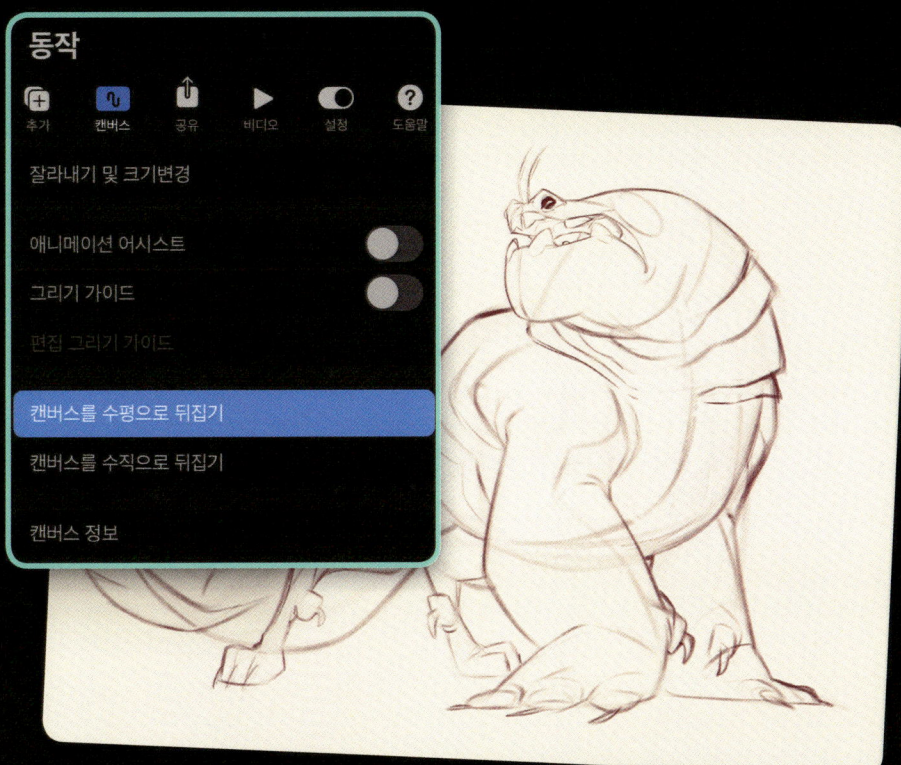

▶ 캔버스를 뒤집었더니 아가미와 입의 비율이 살짝 어긋나 보입니다. 이런 오류를 살짝 수정해 주었습니다.

06

이제 깔끔하게 새로 그린 선화를 채색 길잡이로 사용할 수 있습니다. 레이어의 혼합 모드를 [곱하기]로 설정해 스케치를 반투명으로 만들고, 레이어의 불투명도를 살짝 낮춰 주세요. 그다음 [선화] 레이어 밑에 새로운 레이어를 만들어요. 이 레이어가 캐릭터를 채색하는 기본 바탕 역할을 할 거예요. 연하지 않은 중간 톤 색상을 선택해 주세요.

▶ [MaxU Shader Pastel 1] 브러시를 사용해 빠르게 채워 가며 채색할 부분의 영역을 잡아 줍니다.

07

새로 만든 빈 레이어에 중간 톤 색상으로 캐릭터의 실루엣을 깔끔하게 채워 줍니다. 처음에는 [MaxU Shader Pastel 1] 브러시를 사용해요. 이 브러시는 넓은 영역을 빠르게 덮듯이 그려 나갈 수 있습니다. 그다음 스케치용 브러시로 되돌아가 테두리를 깔끔하게 정리해 줘요. 시간이 걸리는 작업이니 인내심이 필요해요(이 작업을 깨끗하게 잘 마무리하면 이후 작업이 훨씬 쉬워집니다).

▶ 깔끔한 실루엣을 그립니다. 좀 더 러프한 스타일을 원한다면 실루엣을 대충 그리고 텍스처를 넣는 방식을 시도해 봐도 좋아요.

08

이렇게 작업한 실루엣이 이제부터 선 안쪽으로 캐릭터에 색을 입힐 때마다 기본 바탕이 됩니다. 먼저 바탕색을 캐릭터의 아랫배 색과 같은 연한 톤으로 바꿔 줄게요. [조정 > 색조, 채도, 밝기]를 선택하고 슬라이더를 조정해 중간 정도의 가죽 색으로 바꿔 주세요. 다음으로 별도의 레이어에 [마스크]를 사용해 캐릭터 등 쪽에 어두운 색을 추가합니다.

▶ 색을 바로바로 조절할 수 있다는 것이 [바탕] 레이어의 가장 큰 장점이에요. 작업하다가 도중에 모든 것을 바꿀 수 있답니다.

09

[레이어] 창을 열고 [선택]을 탭해 주세요. 그러면 실루엣 주위로 [바탕] 레이어의 모양이 선택되었음을 알려 주는 희미한 대각선이 나타날 거예요. 이렇게 [선택]이 활성화된 상태에서 새로운 레이어를 만들고 탭해서 옵션을 불러와 [마스크]를 선택해 주세요.

▶ [마스크]를 처음 사용한다면 큰 그림에서 사용하기 전에 미리 시험 삼아 써보는 편이 좋아요.

10

[레이어] 창을 보면 흑백의 레이어 마스크가 새로 만든 레이어 위에 생겼을 거예요. 캐릭터의 실루엣이 흰색으로, 주변이 검은색으로 나타납니다. 이제 레이어를 여러 번 복제해 주세요. 그러면 마스크와 레이어가 함께 복제됩니다. 이렇게 만든 레이어들이 캐릭터의 색을 입히는 컬러 레이어가 됩니다. [마스크]는 새로 더하는 색이 모두 선 바깥으로 벗어나지 않게 해주는 기능을 합니다. 또, 조정할 수 있는 레이어를 각각 별도로 유지하는 유연성도 얻을 수 있습니다([마스크]는 따로따로 편집도 할 수 있답니다).

아티스트의 팁

익숙하지 않으면 마스크와 레이어가 복잡해 보일 수도 있어요. 인내심을 가져야 해요. 시간을 들여 기초를 배워 두면 마스크는 강력하고 다재다능한 기능을 발휘한답니다.
마스크를 사용하면 융통성이 생깁니다. 클라이언트가 갑자기 빨간색 대신 파란색을 요구하는 상황에 부딪히더라도 쉽게 해결할 수 있을 테니까요.

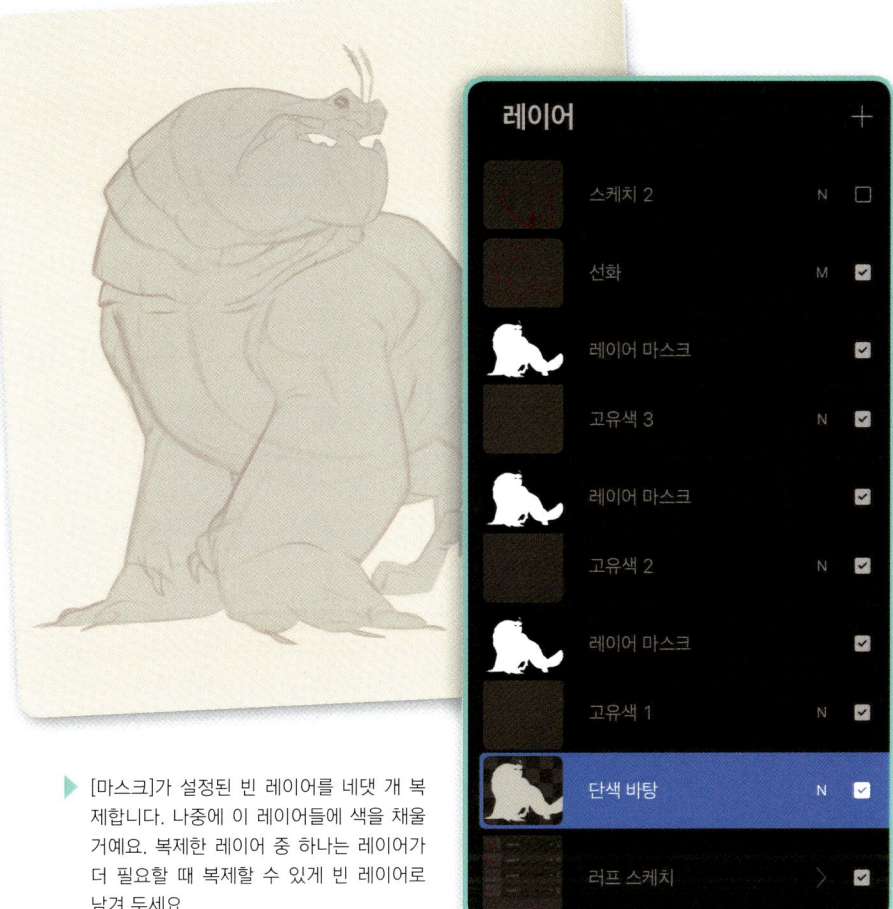

▶ [마스크]가 설정된 빈 레이어를 네댓 개 복제합니다. 나중에 이 레이어들에 색을 채울 거예요. 복제한 레이어 중 하나는 레이어가 더 필요할 때 복제할 수 있게 빈 레이어로 남겨 두세요.

11

[소프트 에어브러시]로 마스크를 설정한 레이어에 첫 번째 색을 칠합니다. 마스크 자체에 색깔을 칠하지 않도록 주의하세요. 캐릭터의 등 부분 전체를 빨간색으로 칠합니다. 빨간색이 실루엣 바깥으로 빠져 나가지 않아 깔끔하게 채색되는 것을 확인할 수 있어요. 마스크 덕분에 경계 주위에도 자유롭게 채색할 수 있습니다.
색조, 채도, 밝기 슬라이더로 빨간색을 조정해 짙은 회색(charcoal)으로 바꿉니다. 채도와 밝기를 낮추면 돼요. 이렇게 색을 바꿔도 바탕으로 쓴 아랫배 색깔 레이어에는 영향을 주지 않는다는 것을 확인할 수 있습니다.

▶ 빨간색은 나중에 색을 조정할 수 있다는 것을 보여 주기 위해 사용한 거예요.

12

같은 기법을 사용하기 위해 10단계에서 복제했던 마스크와 세트를 이룬 새로운 레이어를 선택합니다. 일반적으로 고유색마다 구역을 나누어서 레이어를 분리할 수 있어요. 고유색이란 빛이나 그림자에 영향을 받지 않은 물체 고유의 색을 말합니다. 예를 들어 털의 고유색은 피부의 고유색과 다르고, 눈 역시 머리카락의 고유색과 다르죠. 그래서 털, 피부, 눈을 각각 별개의 레이어로 나누는 거예요. 이런 레이어 구조는 나중에 주위의 색을 바꾸지 않고 개별 요소의 색상만 바꾸고 싶을 때 유용해요. 캐릭터의 등에 범고래의 점무늬를 옅은 회색으로 그려 주세요.

▶ 텍스처와 패턴을 많이 사용할수록 나중에 형태를 가로질러 나타나는 빛과 그림자의 효과를 크게 볼 수 있어 더 즐거워진답니다.

13

같은 방식으로 새로운 마스크가 설정된 레이어를 사용해 눈, 머리카락, 발톱, 지느러미 등 색을 구분할 필요가 있는 나머지 부분을 모두 작업합니다. 이 단계에서 마스크가 설정된 레이어에 눈을 비롯해 등과 꼬리에 있는 청록색 지느러미, 터키옥색으로 빛나는 입안 등을 그려요.

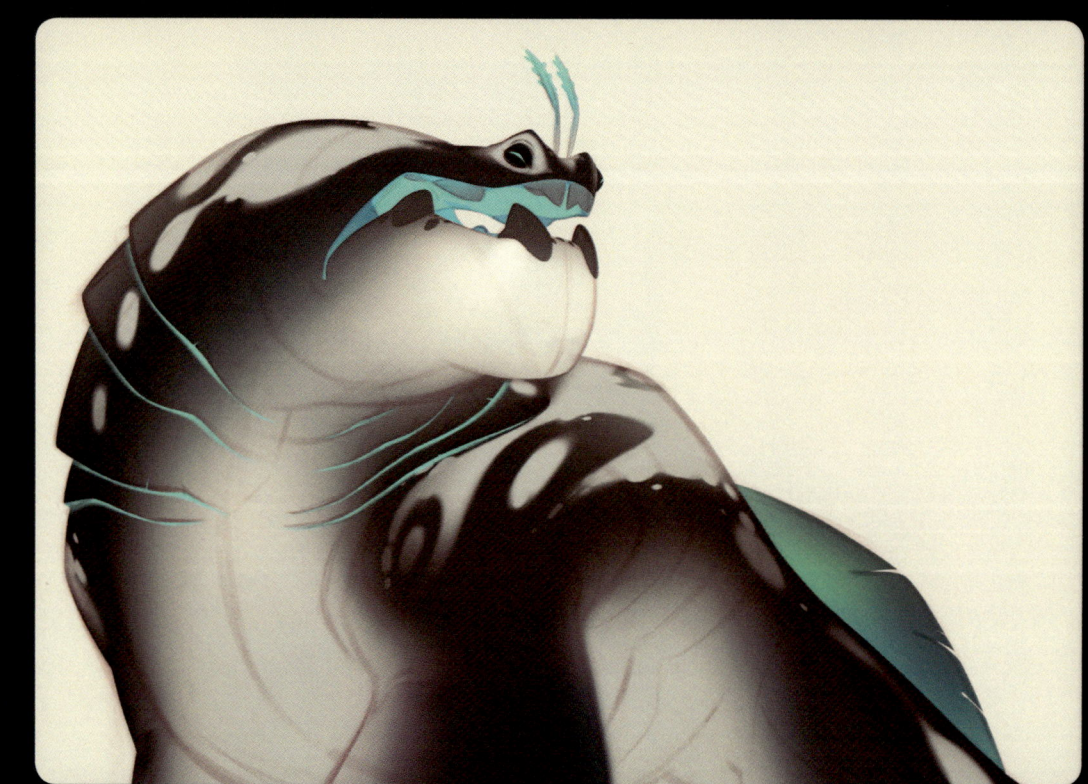

▶ 선화가 채색은 물론, 이후 작업의 길잡이가 됩니다. 따라서 선화를 정확하게 그릴수록 작품의 완성도가 높아집니다.

14

고유색 레이어는 각각 단색으로 시작할 수 있지만 복잡한 색을 넣어야 하는 부분도 있겠죠. 이미 채색한 부분 안쪽에 빛나는 느낌이나 그러데이션을 표현하고 싶다면 그 레이어에 [알파 채널 잠금]을 설정합니다. 그러면 [레이어] 창의 섬네일에 체크무늬 패턴이 나타나요. 이제 새로 칠하는 색은 모두 기존에 이미 칠했던 영역 안쪽에만 나타납니다.

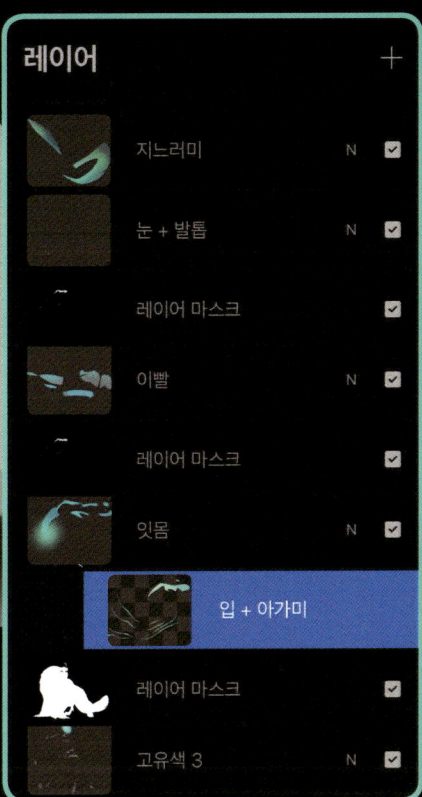

▶ 레이어 섬네일의 체크무늬 패턴을 눈여겨보세요. [알파 채널 잠금]이 설정되었는지 알고 싶을 때는 이 패턴을 확인하면 됩니다.

15

[알파 채널 잠금]을 설정하고 [색상]에서 새로운 색을 선택합니다. 그리고 [소프트 에어브러시]의 크기를 작게 설정해 채색 작업을 합니다. 캐릭터의 입 안쪽에 더 밝은 터키옥색을 칠해 몸속 깊숙한 곳에서 빛이 뿜어져 나오는 느낌을 내주세요. [알파 채널 잠금]을 설정했으므로 새로 칠하는 색이 이미 칠해 둔 입 모양 밖으로 벗어나지 않을 거예요.

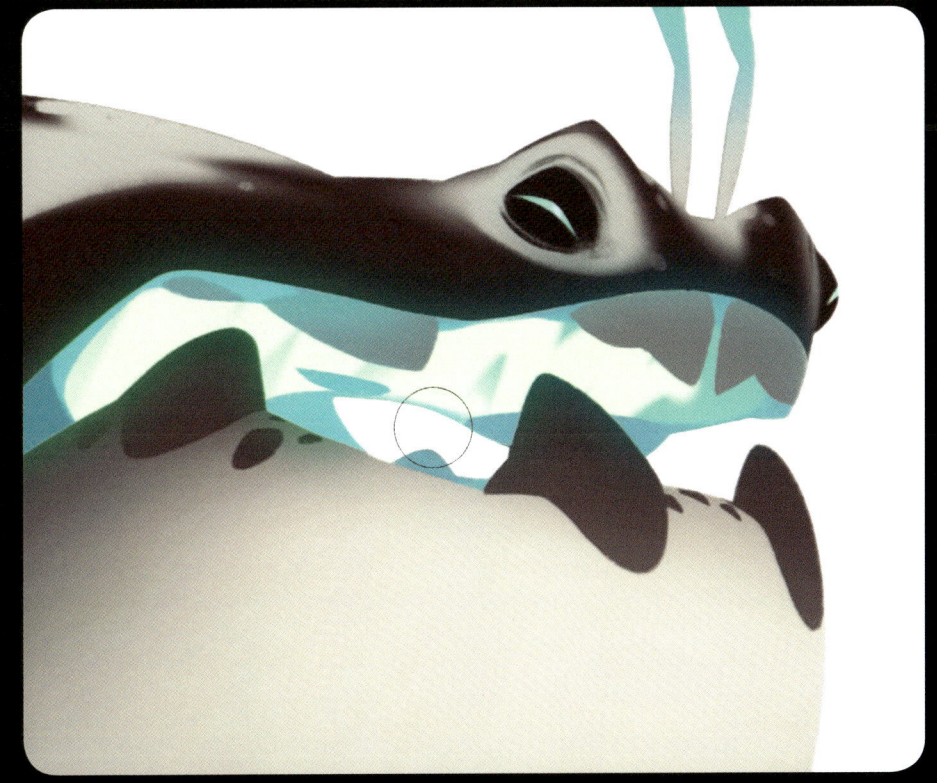

▶ [알파 채널 잠금] 기능을 사용해 이미 칠해 둔 모양 안에 발광이나 그러데이션 효과를 표현합니다.

16

모든 고유색 영역을 칠하고, 조정하고, 복잡한 특징을 추가하려면 시간이 좀 걸려요. 이때 좋아하는 음악이나 오디오북을 들으면서 작업하면 좋아요. 고유색은 깔끔하고 꼼꼼하게 작업할 가치가 있답니다. 이번 작업을 잘 마치면 이후 과정이 훨씬 순조로워질 테니까요. 때때로 [선화] 레이어의 체크를 해제해 선 없이도 형태를 잘 알아볼 수 있는지 확인해 보세요.

▶ 이미지에 담긴 전체 스토리는 아직 알 수 없더라도 이 단계에서 색과 모양을 확실하게 자리 잡아야 해요. 나머지 부분은 렌더링으로 채울 거예요.

17

고유색 설정을 마치고 나면 빛과 그림자를 추가하기 시작합니다. (계속해서 길잡이 역할을 한) [선화] 레이어의 아래에, 그리고 [고유색] 레이어보다는 위에 새로운 레이어를 만들고 [곱하기] 모드로 설정합니다. 스크롤을 내려서 채색을 시작했던 [바탕] 레이어를 다시 한번 탭해서 메뉴를 불러온 뒤 [선택]을 탭합니다. 그다음 다시 새로 만든 [곱하기] 모드로 설정한 레이어로 돌아가 탭하고 [마스크]를 선택해요.

▶ [마스크]를 설정한 이번 레이어에서 다양한 렌더링 작업을 합니다. 덧칠하듯이 그림자를 여러 겹 쌓는 작업입니다.

18

[곱하기] 모드로 설정한 레이어는 그림자를 넣는 기본 레이어가 됩니다. [곱하기] 모드로 설정하면 레이어의 픽셀들이 반투명해지기 때문에 무슨 색을 칠하든 아래의 고유색에 반투명하게 겹쳐 올라가게 되죠.

먼저 아주 연한 파란색을 선택해 주세요(다양한 그림자 색조를 시험해 봐도 좋습니다). 그리고 그림자가 질 만한 곳을 칠합니다. 광원의 방향과 캐릭터의 입체적·해부학적 형태를 고려해 주세요. 또, 광원이 얼마나 밝은지, 어두운지도 생각합니다.

▶ 그림자를 칠하면서 부드러운 테두리와 날카로운 테두리를 생각해 보세요. 부드러운 테두리는 둥근 모양을 암시하는 반면, 날카로운 테두리는 명백하게 접힌 부분을 암시합니다.

19

이런 식으로 겹쳐서 칠하는 접근 방식은 아래 레이어의 색을 영구히 바꾸지 않고도 그림자를 칠할 수 있다는 것이 핵심 장점이에요. 다시 말해 그림자를 과감하게 추가하고, 문지르고, 지울 수 있다는 뜻입니다.

[Max Shader Pastel] 브러시로 텍스처가 있는 부드러운 그림자 영역을 큼직하게 잡아 주세요. 그리고 날카로운 브러시로 촘촘한 주름이나 급격히 굴곡지는 부분을 그립니다. [문지르기]를 [Max Shader Pastel] 브러시로 설정하고 윤곽이 명확한 그림자를 부드럽게 풀어 주세요. 단, 꼭 필요한 부분에만 작업해 주세요.

▶ 급격히 굴곡지는 곳에는 경계가 명확한 그림자를, 둥글고 부피감이 있는 곳에는 부드럽게 그러데이션을 넣은 그림자를 여러 겹 작업해 주세요.

20

고유색 작업할 때와 마찬가지로 그림자도 처음에는 단색으로 시작합니다. 그림자의 형태와 부피의 느낌을 살리는 데 집중해요.

그림자에 색을 추가하려면 레이어에 [알파 채널 잠금]을 설정하고 [소프트 에어브러시]로 살살 칠해서 부분부분 색을 바꿔 줍니다. 밝은 빛이 번지는 느낌을 내고 싶은 부분에는 빨간색과 금색을 부드럽게 칠합니다. 차가운 빛이 반사되는 곳에는 밝은 파란색과 청록색을 칠해요. 깊게 주름이 잡히거나 움푹 들어간 곳에는 어두운 파란색과 보라색을 칠합니다.

▶ [고유색] 레이어와 [바탕색] 레이어를 모두 숨겼을 때 완성된 [그림자] 레이어의 모습입니다. 색과 밝기 변화를 잘 살펴보세요.

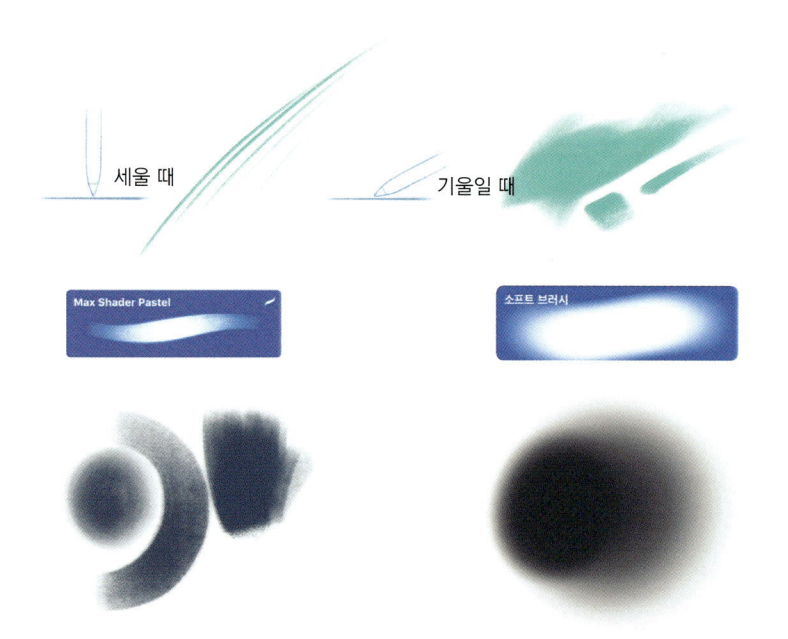

아티스트의 팁

경계가 부드러운(soft edge) 브러시와 경계가 명확한(hard edge) 브러시에 익숙해지려면 연습을 많이 해야 합니다. [6B 연필]처럼 스케치를 위한 브러시는 애플 펜슬을 세워서 사용하면 펜촉 끝으로 선을 깔끔하게 긋는 것처럼 그릴 수 있죠. 애플 펜슬을 기울여 한번 써보세요. 테두리가 더 부드럽게 표현될 거예요. [Max Shader Pastel] 브러시와 [소프트 에어브러시]를 함께 조합해서 사용하면 테두리를 다양하게 표현할 수 있습니다.

21

이와 같은 작업 방식에서는 그림자가 빛의 형태를 결정합니다(대부분의 수채화 기법과 비슷하죠). 하이라이트나 발광 효과를 주면 형태가 명확해질 만한 부분이 어디일지 생각해 보세요. 그다음 새로운 레이어를 만들고 혼합 모드를 [오버레이]로 설정한 뒤 작업에 들어갑니다. [소프트 에어브러시]를 큼직하게 설정하고 캐릭터 전체에서 빛이 날 만한 부분에 밝은 색을 가볍게 칠합니다. 밝은 색을 많이 칠하면 과해 보일 수 있으니 주의해 주세요.

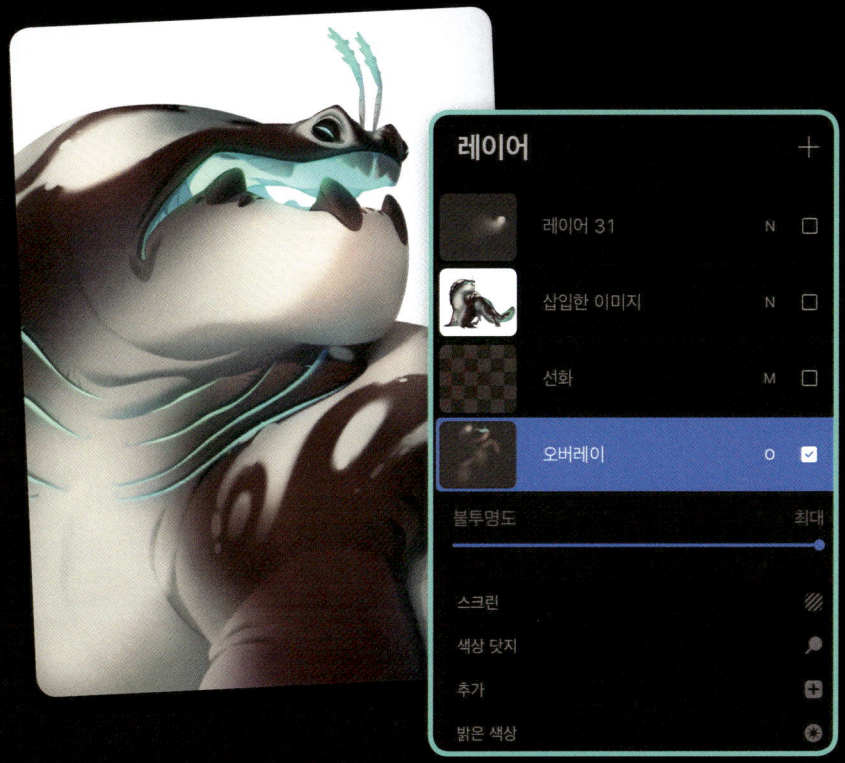

▶ 보일 듯 말 듯한 효과지만 입과 목에 발광 효과를 준 덕분에 빛이 더 그럴 듯해 보입니다.

22

마지막으로 새로운 레이어를 만들어요. 혼합 모드는 그냥 [보통]으로 유지합니다. 이 레이어를 가장 위에 놓고 전체 조정이 필요한 부분에 불투명한 마무리 터치를 추가합니다. 빛줄기를 만든다거나 특별한 하이라이트, 반짝이는 부분 등을 그려 넣어요. 구조가 확실하게 표현되지 않아서 애매해 보이는 부분에는 작은 디테일을 추가해서 제대로 보이게 해줄 수도 있습니다.

마무리 터치 작업에 얼마나 오랜 시간을 들일 것인지는 그리는 사람의 취향과 투자할 수 있는 시간에 따라 달라집니다. 지금까지 고유색과 빛, 그림자로 탄탄하게 기초를 쌓았으므로 작품을 성공리에 완성할 수 있을 거예요.

▶ 이빨의 하이라이트와 눈동자 등을 그리고 턱에 빛을 표현해 주는 등 작은 변화를 추가했습니다.

23

배경이 있으면 그림에 맥락이 생기고 캐릭터의 크기도 파악하기 쉬워집니다. 하지만 배경도 과하게 표현하면 좋지 않아요. 대비를 지나치게 하거나 디테일을 여러 개 추가해 캐릭터에서 시선이 분산되지 않도록 주의하세요.

이 캐릭터에는 눈 내리는 툰드라 지역의 초자연적인 배경이 잘 어울릴 거예요. 추운 지방에서 사는 동물에서 영감을 받았으니까요. 캐릭터 뒤의 배경은 명도는 밝게, 대비는 낮게 유지해 캐릭터가 눈에 확 들어올 수 있게 합니다. 또, 먼 배경일수록 레이어에 적용하는 흐림 효과의 강도를 높여 주세요. 그러면 깊이감이 조금 생기고 역시 캐릭터에 시선이 집중되는 효과를 높일 수 있습니다.

지면에 드리운 그림자, 옅은 안개, 눈송이 모두 캐릭터와 배경이 잘 어우러지게 합니다. 캐릭터에서 시각적인 흥미를 빼앗아가지 않으면서도 딱 필요한 만큼 충분한 효과를 줄 수 있어요.

◀ 주제와 잘 어우러지는 자연환경을 배경으로 그려서 시선이 분산되지 않고 오히려 캐릭터가 돋보입니다.

프로젝트를 마치며

이번 프로젝트를 끝까지 잘 따라왔다면 체계적이고 융통성 있게 레이어를 활용한 파일이 만들어졌을 거예요. 이제 이 파일을 내 마음에 들게 조정할 수 있습니다. 또, 프로크리에이트의 마스크 시스템과 레이어 혼합 모드도 익숙해졌을 거예요.

다음에는 개별 마스크 자체를 조정하는 방법도 도전해 보세요. 어떤 미묘한 변화를 얻을 수 있는지 테스트해 보는 거예요. 또, 거친 텍스처가 있는 [바탕] 레이어를 사용해 보거나 [그림자] 레이어를 여러 개 겹겹이 쌓아 보는 것도 좋아요. [마스크] 기능은 처음에는 이해하기 힘들지만 한번 익히고 나면 생각한 것보다 활용도가 높아서 복잡한 고난도 작품을 어렵지 않게 완성할 수 있어요.

↓ 이주(Migration)

↑ 이기비 오두막(Igiby Cottage)

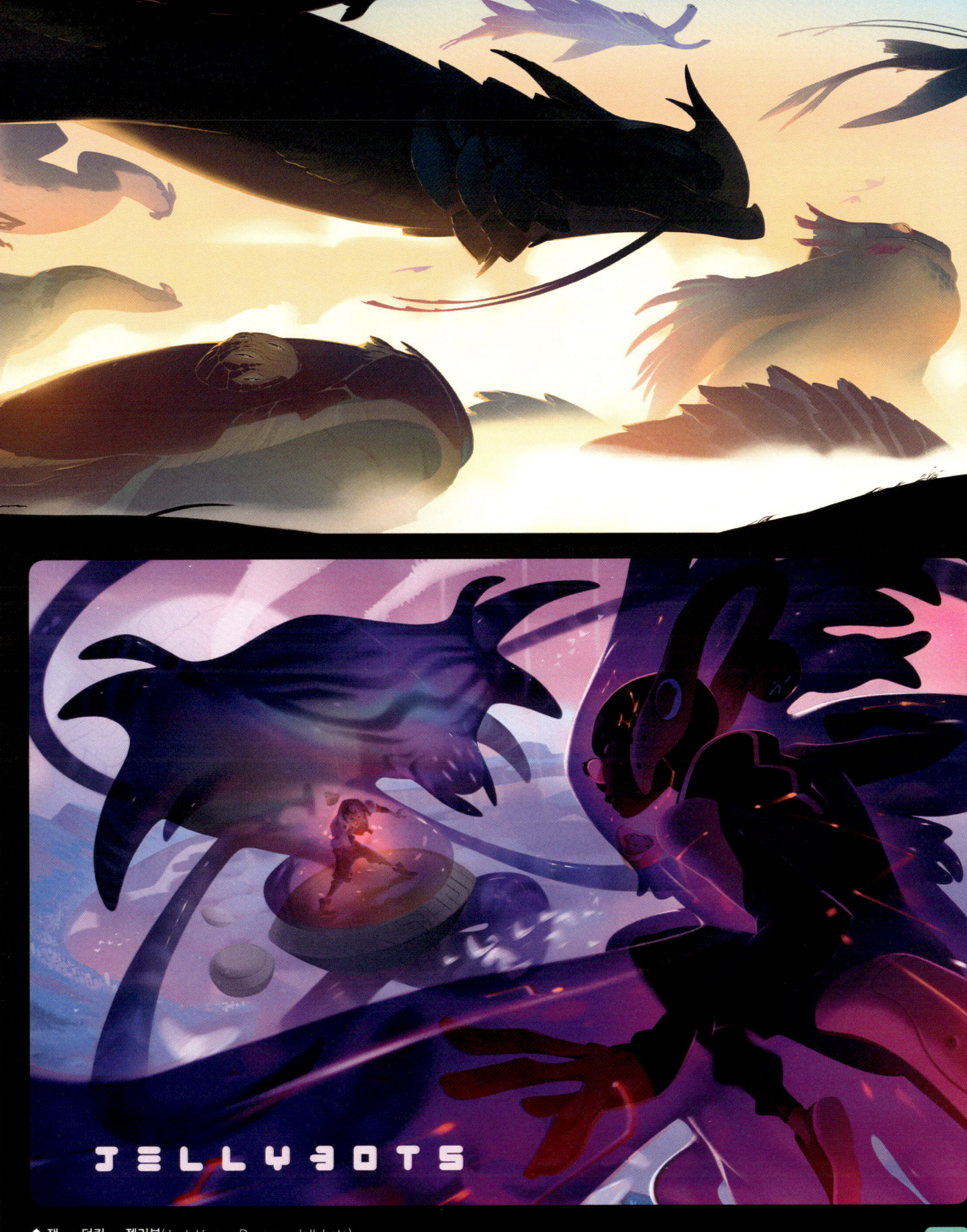

↑ 잭 vs 던컨 — 젤리봇(Jack Versus Duncan - Jellybots)

15

구아슈 물감으로 그린 듯한 일러스트레이션

맥스 울리치니(Max Ulichney)

많은 디자이너가 디자인과 기법에 집중한다고 말합니다. 하지만 인물 캐릭터의 동기 부여와 스토리텔링을 생각하는 것 역시 중요해요. 캐릭터는 내면에 숨어 있는 자신만의 이야기와 열망을 부여받기 때문입니다.

이 프로젝트에서는 한 소년을 그릴 거예요. 소년은 학교에서 돌아와 늦은 오후 따뜻한 햇빛이 들어오는 방에서 형의 옛 레코드 음악을 듣고 있습니다. 숙제를 하고 엉망진창인 방을 치워야 할 시간이지만요. 재미있으면서 향수를 불러일으키는 그림이죠. 고양이라든가, 소년이 좋아하는 유명인의 포스터처럼 이야기가 담긴 디테일도 넣을 거예요.

이 프로젝트에서는 기본적인 브러시 관련 기법과 새로운 구아슈 브러시 만드는 법을 다룹니다. 아날로그 재료의 영향을 받은 기법과 디지털 드로잉&페인팅의 유연성을 조합해 다채롭고 따뜻한 이미지를 그릴 거예요. 프로크리에이트의 강점을 받아들이면서도 마치 수작업을 한 느낌이 들죠. 소년의 장난기 넘치는 에너지를 잘 나타내는 표현력 있는 작업 방식을 배울 수 있어요. 프로크리에이트의 [그리기 가이드]를 활용해 복잡한 투시를 적용하는 방법도 다룹니다. 아마 장면 구성이 이렇게 쉽다는 걸 알면 놀랄 거예요.

준비 파일
- 15_스케치 이미지
- 15_MaxPack 브러시 세트(4종)

참고 영상
- 15_전 과정 타임랩스 영상

학습 목표

▶ 섬네일 만들기

▶ 곡선, 색상 균형, 색조 & 채도를 이용해 색상 조정하기

▶ 그리기 가이드와 그리기 도우미를 투시에, 퀵셰이프를 기하학적 물체에 사용해 장면 구성하기

▶ 사용자 브러시 만들기

01

이 정도로 복잡한 작품은 섬네일이 필요합니다. 따라서 프레임을 만드는 것부터 시작해요. 작품의 비율과 비슷한 프레임을 만들기 위해 [퀵셰이프] 기능을 이용할게요.

캔버스의 모서리와 모서리를 잇는 직선을 그어 X 자 모양의 가이드를 만듭니다(42쪽 참고). 다음으로 [동작 > 캔버스 > 그리기 가이드]를 활성화해 주세요. 그리고 아래에 있는 [편집 그리기 가이드]를 탭합니다. 프레임을 만들 때는 [2D 격자] 설정이 적합해요. 이제 레이어를 탭하고 옵션 메뉴에서 [그리기 도우미]를 선택하면 자를 쓰지 않고도 직선을 그을 수 있답니다. 앞서 만들어 둔 대각선을 길잡이로 삼아 가로선과 세로선을 그어 프레임을 만들면 비율을 유지할 수 있습니다.

▶ [퀵셰이프]와 [그리기 가이드] 기능을 이용해 섬네일을 그릴 프레임을 만듭니다.

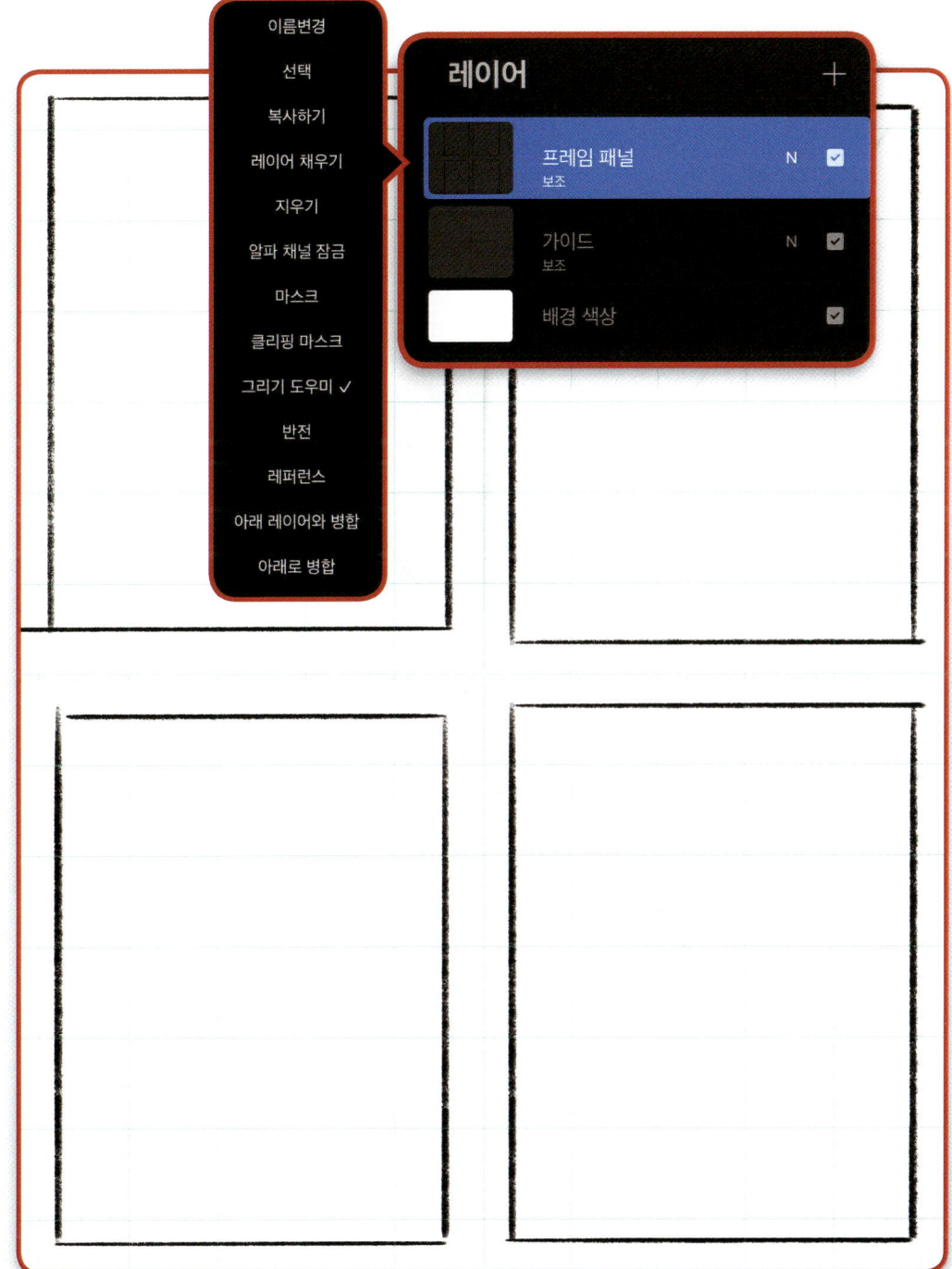

02

여유를 가지고 작품을 구성하고 하고 싶은 이야기가 뭔지 생각해 보세요. 그다음 프레임 아래에 새로운 레이어를 만들어 스케치를 시작합니다. 연필 브러시인 [MaxU Sketchy Sarmento] 브러시를 사용해 주세요.

오른쪽 섬네일에서 볼 수 있듯이 이 이미지는 소년이 조용히 바닥에 앉아서 음악에 푹 빠져 있는 장면으로 시작합니다. 하지만 이것만으로는 감정과 스토리텔링이 부족하죠.

첫 번째 섬네일의 아이디어를 다시 가져오기 위해 레이어를 복제합니다. 그리고 [변형] 도구를 이용해 새로운 레이어를 다음 프레임으로 옮겨 주세요. 가만히 앉아 있던 소년에게 상상 속의 기타 소리를 들려주어 활기를 더했습니다. 그러니까 '기타 치는 손가락으로 달려드는 고양이'란 아이디어도 떠올랐어요.

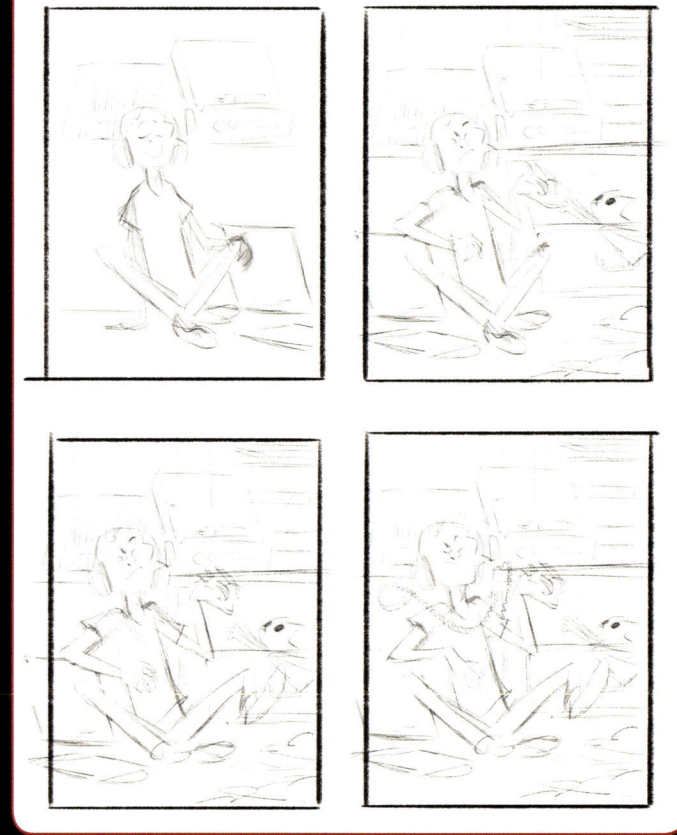

▶ 작품 콘셉트를 반복해서 발전시키고 캐릭터의 포즈를 다듬어요.

03

다음으로 컬러 러프를 만듭니다. 먼저 마지막 섬네일 스케치를 프레임 네 개에 모두 복사한 뒤 레이어 네 개를 하나로 꼬집듯이 모아서 병합합니다. 그러면 하나의 스케치가 돼요. 이어서 [배경 색상] 레이어의 섬네일을 탭해 [색상 선택] 창을 불러와요. 그리고 바탕색을 회색으로 바꿔 주세요.

새로운 레이어에 고유색을 칠하기 시작합니다. 그리고 그 위에 새로운 레이어를 만들어서 프레임 전체를 연한 파란색으로 칠한 다음 레이어 혼합 모드를 [곱하기]로 바꿔 주세요. 방안이 어둑어둑해지는 효과를 주고 역광을 표현하는 정도로 합니다. 그림자를 더 넣어 줘야 하는 경우도 있습니다. 예를 들어 인물(캐릭터) 아래에 생기는 그림자나 물체를 가로질러서 생기는 그림자 등이 필요해요.

이 단계에서 연한 색으로 창문의 빛을 칠합니다. 역광 때문에 인물과 빛이 닿는 표면에 생기는 빛 테두리도 그려요. 이 작업은 별도의 레이어에서 해도 좋습니다.

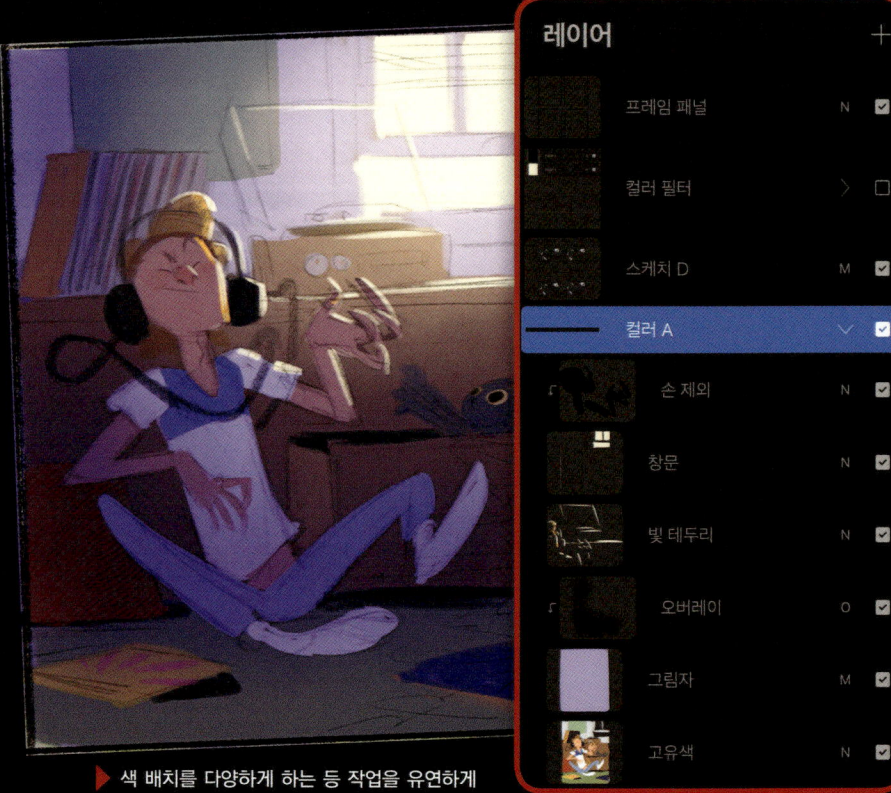

▶ 색 배치를 다양하게 하는 등 작업을 유연하게 할 수 있도록 레이어를 만들어 작업합니다.

04

방 안으로 은은하게 퍼져 들어오는 빛을 표현하기 위해 레이어 하나를 주황색으로 채웁니다. 그리고 이 레이어를 탭해 마스크를 설정해 주세요. [레이어 마스크]의 섬네일을 탭하고 [반전]을 선택해 마스크를 검은색으로 만듭니다. 이제 [Grain Cloud] 브러시로 마스크에 흰색을 부드럽게 칠해 주황색을 드러내 주세요. 주황색 레이어의 혼합 모드는 [스크린]으로 설정합니다.

캐릭터의 손과 얼굴이 은은하게 퍼진 빛보다 앞에 있는 것처럼 보이도록 할게요. [빛 퍼짐] 레이어 위에 새로운 레이어를 만들고 한 번 더 탭해 [클리핑 마스크]로 지정해요([클리핑 마스크] 사용법은 55쪽 참고). 스크린 모드는 검은색을 투명하게 처리해요. 따라서 얼굴과 손을 검은색으로 칠해 빛 퍼짐 효과에서 숨겨 줍니다.

이렇게 하지 않고 레이어 마스크에 직접 칠할 수도 있어요. 하지만 새로 레이어를 만드는 방법을 쓰면 더 융통성이 생겨서 나중에 작업할 때 편해요. 새 레이어를 만들어 유리창에 밝은 색을 추가합니다. 이렇게 하면 빛 퍼짐과 무관하게 유리창의 색을 조절하기가 더 쉬워져요.

▲ 고유색 없이 [빛 퍼짐] 레이어만 본 모습입니다. [클리핑 마스크]로 설정해 제외시킨 실루엣을 확인해 보세요.

아티스트의 팁

좋은 참고 자료는 좋은 스토리텔링을 만드는 필수 요소입니다. 이 작품의 테마는 1980년대를 배경으로 하므로 옷과 물건이 모두 정확히 그 시대의 것인지 확인하는 것이 중요했어요. 사람의 뇌는 세계를 단순화하는 데는 뛰어나지만, 진짜 1970~1980년대에 흔히 판매되었던 레코드플레이어가 어떻게 생겼는지 기억하는 데는 그리 뛰어나지 않답니다.

현실에 근거해서 그림을 그리세요. 그러면 보는 사람도 작품에 더 깊이 공감할 거예요.

06

이제 스케치를 다듬기 시작해요. 일찌감치 투시를 잡고 시작하면 캐릭터 작업을 안정감 있게 할 수 있어요.

[동작 > 캔버스 > 편집 그리기 가이드]를 선택하고 [원근] 모드를 선택해 주세요. 그림을 축소하고 캔버스 옆쪽을 지평선 높이에서 한 번 탭합니다. 이어서 캔버스에서 훨씬 멀리 떨어진 곳을 다시 한번 탭해서 두 번째 소실점도 만들어요. 이쯤 되면 캔버스를 뒤집어 보기 좋은 시점입니다. [동작 > 캔버스를 수평으로 뒤집기]를 이용해 이상하게 뒤틀렸는데 눈치 채지 못한 부분은 없는지 확인합니다.

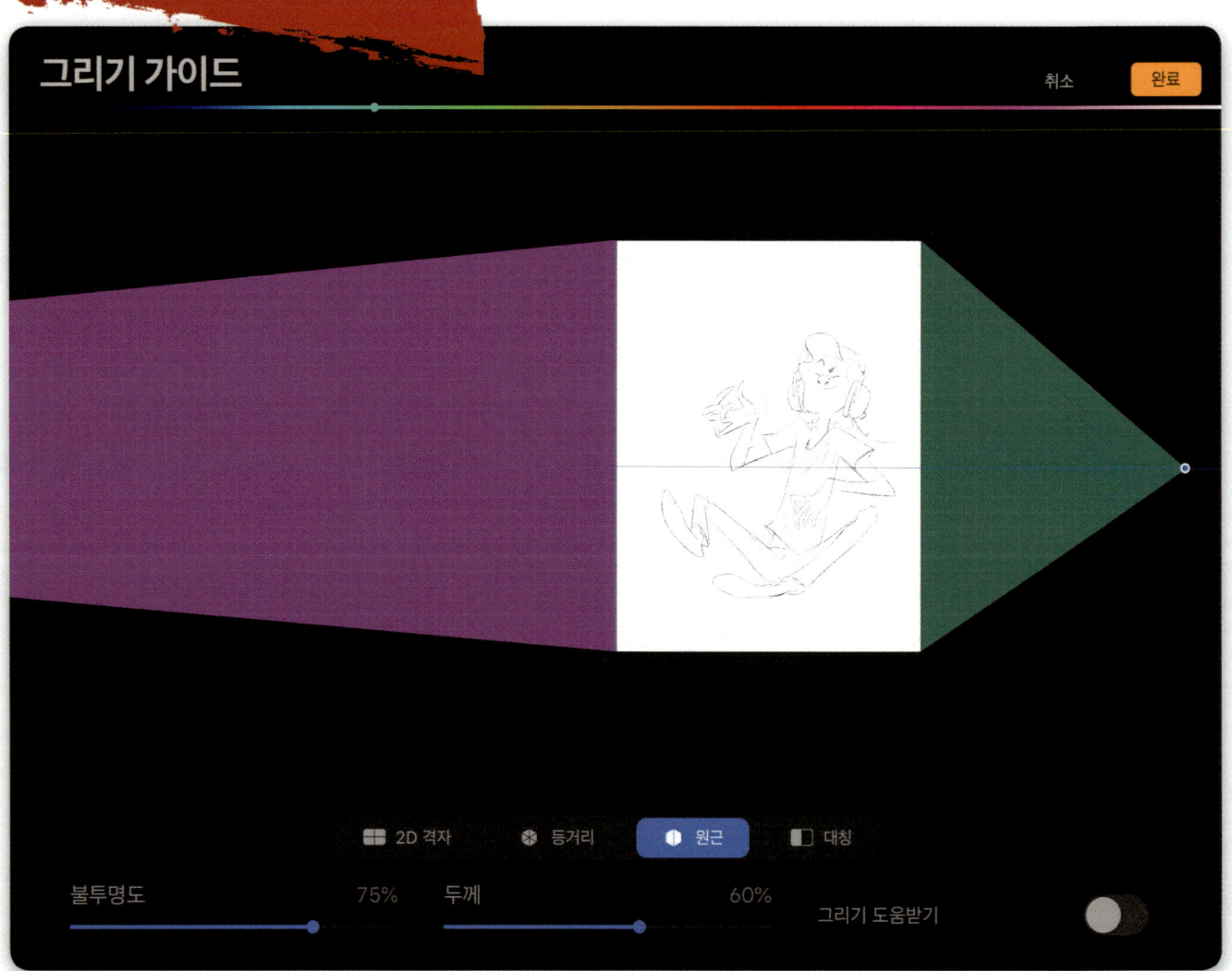

▲ [그리기 가이드]를 이용해 2점 투시를 설정합니다.

07

새 레이어에서 장면 구성을 투시에 맞춰 시작합니다. 레이어에 [그리기 도우미]를 설정하면 소실점 방향에 맞춰서 직선이 그려지므로 자가 필요 없어요. 레코드나 스피커처럼 둥근 모양을 그릴 때는 [퀵셰이프] 기능을 사용합니다. 원을 그리고 애플 펜슬로 캔버스를 누르는 상태에서 반대쪽 손가락으로 캔버스를 탭하세요. 그러면 완벽한 원형이 만들어진답니다.

▶ [퀵셰이프] 기능으로 그린 뒤 [변형] 기능으로 투시에 맞춘 레코드를 만듭니다.

08

스피커나 앨범 커버 등은 평면으로 그린 뒤 [변형]을 이용해 투시에 맞도록 왜곡해 주는 편이 훨씬 그리기 쉬워요. 변형할 모양의 모서리를 누른 채로 드래그해 앨범 모서리에 맞추면 모양을 바꿀 수 있습니다. 스피커 역시 같은 방식으로 작업해 양쪽이 똑같은 모양이 되도록 해주세요.

바닥에 있는 레코드는 변형 작업을 충분히 한 뒤 [선택 > 올가미]를 이용해 선택해요. 그다음 세 손가락으로 쓸어내려 [복사하기 및 붙여넣기]를 불러옵니다. 간단하게 변형한 뒤 레코드를 각기 제 위치로 옮겨 주는 거예요.

▶ 완성된 선화입니다.

09

채색에 들어가기 전에 작품에 알맞은 사용자 지정 브러시를 만들고 싶을 때도 있을 거예요. 새로운 브러시를 만들려면 [브러시 라이브러리] 상단에 있는 ┼를 탭합니다. 그러면 [브러시 스튜디오]가 열립니다. 먼저 브러시 끝부분이 될 [모양] 소스를 정하고 [그레인] 소스를 정해 줘야 해요. [그레인]은 종이나 뻣뻣한 붓 모양의 텍스처를 나타내는데 지금 만드는 브러시의 경우 후자에 해당합니다.

[모양] 소스와 [그레인] 소스 모두 각각의 메뉴로 들어가 소스 옆의 [편집]을 누르고 [가져오기 > 라이브러리 검색]으로 들어가면 프로크리에이트에 내장된 모양과 텍스처를 사용할 수 있어요. [가져오기]에서 [사진 가져오기]나 [파일 가져오기]를 선택해 나만의 사용자 이미지를 불러올 수도 있어요.

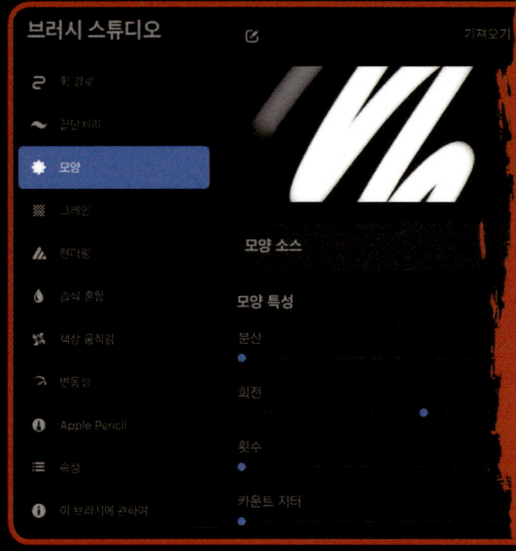

▲ [브러시 스튜디오]에서 [모양] 소스와 [그레인] 소스를 편집할 수 있습니다.

아티스트의 팁

브러시 만들기는 아주 방대한 주제입니다. 하지만 여기에서 다루는 기초 내용만으로도 다양하게 활용할 수 있어요. 가장 좋은 방법은 브러시를 직접 만들어 보면서 시험해 보는 것입니다.

특정한 브러시를 만들다 보면 우연히 다양한 브러시를 만날 수도 있답니다. 흥미로운 브러시가 될 것 같으면 처음에 만들려고 생각했던 브러시와 다르더라도 여러 번 시도해 보면서 쓸 만한 브러시로 개발해 보세요.

또한 이미 가지고 있는 브러시가 있다면 왼쪽으로 밀어 복제한 뒤 원하는 효과가 나올 때까지 [설정]을 다양하게 바꿔 보세요.

10

가장 유용한 설정으로 [그레인 > 그레인 특성 > 움직임]이 있습니다. 기본 설정인 100% 롤링은 종이에 결이 있고 그 위를 연필로 칠하는 듯한 효과를 낼 수 있어요. 슬라이더를 왼쪽으로 움직일수록 획을 따라 그레인이 늘어나서 뻣뻣한 붓에 어울리는 긴 줄무늬 텍스처를 만들 수 있죠. [비율]은 그레인의 크기를 결정짓고, [확대/축소]는 브러시 크기에 따른 그레인 크기를 결정합니다. 가장 낮은 레벨인 [크롭 처리]로 설정하면 그레인이 브러시 크기와 무관하게 같은 크기로 유지됩니다. [연필]의 경우 이런 옵션이 필요해요. 가장 높은 레벨인 [뒤따르는 크기]로 설정하면 브러시 크기에 따라 그레인 크기도 변합니다. 붓을 표현할 때는 이쪽이 더 잘 맞죠. 이 두 극단 사이에서 슬라이더를 조절해 그레인의 확대/축소 수준을 섬세하게 선택할 수 있습니다.

▼ 그레인 특성과 각종 브러시 설정을 세세하게 조절할 수 있습니다.

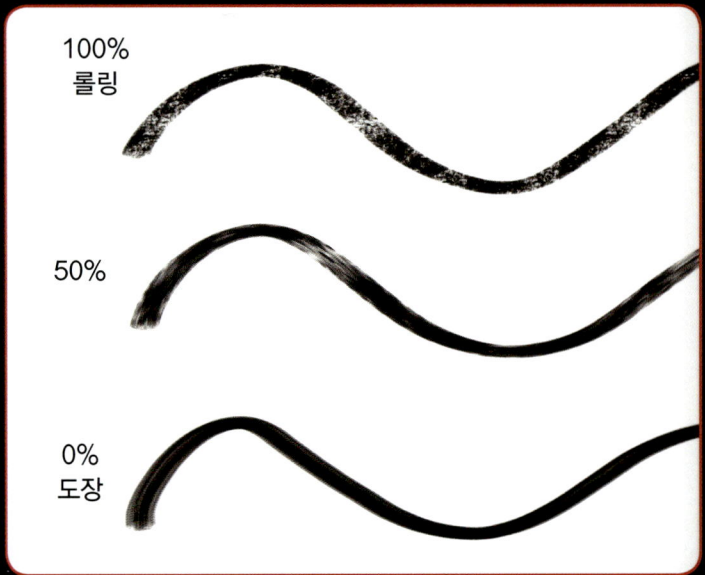

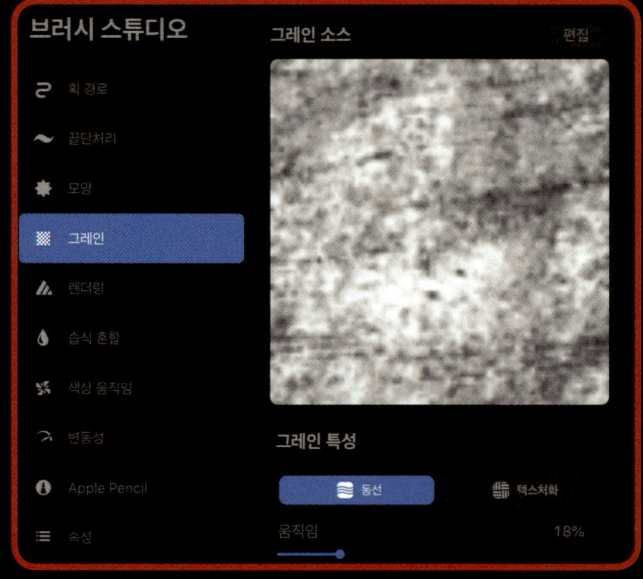

11

이제 [Apple Pencil > 압력]을 살펴봅니다. [크기]에서는 세게 누르면 브러시가 더 커지는 식으로 압력에 따른 획의 굵기를 조절합니다. 페인팅 브러시나 만년필에서 잘 보이는 특징이에요. [불투명도]는 표시되는 획의 투명한 정도를 조절합니다. 에어브러시를 생각하면 이해하기가 쉬워요. [흐름]은 압력에 의한 농도를 조절합니다. [블리드]는 불투명도의 대비가 강한 고대비 버전이라고 생각하면 비슷해요. 미세한 압력은 무시해서 선명하고 텍스처가 강한 획이 만들어집니다. 강한 드라이 브러시 효과를 내기에 완벽하죠 (더 자세한 설명은 이 프로젝트를 위해 만든 [MaxU Gouache Thick] 브러시의 설정을 참고하세요).

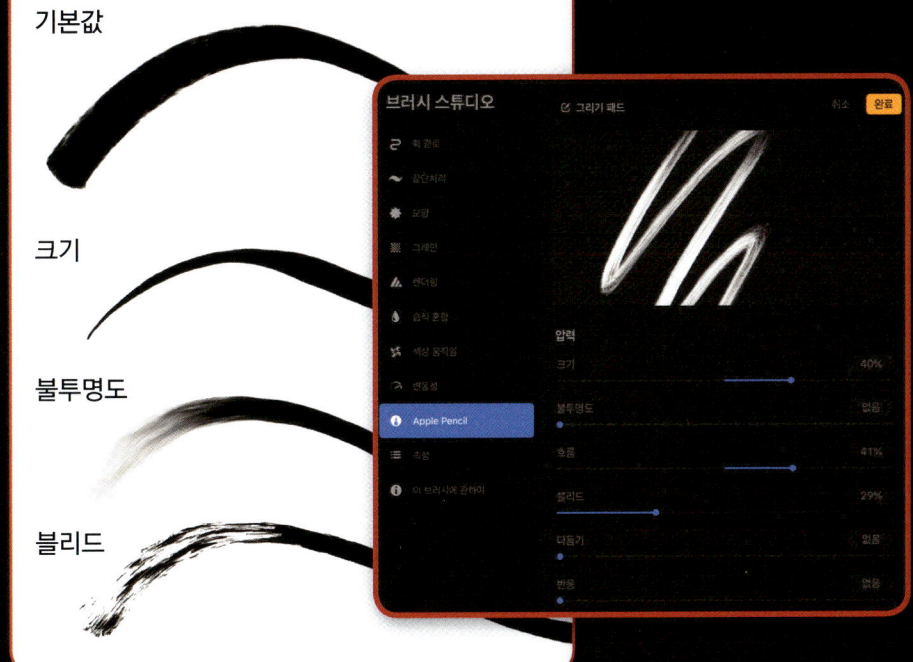

▶ 브러시 압력 효과 예시와 [MaxU Gouache Thick] 브러시의 설정 내용입니다.

12

연필과 비슷한 브러시로 신중하게 선화를 완성했으면 이제 긴장을 풀고 채색할 차례입니다. 선화를 꼼꼼하게 완성하면 더 완성도 높게 채색 작업을 할 수 있는 좋은 기초가 돼요. 잘 정리된 선화로 좋은 길잡이 역할을 해주지 않으면 채색 과정에서 형태가 망가질 수 있거든요.

탄탄한 선화와 미리 정해 둔 색 조합이 있으니 이제 더 직관적으로 작업을 시작할 수 있습니다. [복사하기 및 붙여넣기]를 이용해 색 조합을 연구했던 컬러 러프를 이전 파일에서 지금 작업하는 파일로 가져와 주세요.

▶ 완성한 선화와 앞서 작업한 파일에서 가져온 컬러 러프 섬네일입니다.

13

캔버스에 바탕색을 칠하는 것은 아날로그 방식으로 수작업할 때 흔히 사용하는 기법이에요. 따뜻한 빛이 느껴질 수 있게 일찌감치 바탕색을 중간 톤의 주황색으로 깔아 줍니다. 이렇게 해두면 흰 캔버스를 꼼꼼하게 채워야 한다는 압박감을 받지 않아 긴장을 풀고 투명함이 느껴지게 채색할 수 있어요. 좋은 텍스처도 캔버스가 비쳐서 드러나 보일 때 도움이 될 거예요. 바탕색은 [MaxU Gouache Bristle Gritty] 브러시로 칠해 주세요.

▶ [MaxU Gouache Bristle Gritty] 브러시를 사용해 바탕색을 전통 회화 스타일로 칠해 줍니다.

14

이제 컬러 러프 섬네일에서 [스포이드툴]로 원하는 색을 골라 중간 톤으로 살짝 힘을 빼고 칠합니다. 창문에서 반사되어 들어오는 빛을 표현하기 위해 창문 가까이에는 따뜻한 톤을, 창문에서 멀어지는 쪽에는 차가운 톤을 사용해요. 이 단계에서는 조금 지저분해 보이더라도 대략 칠하고 나중에 디테일을 쌓아 나가도 괜찮습니다.

▶ 풍부한 표현력이 느껴지는 중간 톤 색상으로 느슨하게 칠해 나갑니다.

15

앨범 표지나 포스터 같은 디테일은 재미있는 작업이죠. 컬러 러프에서 색을 선택해 불투명하게 칠해도 좋아요. 하지만 소년의 머리 위쪽에 있는 포스터는 빛의 영향을 배제하고 칠한 뒤 레이어 혼합 모드를 [곱하기]로 바꿔 주세요. 그러면 창문에서 멀어지면서 따뜻한 톤과 차가운 톤이 뒤섞인 흰 벽에 포스터가 붙어 있는 느낌이 날 거예요.

▲ 포스터는 빛의 영향을 고려하지 않고 칠한 뒤 [곱하기] 모드로 바꿔 주세요.

15 · 구아슈 물감으로 그린 듯한 일러스트레이션

16

빛이 은은하게 퍼지는 느낌을 내기 위해 컬러 러프 때와 비슷한 방법을 씁니다. 하지만 똑같이 할 경우 빛이 점점 약해지는 부분의 색이 희끄무레하고 칙칙해 보일 거예요. 고양이 발 부분에서 특히 눈에 띄죠. 따라서 이런 일이 생기지 않도록 이 작업에서는 레이어를 새로 만듭니다.

먼저 검은색 레이어에 흰색으로 빛 퍼짐을 그리고, 레이어 혼합 모드를 [스크린]으로 설정해 주세요. 그다음 새로운 레이어를 만들어 [클리핑 마스크]로 설정하고 손, 얼굴, 헤드폰 줄, 고양이의 실루엣을 그린 뒤 [곱하기] 모드로 설정해 줍니다. 빛의 영향을 받지 않게 '제외'시켜 주는 레이어예요.

주황색 빛은 그 위에 쌓아 올린 두 레이어에서 들어오게 됩니다. 하나는 [오버레이]로 설정해 회색을 따뜻하게 물들이고, 그 위에 또 하나의 레이어를 만드는데 [곱하기]로 설정해 전체를 물들이는 거예요. 이렇게 하면 작업하고 조정하기가 훨씬 쉬워지고 빛도 더 보기 좋게 퍼진답니다.

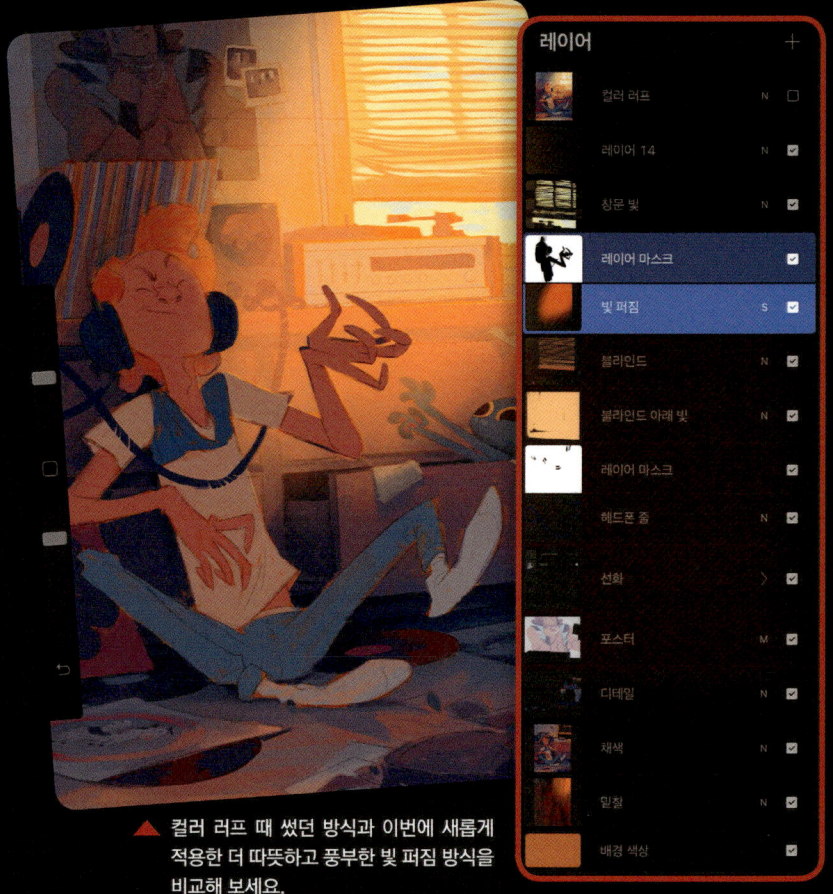

▲ 컬러 러프 때 썼던 방식과 이번에 새롭게 적용한 더 따뜻하고 풍부한 빛 퍼짐 방식을 비교해 보세요.

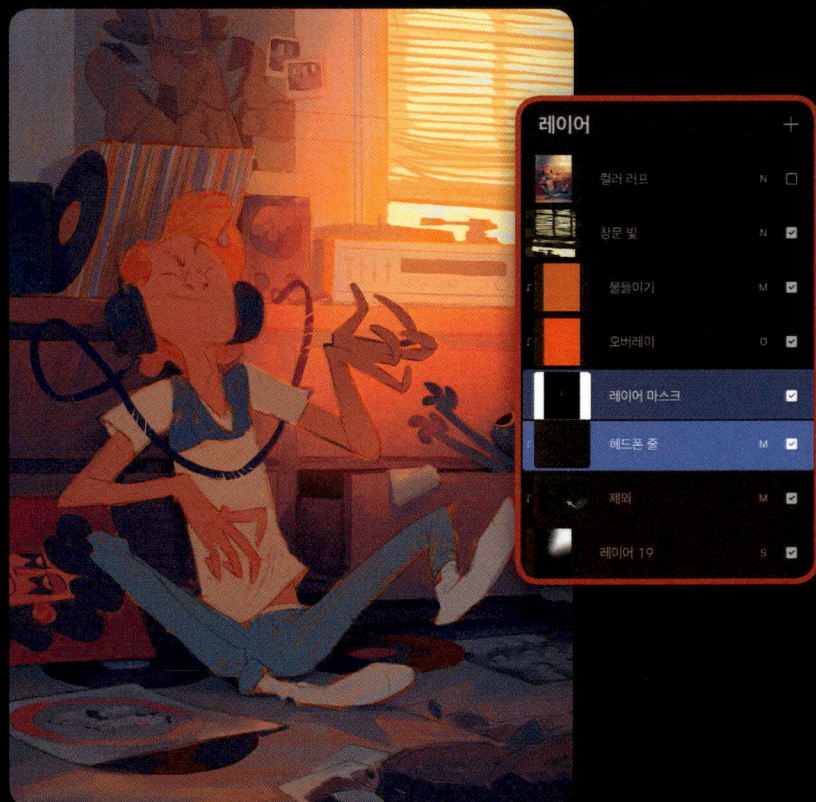

17

블라인드와 창틀은 [빛 퍼짐] 레이어 아래에 있어서 따뜻한 빛이 겹치는 효과를 낼 수 있습니다. 블라인드를 통과해 들어오는 노란 빛은 [빛 퍼짐] 레이어 위의 레이어에 칠해요. 그러면 인위적일 수 있는 빛 퍼짐의 영향 없이 좀 더 예측할 수 있는 방향으로 작업할 수 있습니다.

이 레이어에는 따뜻한 색과 차가운 색을 섞어서 하늘과 이웃 풍경을 암시해 주세요. 주황색 레이어가 위에 있다면 불가능한 작업이죠. 전통 회화와 비슷한 느낌을 더 내기 위해 직선을 완벽하게 그으려 애쓰지 말고 완벽하지 않은 부분도 그대로 받아들입니다.

▶ [빛 퍼짐] 레이어 위에 창문으로 들어오는 [창문 빛] 레이어를 작업한 결과입니다.

18

여기에서는 '동시 대비'라는 개념을 활용할 수 있습니다. 동시 대비란 밝기가 비슷한 서로 다른 두 색을 나란히 놓아서 생기는 색채 대비를 뜻하는데요. 잘 활용하면 활기와 에너지가 느껴지도록 할 수 있습니다. 따뜻한 바탕색이 차가운 벽과 카펫에 비쳐서 대비되어 보일 때 사랑스러운 시각적 흥미를 불러일으키죠. 이런 효과는 창문에 밝은 노란색과 파란색을 나란히 칠한 부분에서 특히 눈에 띕니다. 이런 조합은 아주 강렬한 광원, 반사광, 다채로운 피부 톤, 반투명한 느낌을 완벽하게 표현할 수 있어요.

동시 대비 색상을 찾으려면 먼저 [스포이드툴]로 조합할 색을 고른 뒤 [색상] 창에서 색조와 채도의 슬라이더를 옮겨 주세요. 그리고 오른쪽 위의 색 견본 창에서 밝기가 비슷하면서 첫 번째 색을 강화하는 느낌이 드는 색을 찾을 때까지 밝기 슬라이더를 조정하면 됩니다.

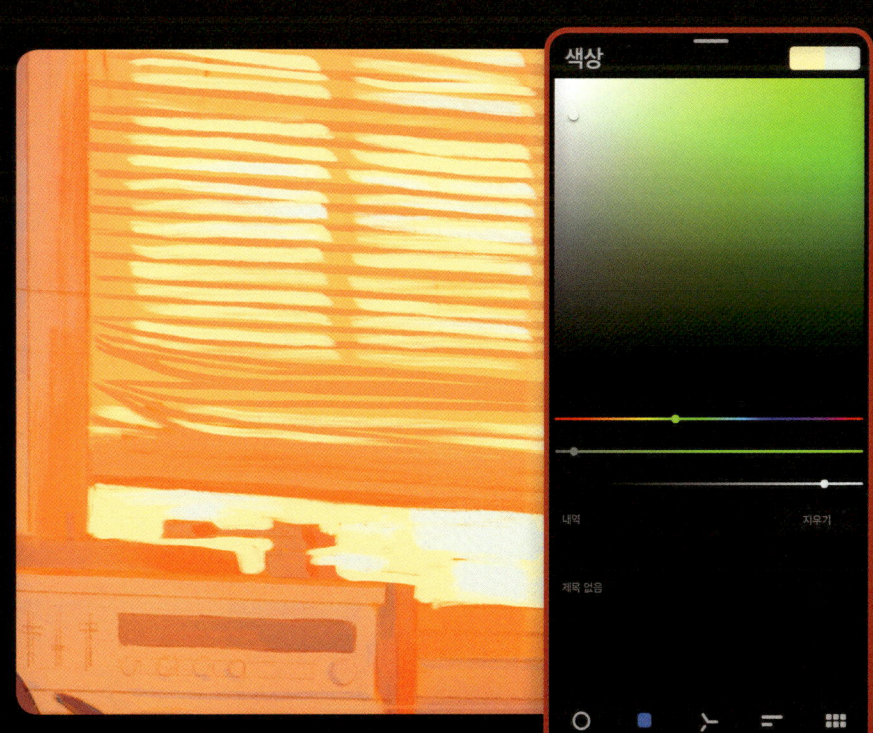

19

벽에 붙인 포스터 같은 디테일은 이미지에 스토리를 더해 주는 좋은 방법입니다. 포스터 속의 남자가 단순히 조끼를 입은 우스꽝스러운 헤어스타일의 뮤지션이었다면 별다른 이야기가 생기지 않았겠죠. 하지만 소년과 똑같은 포즈로 기타를 치는 모습은 소년이 이 뮤지션의 팬이고 지금 뮤지션이 연주하는 바로 그 곡을 듣고 있다는 사실을 알 수 있습니다. 또 이 뮤지션의 근육질 체형과 소년의 빼빼 마른 체형이 대조를 이루면서 더 많은 이야기를 들려주는 듯합니다.

▶ 디테일을 활용해 이미지에 더 많은 스토리텔링을 부여해요.

20

헤드폰 줄은 디테일을 지나치게 많이 넣기 쉽습니다. 따라서 여기에서는 특정한 스타일로 그리는 접근 방식을 선택할 거예요.
레이어 마스크를 만들고 군데군데 검은색을 칠한 뒤 그 안에 다시 흰색 고리를 그려 줍니다. 줄의 명암은 레이어에 [알파 채널 잠금]을 설정한 뒤 표현해 주세요. 이렇게 하면 이미 불투명하게 칠한 부분 바깥으로는 벗어나지 않습니다. 레이어 섬네일의 배경이 체크무늬로 바뀌었다면 [알파 채널 잠금]이 설정된 상태입니다.

[헤드폰 줄] 레이어에 따뜻한 색과 차가운 색을 칠해 주세요. 나선형으로 말린 줄의 특징도 표현합니다.

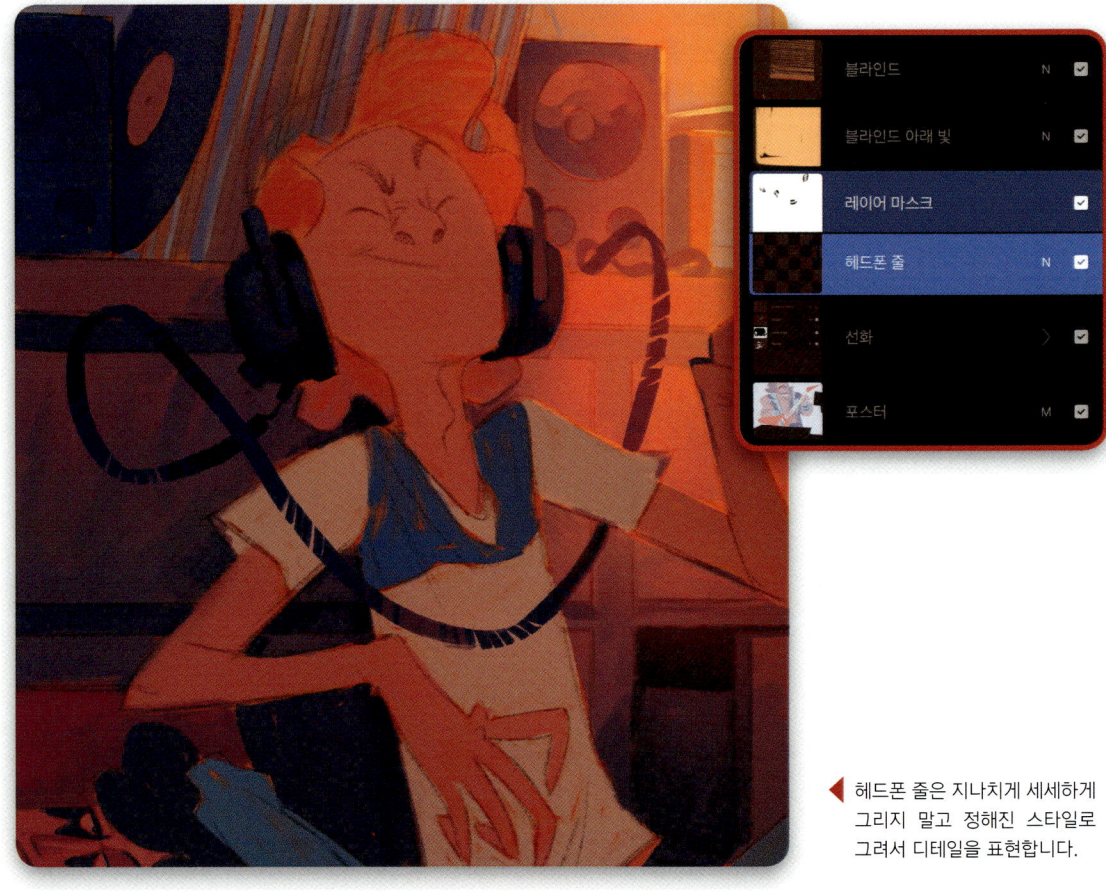

◀ 헤드폰 줄은 지나치게 세세하게 그리지 말고 정해진 스타일로 그려서 디테일을 표현합니다.

21

그림에서 색을 선택할 때는 [빛 퍼짐] 레이어 아래에 있는 레이어의 경우 모든 색이 오렌지색으로 물든다는 점을 기억하세요. 따라서 [빛 퍼짐] 레이어를 숨기고 색을 선택합니다. 레이어가 많을수록 관리하기가 더 힘들어집니다. 그러니 이 시점에서 채색 레이어를 병합하는 편이 좋을 수도 있어요. 일단 병합하고 나면 채색 레이어 위에 새 레이어를 만들어 디테일을 추가하기 시작해요. 이렇게 하면 공간도 절약하고 혹시 모를 실수에도 대비할 수 있습니다.

▶ 레이어를 병합하고 그 위에 디테일 작업을 시작해요.

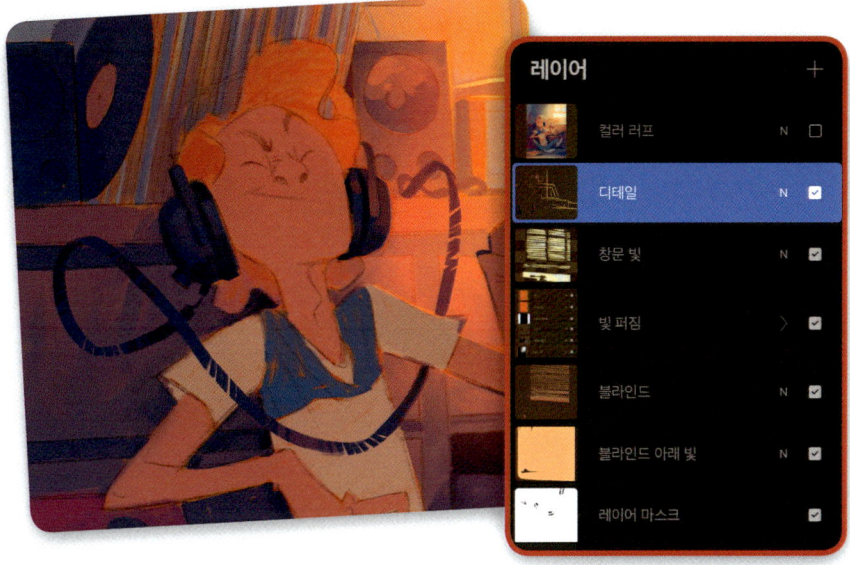

22

레이어 사이를 왔다 갔다 하는 대신 병합한 이미지 위에서 바로바로 색을 골라 가며 테두리 정리 작업에 집중합니다.

얼굴과 손을 다듬기 시작해요. 테두리를 깔끔하게 정리하되 이미지를 확대해서 수정하거나 브러시 크기를 매우 작게 하진 마세요. 지나치게 깨끗하고 날카로운 획은 디지털로 작업한 티가 나게 합니다. 따라서 전통 미술 재료로 작업한 듯한 이미지를 만들려면 표현력 있는 획을 유지해 주세요.

23

마지막 핵심 요소는 빛 테두리를 추가하는 거예요. 이 작업은 그림의 초점에 시선이 가게 합니다. 따라서 가장 어두운 부분과 가장 밝은 부분은 소년의 얼굴에 쓰도록 남겨 두세요. 얼굴과 손의 디테일에 가장 집중하는 반면 소년 주변의 대비는 낮추고 그외에는 디테일을 줄이는 등 시선이 가야 할 곳을 명확하게 합니다.

▲ 얼굴 다듬기에 집중합니다.

◀ 빛 테두리는 소년을 배경에서 분리하는 구성의 핵심 요소입니다.

24

비네팅 효과를 살짝 줘서 시선이 방 안으로 집중되게 합니다. 이와 더불어 차가운 톤이 따뜻한 빛 퍼짐을 보완할 거예요. 비네팅 효과는 [오버레이]로 설정한 새로운 레이어의 네 귀퉁이에 부드러운 짙은 파란색 그림자를 칠하는 방식으로 표현합니다.

빛 테두리에 열기를 추가하기 위해 밝은 색상 모드로 설정한 새로운 레이어를 만듭니다. 그리고 [MaxU Gouache Bristle Gritty] 브러시를 사용해 따뜻한 주황색을 가장 밝은 하이라이트 주위에 드라이 브러시 기법으로 건조하게 칠해 줘요. 마지막으로 [그레인]을 추가합니다. [오버레이]로 설정한 새로운 레이어를 50% 회색으로 채우고 [조정 > 노이즈 효과]를 사용해 노이즈를 만듭니다. [가우시안 흐림 효과]를 사용해 노이즈를 2픽셀 정도 흐림으로 처리하고 레이어 [불투명도]를 25%로 낮춰 그레인이 아주 약하게 느껴지도록 합니다. 만족스러운 이미지가 완성되었으면 이미지를 내보내고 공유하세요(22쪽 참고).

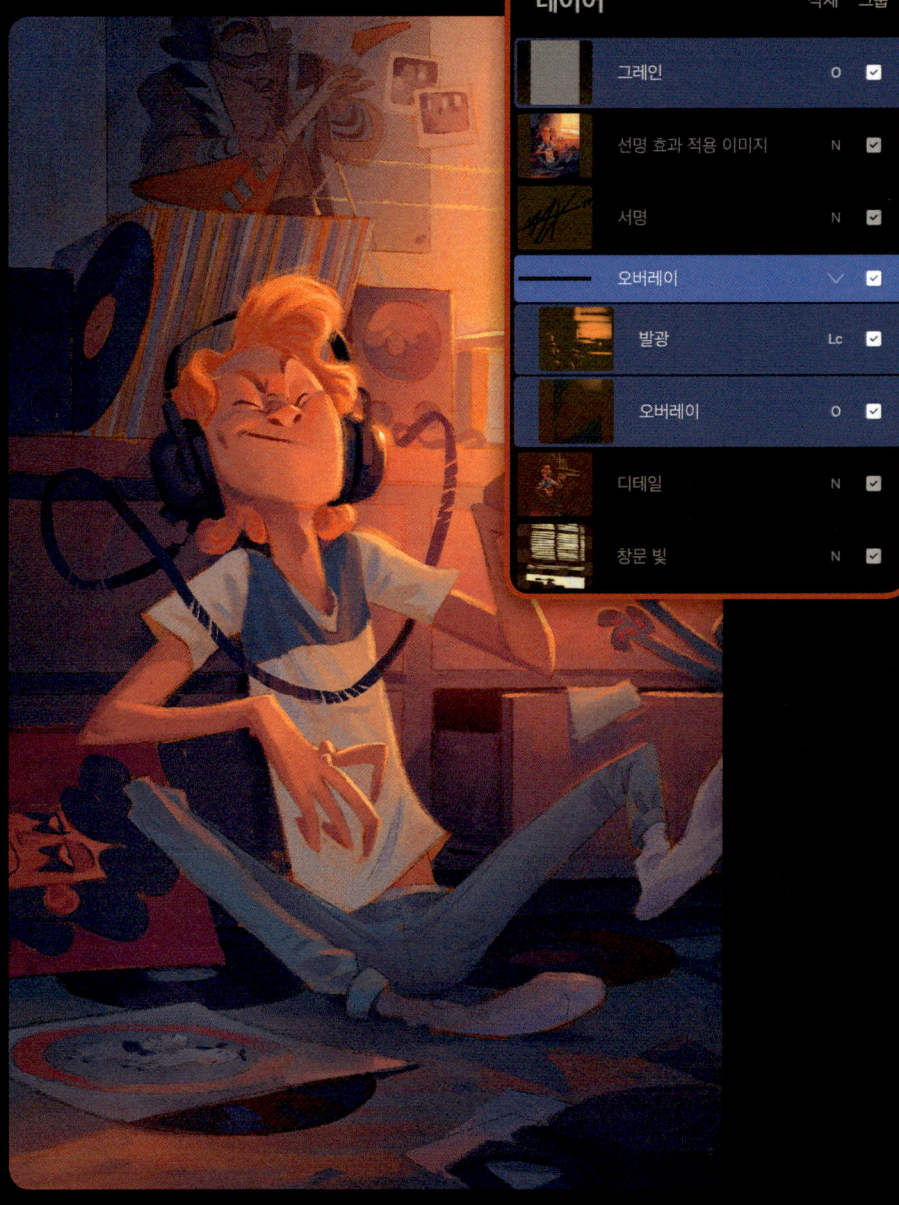

▶ 비네팅, 타는 듯한 불빛, [그레인] 레이어를 살펴보세요.

프로젝트를 마치며

아주 복잡하고 많은 요소가 들어 있는 작품입니다. 하지만 이 작품의 중심에는 음악에 푹 빠진 한 소년이라는 누구나 공감할 만한 이야기가 있습니다. 이제 여러분은 프로크리에이트의 도구와 기법을 어떻게 쓰는지 알았습니다. 앞으로 작업할 때는 자신에게 "왜?"라고 질문을 던지세요. 캐릭터 디자인, 색상, 빛, 선, 패턴, 질감 등이 내 콘셉트를 어떻게 뒷받침하는지도 생각해 보세요. 이런 질문 역시 마음껏 활용할 수 있는 의미 있는 도구랍니다. 어떤 선택을 하느냐는 자신에게 달려 있습니다.

15 · 구아슈 물감으로 그린 듯한 일러스트레이션

16

역동성과 속도감이 느껴지는 SF 우주선

도미니크 마이어(Dominik Mayer)

이번 프로젝트에서는 프로크리에이트의 도구와 기본 브러시를 사용해 역동적인 우주선을 그립니다. 초보자는 SF 이미지가 만들어지는 과정을 시작부터 완성까지 쭉 따라가며 배울 수 있습니다.

이 프로젝트에서는 캔버스 설정과 함께 모든 기초 설정 방법을 다룹니다. 대칭 도구의 편리함을 예를 들어 보여 주고 디자인을 시작할 때 어떻게 활용할 수 있는지 알려 줘요. 레이어 관리의 중요성은 물론, 다양한 레이어 혼합 모드의 사용 방법도 배울 수 있어요. 기술적인 부분에서 그치는 것이 아니라 좋은 구도를 짜는 법, 채색을 시작하는 방식, 단계별로 발전시켜 작품을 완성하는 법 역시 빼놓지 않습니다.

떠오르는 태양을 등지고 황금빛 우주 공간을 빠르게 날아가는 전투기를 그리면서 웅장한 빛 효과를 내고 이미지에 움직임과 속도를 부여하는 법도 다룬답니다. 배경에는 회화적인 접근 방식을 택하고 우주선 자체에는 더 깔끔한 선을 사용해 알아보기 쉽도록 강한 대비를 만들 거예요. 또, 기본 브러시 몇 가지를 사용해 아주 간단하면서도 인상적이고 사실적인 이미지를 그리는 법도 배웁니다.

준비 파일
- 16_스케치 이미지
- 16_동양화 브러시

참고 영상
- 16_전 과정 타임랩스 영상

학습 목표

▶ 좋은 구도 만들기
▶ 레이어 잘 관리하기
▶ 대칭과 선택 사용하기
▶ 빛과 효과 만들기
▶ 움직임과 속도가 느껴지는 역동적인 이미지 만들기

01

새로운 파일을 만들고 설정하는 것부터 시작합니다. 갤러리에서 ➕를 탭해 새로운 캔버스 창을 열어요. 그리고 오른쪽 상단에서 ➕를 탭해 [사용자 지정 캔버스] 창을 열어 주세요. 너비는 4000픽셀, 높이는 2151픽셀, DPI는 300으로 입력하고 색상 프로필은 sRGB로 설정합니다. 캔버스 사이즈를 바꿔서 입력해 보면 최대 레이어의 수가 변하는 게 보일 거예요. 파일이 클수록 사용할 수 있는 레이어 수가 줄어듭니다.

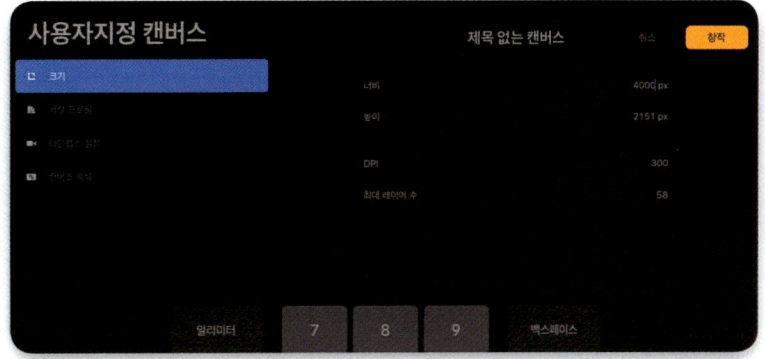

▲ 수치를 설정하여 사용자 지정 캔버스를 만들어 주세요.

02

처음 스케치할 때 [대칭]을 사용하면 크게 도움받을 수 있습니다. [동작 > 캔버스]로 들어가 [그리기 가이드]를 활성화해 주세요. 그다음 [편집 그리기 가이드]를 탭하고 [대칭]을 선택한 뒤 옵션에서 [수직]을 설정하고 [완료] 버튼을 탭합니다. 이렇게 [대칭]을 설정하면 한쪽에 그리는 선이 거울에 비친 것처럼 반대쪽에 나타납니다.

이 기능을 활용해 여러 우주선의 초기 스케치를 합니다. 작은 글씨로 '보조'라는 태그가 달린 레이어는 대칭 설정을 사용한다는 뜻입니다. 해제하고 싶으면 레이어를 탭해 옵션 메뉴를 열고 [그리기 도우미]를 탭하면 됩니다([그리기 도우미]는 구조물을 그릴 때 편리해요. 운이 좋다면 우연히 흥미로운 형태를 찾을 수도 있답니다).

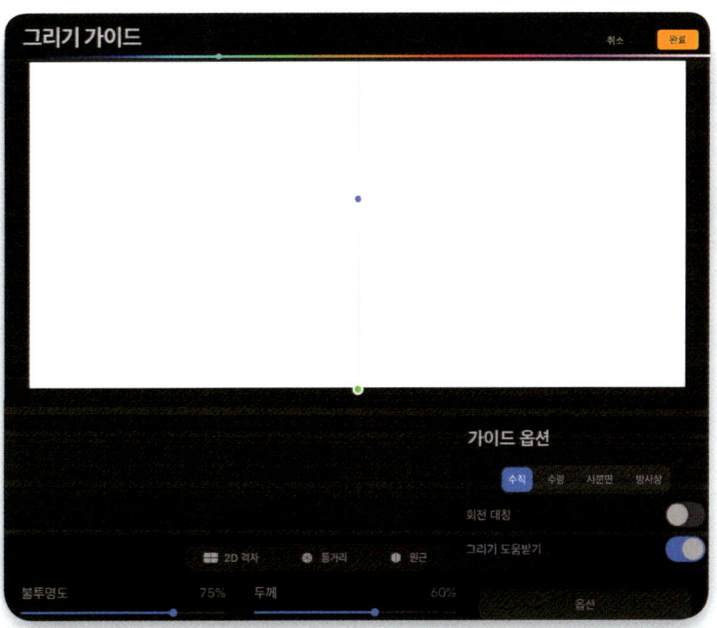

◀ [대칭]을 설정해요.

03

새로운 아이디어를 떠올리는 건 언제나 쉽지 않습니다. 그래서 창작의 영감을 받거나 참고할 만한 이미지를 많이 모아 두는 것이 중요해요. 다른 작가의 작품이나 사진일 수도 있고 자신이 직접 찍은 사진일 수도 있습니다. 사용하는 기기에 참고 이미지를 저장해 두면 머릿속으로 디자인할 때 꼭 필요한 시각 자료가 될 거예요. 저장해 둔 이미지를 쭉 살펴보면서 흥미로운 우주선 디자인에 알맞은 영감을 찾아보세요.

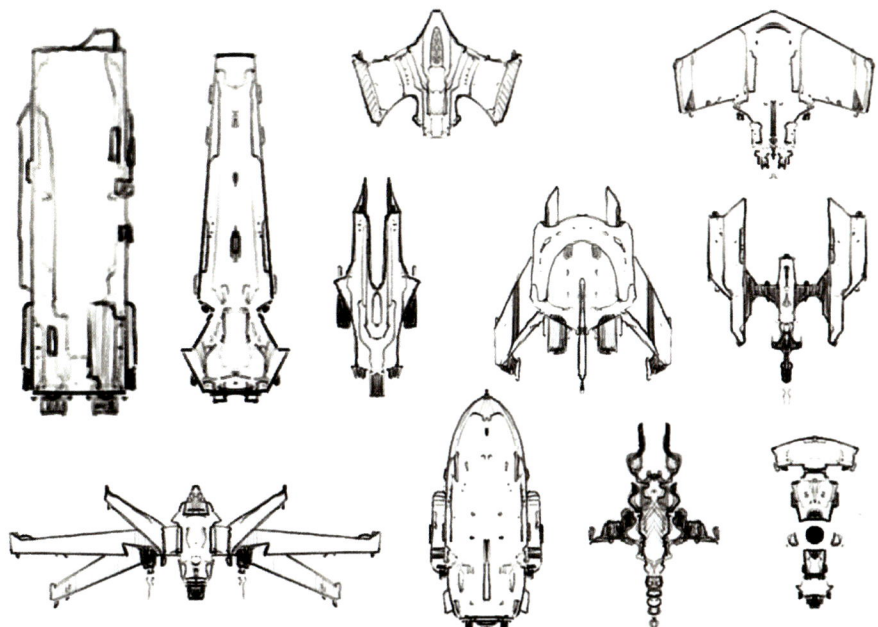

▶ 초기 우주선 디자인입니다.

04

흥미로운 디자인을 만드는 또 다른 편리한 방법으로 흑백이 반전된 느낌으로 스케치하는 것도 있습니다. 검은색 브러시를 불투명도 100%로 설정해 무작위로 아무 모양이나 스케치합니다. 하지만 디테일은 그리지 않아요. 그 대신 [지우개]로 형태를 편집해 나갑니다.

마음에 드는 형태가 그려지면 그걸 바탕으로 더 세밀하게 스케치해 보세요. 선택 범위가 넓어지도록 여러 디자인을 다양하게 그려 봅니다.

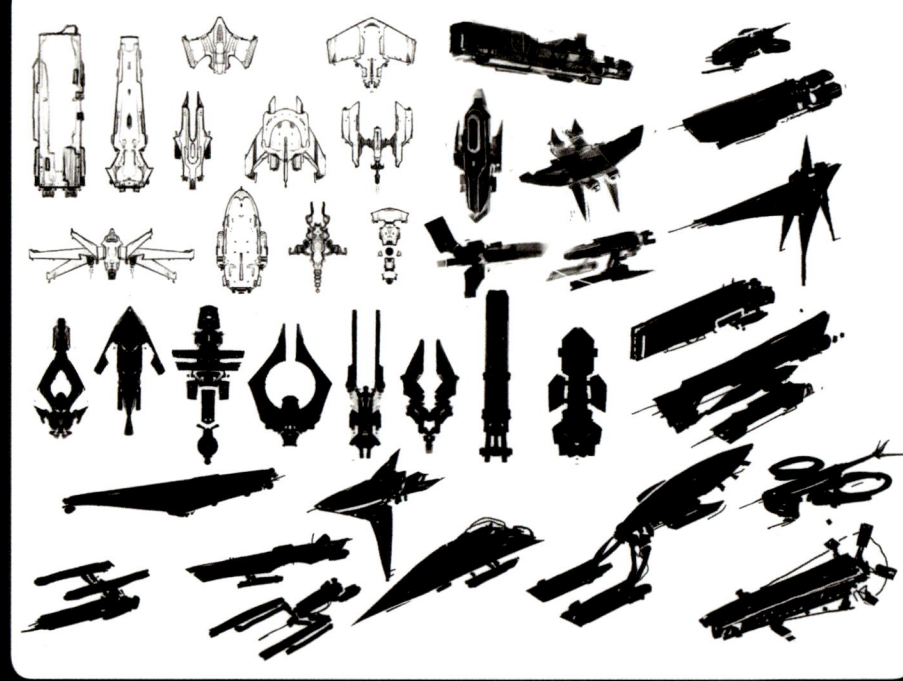

▶ 우주선을 다양하게 스케치합니다.

05

우주선 디자인 중에서 쓸 만한 아이디어가 나왔다면 이제 어떻게 보여 줄지 생각할 차례입니다. 예를 들어 가로 방향이 긴 랜드스케이프 포맷과 세로 방향이 긴 포트레이트 포맷 중 어느 쪽을 쓸지 결정해야겠죠.

랜드스케이프 포맷은 많은 경우 옆쪽에 에너지가 생기는 반면, 포트레이트 포맷은 세로 방향으로 에너지가 생깁니다. 또 랜드스케이프 포맷은 좀 더 영화 같은 느낌이 나는 편이어서 크거나 폭이 넓은 주제에 잘 맞는 반면, 포트레이트 포맷은 높이나 극도로 기울어진 지평선을 보여 줄 때 좋습니다.

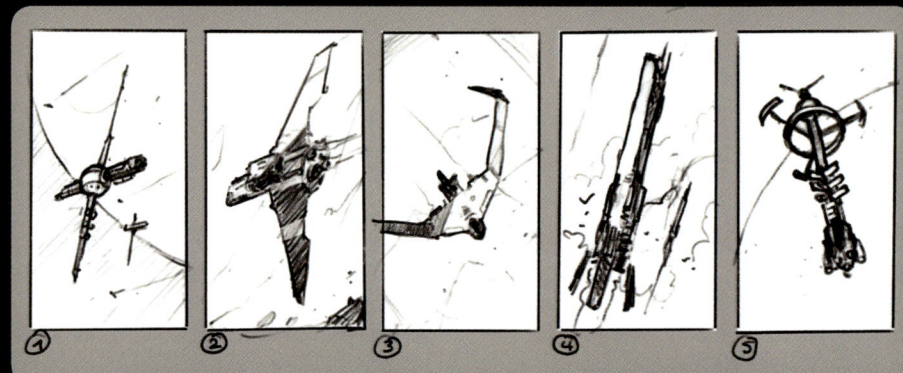

▶ 랜드스케이프 포맷(위)과 포트레이트 포맷(아래)으로 그린 섬네일이에요.

06

선택한 섬네일을 바탕으로 더 정교하게 스케치하기 시작합니다. 이제 우주선 디자인의 디테일을 생각해야 할 시간이에요. 이와 더불어 어떤 배경을 보여 줄지, 이 배경이 우주선 디자인을 어떻게 뒷받침할지 생각해 봐야 합니다.

여기에서는 랜드스케이프 포맷으로 작업한 5번 섬네일을 선택했어요. 이런 역동적인 장면에서는 기울어진 지평선이 속도와 움직임을 표현하는 데 필수입니다. 일직선으로 지평선을 그었을 때 생기는 평화로운 균형감이나 지면과 가까워 보이는 느낌을 깨뜨릴 수 있거든요. 지평선은 왼쪽을 낮게, 오른쪽을 높게 기울이면 긍정적인 느낌이 나고 반대로 기울이면 살짝 부정적인 느낌이 납니다.

▲ 최종 스케치입니다.

07

스케치를 완성하고 나면 다음 단계는 이미지의 각 요소를 칠하는 데 필요한 기본 레이어를 만드는 거예요. [선택]을 사용해 우주선 모양을 선택합니다. 한 점을 탭하고 다음 점을 탭하면 선택 영역을 표시하는 점선이 두 점을 잇는 직선으로 나타납니다. 아니면 직접 점선을 그려서 자유롭고 유기적인 선택 영역을 만들 수도 있습니다. 영역을 선택하고 나면 새로운 레이어를 만들고 [레이어 채우기]를 탭해 주세요. 그러면 선택한 영역 안이 현재 지정한 색상으로 채워집니다. 이 과정을 반복해서 나머지 배경 요소에도 색을 모두 채워 주세요.

▼ [레이어 채우기]를 이용해 선택 영역을 채워 주세요.

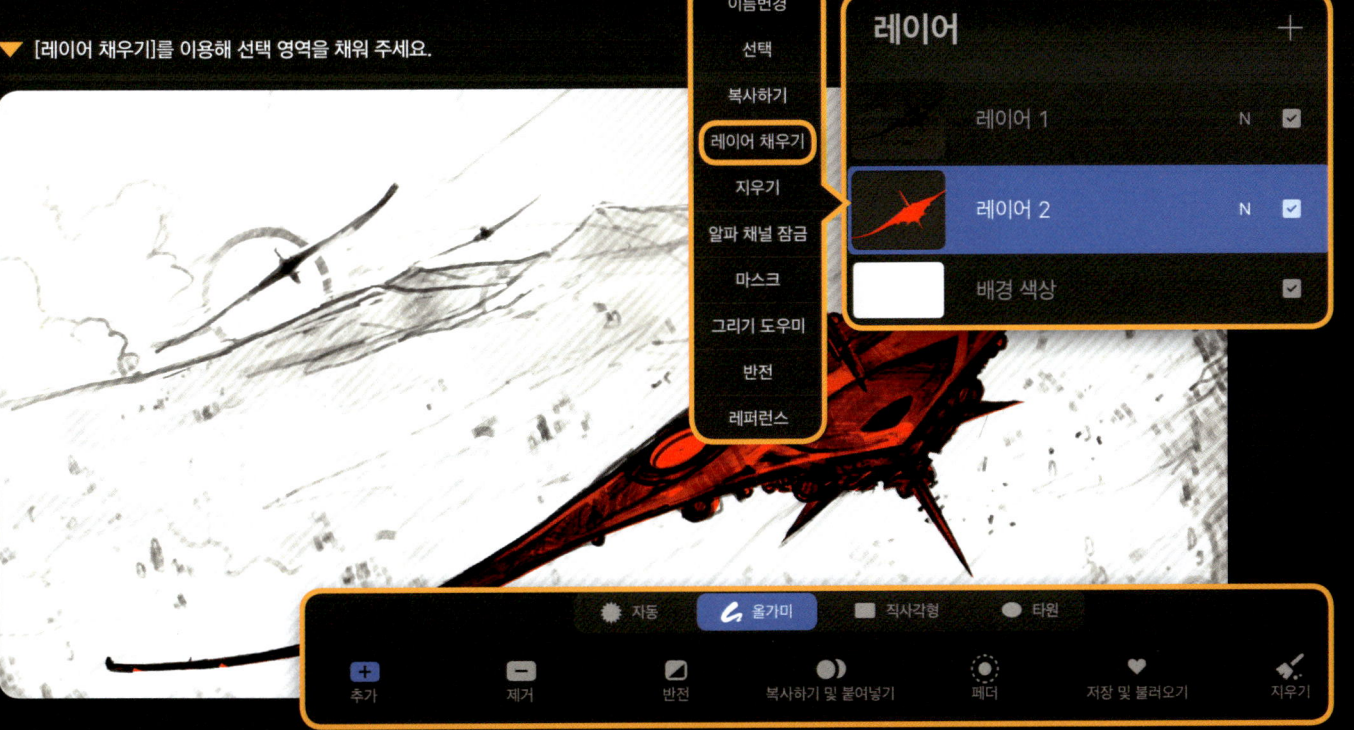

08

다음으로 [퀵셰이프] 기능을 이용해 태양이 될 정원을 그립니다(42쪽 참고). [브러시 라이브러리]에서 [페인팅 > 둥근 브러시]를 선택해 주세요. 흰색으로 닫힌 동그라미를 그린 뒤 애플 펜슬을 몇 초 동안 꾹 눌러서 [스냅] 기능을 작동시킵니다. 그러면 매끄러운 원형이 만들어질 텐데요. 화면 상단의 [모양 편집]에서 [원]을 선택해 타원이 아닌 정원으로 변형해 주세요. 그다음 오른쪽 상단의 색상 미리보기 아이콘을 원 안으로 끌고 와서 색상을 채워 줍니다.

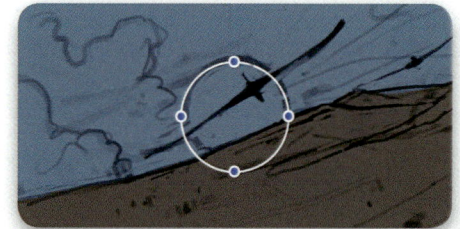

▲ [퀵셰이프]를 이용해 정원을 만들어요.

▲ 화면 오른쪽 상단에 있는 색상 미리보기 아이콘을 드래그해 원 내부를 채웁니다.

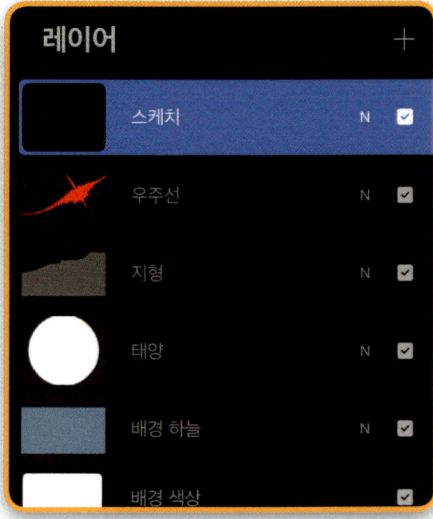

▲ 완성된 레이어 구조입니다.

09

레이어 구성이 끝나면 이제 채색할 차례입니다. 이미 만들어 둔 [바탕] 레이어 위에 새로운 레이어를 만들고 한 번 더 탭해 [클리핑 마스크]로 지정해요([클리핑 마스크] 사용법은 55쪽 참고). 먼저 하늘부터 채색을 시작할게요. [소프트 브러시]를 선택하고 하늘 배경의 아래쪽부터 밝은 파란색 그러데이션을 칠합니다. 이어서 왼쪽 슬라이더로 브러시 크기를 조절해 가며 같은 브러시로 노란색과 갈색의 지형을 칠합니다. 산에는 은은하게 파란색 그러데이션을 넣어요. 우주선 레이어는 짙은 회색으로 채워 주세요.

▼ [클리핑 마스크]를 설정해 기본 색을 칠합니다.

10

명도를 잘 유지하도록 유의하면서 작업합니다. 명도는 순수한 흰색에서 회색 톤, 그리고 순수한 검은색까지 픽셀의 밝기 정보를 나타내는 값이에요.

배경 저 멀리에 있는 요소라면 가장 어두운 부분도 전경에 있는 비슷한 물체에서 대응되는 어두운 부분보다는 밝아야 합니다. 뒷배경에 있는 요소는 전경에 있는 요소보다 밝기 때문입니다. 명도를 정기적으로 체크하려면 [레이어] 창 맨 위에 순수한 검은색으로 채운 새로운 레이어를 만들어 주세요(여기에서는 [명도 체크] 레이어입니다). 그리고 레이어 혼합 모드를 [보통]에서 [색조]로 바꿔 줍니다. 작은 N 표시가 Sa로 바뀔 거예요. 이 레이어를 활성화하면 명도를 눈으로 보고 확인할 수 있습니다. 작업하는 동안 계속해서 레이어를 켜고 끄면서 체크하면 좋아요.

▼ [명도 체크] 레이어를 만들어요.

아티스트의 팁

이제 채색을 발전시켜 나갈 탄탄한 기초가 만들어졌습니다. 핵심 정보는 캔버스에 다 있고 앞으로 작업을 어떤 방향으로 진행할지도 보일 거예요.

항상 기초 작업에 시간을 투자하려고 노력하세요. 렌더링과 다듬기를 몇 시간씩 한 뒤 나중에 기초 부분에 문제가 있다는 것을 알게 되면 말도 못하게 절망에 휩싸일 수 있답니다.

11

레이어 혼합 모드를 사용해 태양에 멋진 빛 효과를 만들어 줄 거예요. 새로운 레이어를 만들고 [둥근 브러시] 브러시로 가장자리가 흐릿한 주황색 삼각형을 태양 주위를 둘러싸도록 그려 줍니다. 이때 삼각형의 긴 변이 지평선과 일치하게 해 주세요. 레이어 혼합 모드를 [하드 라이트]로 바꾸고 [불투명도]를 40%로 낮춥니다.

또 새로운 레이어를 만들고 태양보다 살짝 크게 가장자리가 흐릿한 주황색 원을 그려요. 레이어 혼합 모드는 [추가]로, [불투명도]는 50%로 맞춥니다.

다시 한번 새로운 레이어를 만듭니다. 훨씬 흐리게 번진 느낌이 나는 원을 더 어두운 주황색으로 태양보다 살짝 크게 그려요. 혼합 모드를 [추가]로, [불투명도]를 50%로 설정합니다. 새로 만든 레이어 세 개를 그룹으로 묶어 주세요. 그러면 필요할 때마다 효과를 켜고 끌 수 있습니다. 효과를 숨김 처리하고 채색 작업을 계속 이어 나갑니다.

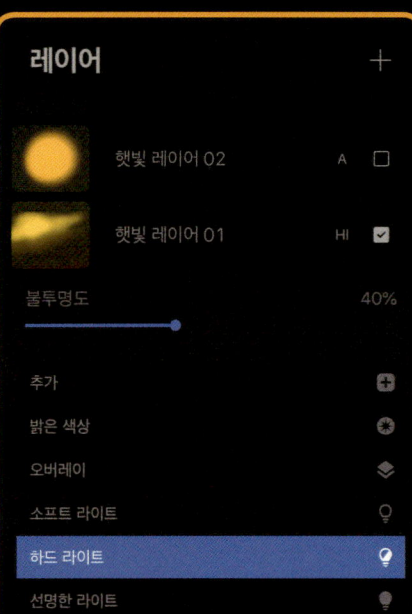

▲ [햇빛 레이어 01], [햇빛 레이어 02] 레이어를 만들어 주세요.

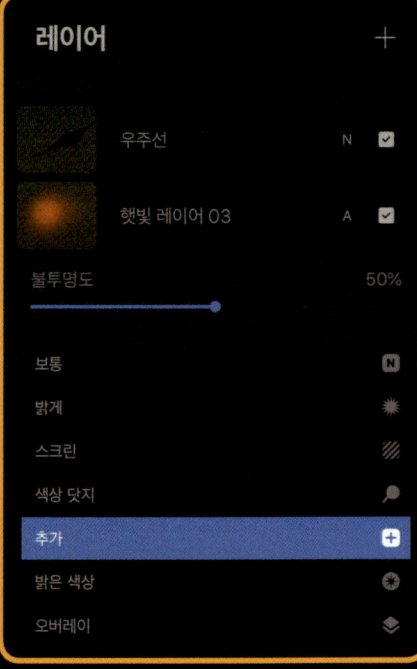

▲ [햇빛 레이어 03] 레이어를 더 만듭니다.

▼ [햇빛 레이어] 레이어들을 오른쪽으로 밀어서 모두 선택해 주세요.

▼ [햇빛 레이어] 레이어들을 그룹으로 묶은 뒤 그룹 이름을 변경합니다.

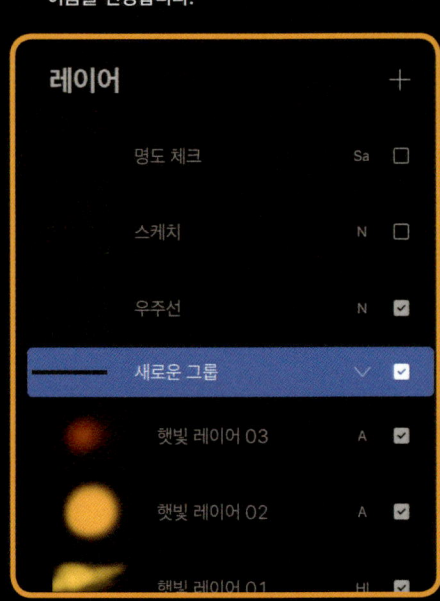

12

하늘에 구름을 추가할 차례입니다. [물에 젖은 아크릴] 브러시를 사용해 [하늘 배경] 레이어에 어두운 파란색과 주황색을 군데군데 칠해 주세요. 그리고 [문지르기]를 [유성 페인트] 브러시로 설정하고 가로 방향 획을 그으며 색이 잘 섞이게 합니다. 결과가 마음에 들 때까지 자유롭게 색을 추가하고 문지르는 과정을 반복해 주세요.

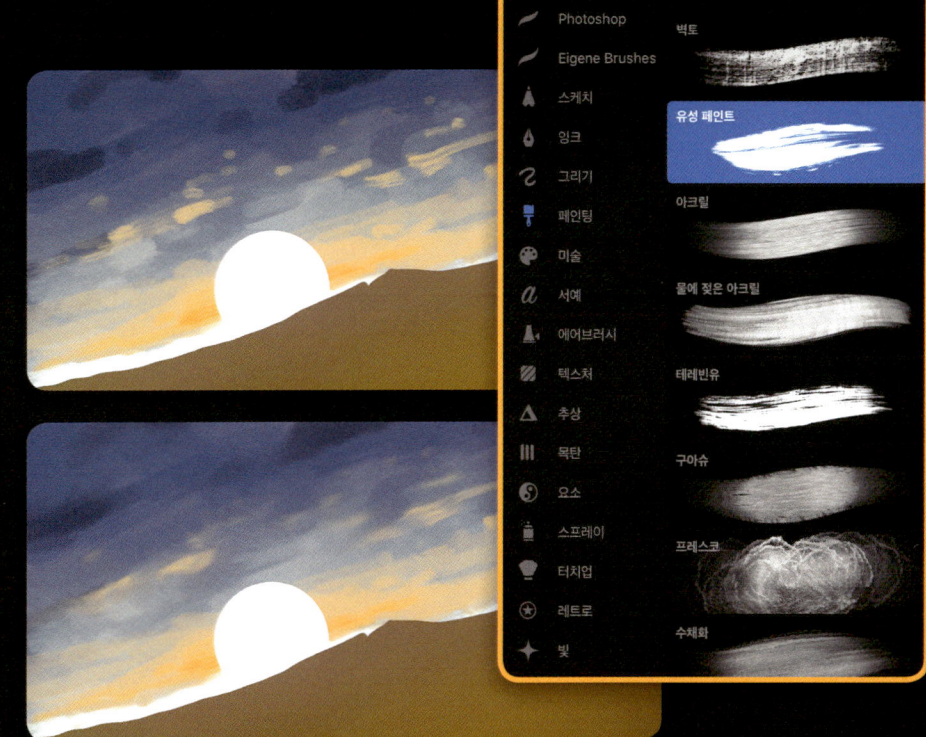

▶ 하늘에 군데군데 색을 추가합니다.

▶ [문지르기]로 색을 잘 섞어 주세요.

13

이제 [지형] 레이어에 디테일을 추가해 볼게요. 지형의 [기본 색상] 레이어 위에 새로운 레이어를 만들고 [클리핑 마스크]를 설정합니다. 태양을 마주보는 산의 옆면에 [물에 젖은 아크릴] 브러시로 밝은 노란색과 갈색을 추가합니다.

우선 [스포이드툴]로 색을 선택하고 한 방향으로 획을 그어요. 다음으로 처음 그은 획 바로 옆의 색을 [스포이드툴]로 선택한 뒤, 반대 방향으로 살짝 비스듬하게 획을 그어 첫 번째 획을 덮어서 칠합니다.

이 기법을 쓰면 지형의 형태로 만들기 좋은 삼각형 획을 회화적인 느낌으로 표현할 수 있습니다.

◀ 획을 긋고 근처의 색상을 선택합니다.

◀ 두 번째 획은 첫 번째 획 위로 겹쳐서 살짝 비스듬하게 칠해요.

16 • 역동성과 속도감이 느껴지는 SF 우주선

14

[유성 페인트] 브러시를 선택하고 이전 단계에서 설명한 것과 같은 기법을 사용해 지형에 더 많은 디테일과 색을 입힙니다. 다음으로 [테레빈유] 브러시와 추가로 설치한 [동양화] 브러시를 사용해 작은 나무를 그려요. 지평선에 가까워질수록 나무 크기를 작게 줄이면 풍경에 심도를 줄 수 있습니다. 나무 밑이나 태양을 마주보지 않는 산의 옆면 등 그림자가 지는 곳에는 파란색을 칠해 주세요.

▲ [유성 페인트] 브러시로 지형에 디테일을 추가합니다.

▲ 작은 나무를 그려 주세요.

▲ 나무를 추가합니다.

▲ 나무 밑과 산 옆면 등 그림자가 질 만한 곳에 파란색을 추가합니다.

15

다음으로는 강을 만들 거예요. [선택]을 사용해 뱀처럼 구불구불한 모양으로 그립니다. 시작점과 끝점을 연결해 선택 영역을 닫고 새로운 레이어를 만들어요.

아주 밝은 노란색을 선택해 레이어를 채웁니다. 그리고 [알파 채널 잠금]을 설정해 주세요. 그러면 기존에 이 레이어에 칠해 둔 부분 안에만 채색할 수 있답니다. 이제 은은한 흰색이나 노란색 그러데이션을 강에 추가합니다.

◀ 강 모양을 선택합니다.

▶ 선택한 강 모양 안쪽을 색칠해 주세요.

16

배경 작업이 거의 끝나면 이제 우주선 렌더링을 할 차례입니다. [스케치] 레이어를 처음에 만들어 둔 [우주선 바탕] 레이어 위에 [클리핑 마스크]로 설정해 주세요. [불투명도]를 20%로 낮춰서 디테일이 일부 보이도록 해요.

그다음 새로운 레이어를 만들고 [퀵셰이프] 기능을 사용해 둥근 터빈 모양 두 개를 추가합니다. 대충 원을 그리고 애플 펜슬을 잠시 꾹 누르면 매끄러운 원이 만들어져요(43쪽 참고).

같은 방법으로 우주선의 윗면 선체도 그립니다. 그리고 [선체] 레이어에 [알파 채널 잠금]을 설정하고 [둥근 브러시] 브러시로 기본 음영을 넣어 주세요([햇빛 레이어] 레이어를 보이게 해서 음영을 어떻게 넣어야 할지 생각해 보세요).

다음으로 [니코 룰] 브러시를 사용해 우주선에 디테일을 추가합니다.

▲ [퀵셰이프] 기능으로 선을 깔끔하게 그려요.

▲ [둥근 브러시]로 기본 음영을 추가합니다.

▲ [니코 룰] 브러시로 세밀한 부분과 금속 재질을 표현해 주세요.

17

색을 추가해서 시각적으로도 흥미를 끌 수 있는 디테일을 만듭니다. 혼합 모드를 [곱하기]로 설정한 새로운 레이어를 만들어요. 우주선 선체에 밝은 빨간색으로 눈에 띄는 패턴을 그려 넣습니다. 처음에는 대충 획을 그으며 괜찮은 모양을 찾아요. 모양이 정해지면 그때 보기 좋게 정리해 줍니다.

다음으로 우주선을 더 다듬어 주고 윗면의 선체와 우주선 밑부분을 연결합니다. 그리고 두 날개의 앞쪽 테두리에 빛을 한 줄씩 추가해 주세요.

▲ 더 흥미로운 시각적 디테일이 살도록 색을 추가합니다.

▲ 우주선에 더 많은 요소를 추가하고 잘 다듬어 주세요.

18

아직 이미지에서 움직임이 강하게 느껴지지 않으므로 하늘에 우주선이 남긴 흰 궤적을 그려 넣습니다. 이제 우주선이 어디에서 와서 어디로 가는지 알 수 있도록 말입니다. 이 우주선은 보는 이를 향해 가고 있어요. 속도 효과선 역시 유용합니다. 움직이는 물체 주위에 선이나 줄무늬를 넣으면 움직이는 느낌을 살릴 수 있죠.

먼저 레이어를 다시 정리합니다. 숨겨 뒀던 햇빛 효과 그룹을 보이게 해주세요. 그리고 모든 레이어를 선택해 그룹으로 묶습니다. 이 그룹을 다시 복제한 뒤 병합합니다. 그러면 모든 게 병합된 이미지가 생깁니다. 레이어는 모두 아래에 백업해 둔 그룹에 저장되어 있습니다. 이제 [유성 페인트] 브러시로 설정한 [문지르기]를 사용해 우주선의 움직임을 따라 조심스럽게 속도 효과선을 만들어요. [소프트 브러시]를 사용해 배경에 우주선을 추가로 몇 대 더 그립니다.

▲ 우주선이 날아온 궤적을 추가해요.

▲ 속도 효과선을 넣었어요.

▲ 우주선의 비행 방향을 따라 선을 더 그려요.

19

이제 빛 효과를 우주선에 추가할 단계입니다. 새로운 레이어를 만들고 [소프트 브러시]를 이용해 밝은 파란색으로 우주선에서 빛이 날 곳을 겹쳐 칠합니다. 우주선 뒤의 궤적과 둥근 터빈, 날개 테두리에 가늘게 넣은 빛이 여기에 해당되겠죠. 레이어 혼합 모드를 [스크린]으로 바꿔 눈에 잘 띄는 멋진 파란 빛을 만들어 주세요.

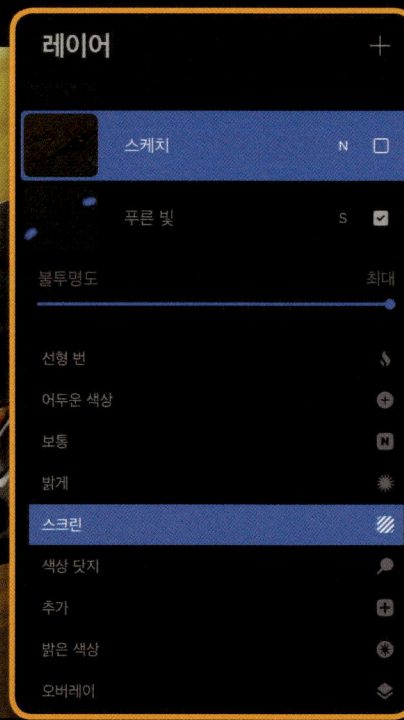

아티스트의 팁

이미지가 마음에 들지 않아도 포기하지 마세요. 그리기와 채색 모두 연습을 많이 해야 하는 기술이에요. 첫 시도에 완벽한 작품을 만들지 못하는 것은 정말 당연한 일입니다. 인내심을 가지고 다시 시작해 보세요. 시간이 지나면 열심히 노력한 결실을 맛볼 수 있을 거예요.

20

다음으로 색을 미세하게 조정해 이미지 전체를 수정합니다. 전체 이미지를 수정하려면 모든 요소를 하나의 레이어로 만들어 줘야 해요. 모든 레이어와 레이어 그룹을 선택하고 하나의 새로운 그룹으로 묶어 주세요. 그다음 그룹을 복제하고 병합을 선택해요. 이제 [조정 > 색상 균형]을 선택하고 슬라이더를 조절해 약간 불그스레한 보라색 톤으로 이미지를 수정합니다.

▶ [색상 균형]을 사용해 이미지의 색을 조정합니다.

21

새로운 레이어를 만들고 최종 디테일 작업을 합니다. 우주선 터빈에서 뿜어져 나오는 연기라든가 속도 효과선 같은 것을 그려 주세요.
결과가 만족스러우면 모든 레이어를 그룹으로 묶고 복제한 뒤 병합합니다. 그리고 새로 병합한 레이어에 [조정 > 선명 효과]를 80% 강도로 적용해 주세요.

▶ 마무리 작업으로 이미지에 디테일을 넣어 주세요.

이제 작품이 완성되었습니다. 이미지를 내보내고
세상과 공유하세요(22쪽 참고).

프로젝트를 마치며

이번 프로젝트에서는 프로크리에이트를 사용하는 방법뿐 아니라 일반적인 디지털 드로잉&페인팅 작업 방식에 관한 귀중한 조언을 다뤘습니다. 각 단계를 자유롭게 따라 하면서 앞으로 작품을 만들어 나갈 밑바탕으로 삼으세요.

하지만 규칙과 조언에만 얽매여서는 안 됩니다. 프로크리에이트를 폭넓게 사용해 보고 어떤 작품을 만들 수 있는지 알아보세요. 창작할 때는 행복한 우연도 큰 부분을 차지하니까 안전하게만 그리려 하지 말고 대담하게 시도해 보세요. 새로운 아이디어도 적용해 보면서 재미있게 그리는 편이 좋아요. 항상 이미지에 담긴 스토리와 전반적인 역동성을 살리려고 노력하세요.

↓ 경주(Land Speed Record)

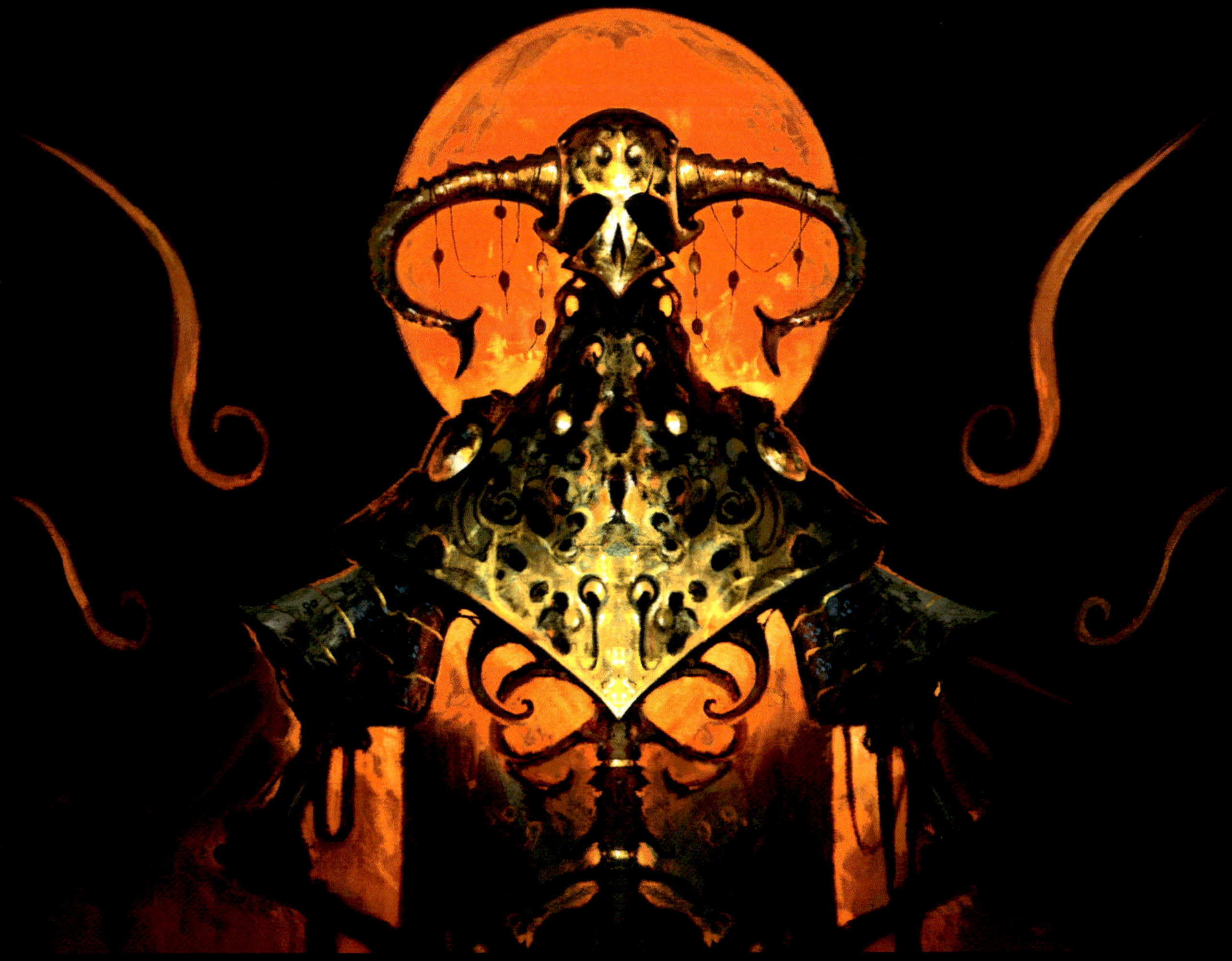

↑ 신탁(Oracle)

17

걷고 싶은 숲속 풍경

지모네 그뤼네발트(Simone Grünewald)

아이패드로 프로크리에이트를 이용해 그림을 그리면 어떤 점이 좋을까요? 가장 큰 장점은 언제 어디에서든 디지털로 그림을 그릴 수 있다는 것입니다. 아이패드를 들고 다니면서 눈길을 사로잡는 장면을 빠르게 스케치할 수 있으니까요. 각종 미술 재료를 가방에 잔뜩 넣고 다니는 것보다 아이패드 하나만 꺼내는 쪽이 훨씬 편리하겠죠? 그렇지만 자리를 잡고 앉아 스케치하려면 어디가 좋을지 위치를 고민해야 하는 것처럼 몇몇 고려해야 할 점이 있어요.

이번 프로젝트에서는 야외에서 빛이 아름다운 풍경을 포착하고 스케치하는 방법을 다룹니다. 브러시는 단 하나, 살짝 수정한 프로크리에이트 기본 브러시를 씁니다. 이 브러시를 다양한 방식으로 이용해 풍경의 빛을 표현하는 방법과 그림을 훨씬 쉽게 그릴 수 있는 레이어 혼합 모드, 각종 도구를 활용하는 방법을 설명할 거예요.
색을 훨씬 생기 넘치고 선명하게 표현하는 기법도 보여 줍니다. 초록 식물이 많은 그림을 그릴 때 도움받을 수 있어요.

참고 영상
- 17_전 과정 타임랩스 영상

학습 목표

▶ 기본 브러시 편집하기
▶ 레이어 혼합 모드 사용하기
▶ 클리핑 마스크 사용하기
▶ 알파 채널 잠금 사용하기
▶ 마스크 이용해 채색하기

01

야외에서 그림을 그릴 때는 옷을 적절하게 갖춰 입는 것이 중요합니다. 한동안 밖에 앉아 있을 수 있으니까요. 가지고 다니기 쉬운 깔개를 준비하면 좋아요. 작은 접이식 의자라면 더 편하겠죠. 하지만 어느 쪽을 선택하는지는 어떤 시야의 풍경을 원하느냐에 달려 있습니다.

드로잉 장소를 정할 때는 길 한복판에 앉는 것은 피하고 작업할 때 아이패드에 직사광선이 내리쬐지 않는 지점을 고릅니다. 햇빛이 비치면 작업하기 어려울 수 있어요.

▶ 밖에서 그림을 그릴 때는 작은 깔개가 있으면 편리해요.

02

이번 프로젝트에서는 [HB 연필] 브러시를 수정해서 사용해 보겠습니다. [HB 연필] 브러시는 [브러시 라이브러리 > 스케치]에서 찾을 수 있습니다. 원래는 아주 작은 크기로만 조절할 수 있지만 한 번 더 탭하면 [브러시 스튜디오]에서 설정 편집을 할 수 있습니다. [속성 > 브러시 특성]의 [최대 크기] 슬라이더를 140%까지 높여 주세요. 원래 버전의 [HB 연필] 브러시를 유지하고 싶다면 브러시를 복제한 뒤 수정해 주세요.

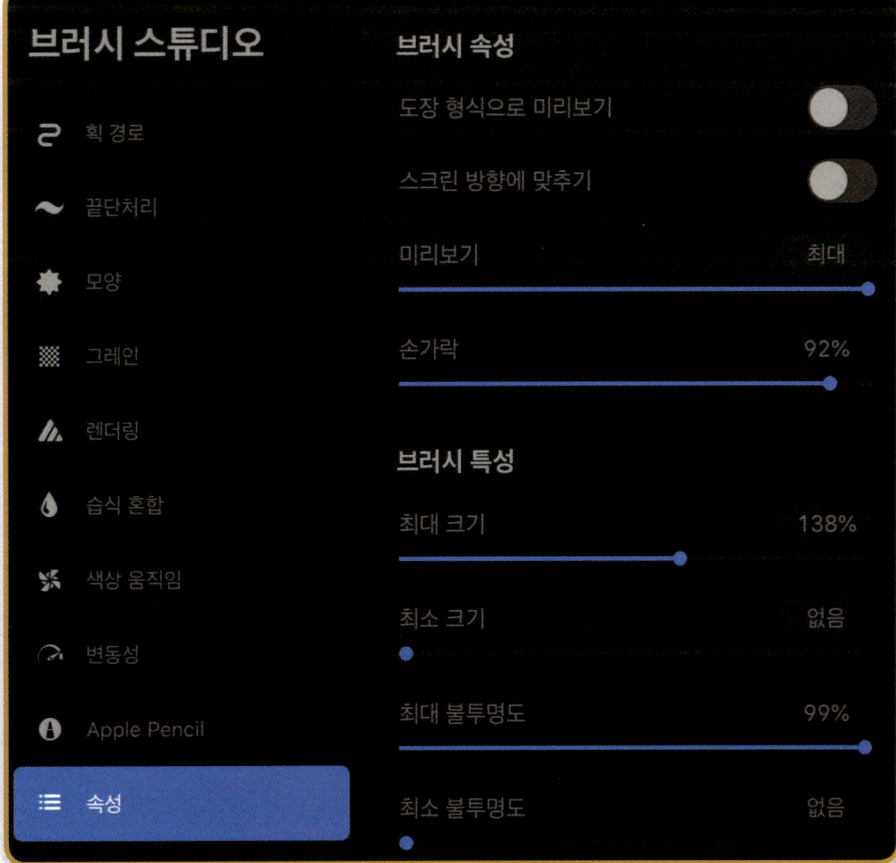

▶ [HB 연필] 브러시를 수정해서 텍스처가 멋진 만능 브러시를 만들어요.

03

그림을 그릴 장소를 정한 뒤 좋은 풍경을 찾아봅니다. 양쪽 엄지와 검지로 사각형 틀을 만들어 그 안으로 풍경을 보면 멋진 구도를 찾을 수 있어요. 그리고 싶은 풍경을 찾았으면 먼저 투시에 도움이 될 가이드라인을 대충 그립니다. 그리고 빠르게 1차 스케치를 해요. 디지털 드로잉은 이 단계에서 화면 속 다양한 요소를 캔버스 여기저기로 옮겨 가면서 구도를 잡을 수 있습니다. [선택 > 올가미]를 사용해 점선으로 선택할 요소 주위를 감싸 주세요.

▶ 그리고 싶은 풍경을 선택하고 러프 스케치를 합니다.

04

선택 영역을 편집하려면 [변형]을 탭해요. 그리고 선택 영역을 드래그하면 캔버스의 다른 곳으로 위치를 옮길 수 있습니다. 옮기는 것 말고도 여러 가지 방법으로 편집할 수 있습니다. 뒤집을 수도 있고 뒤틀 수도 있죠. 구도는 지금과 같은 초기 단계에서 확실히 정하는 게 좋습니다. 각 요소의 균형을 맞추고 간격을 적절하게 맞춥니다. 단, 간격이 모두 지나치게 일정하면 좋지 않아요. 초점은 이미지 중간보다는 중심에서 살짝 비껴 나가는 위치로 정하는 편이 더 재미있어 보입니다.

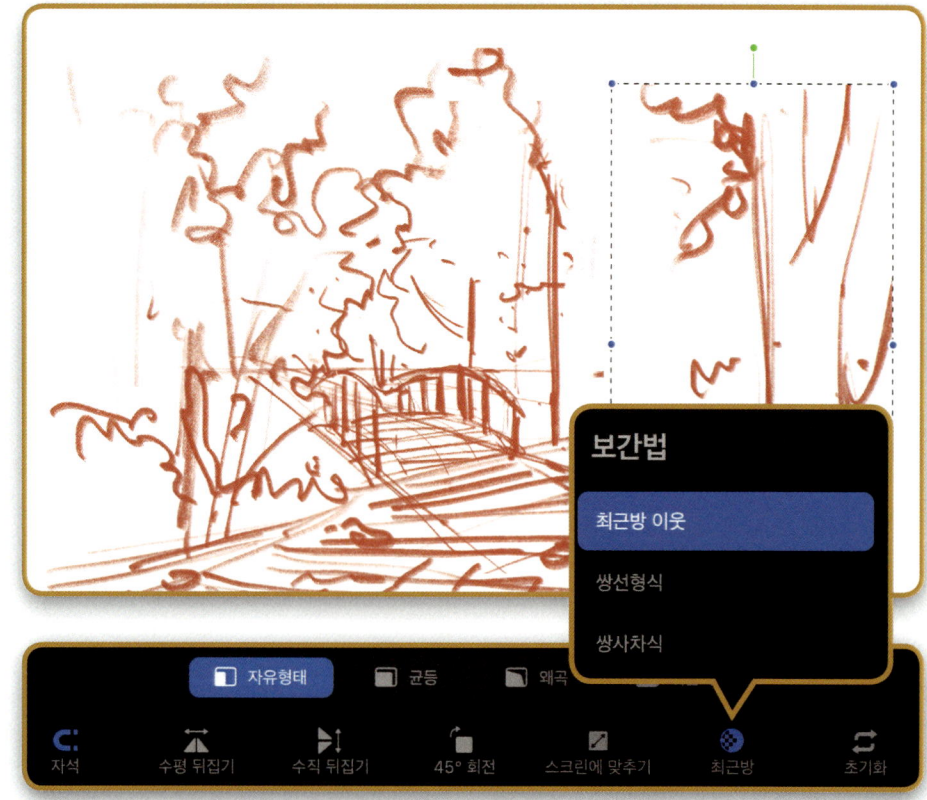

▶ 멋진 구도가 되도록 스케치를 편집해 주세요.

05

러프 스케치 편집이 끝나면 이제 스케치를 다듬고 디테일을 추가하기 시작합니다. 빛과 그림자도 넣어요. 덩어리감을 표현하고 투시에 도움이 되는 선을 긋는 것도 스케치할 때 필요합니다. 다리로 향하는 길에 이런 선을 넣은 게 보이죠. 이 단계에서는 스케치가 지저분해 보여도 상관 없어요. 나중에는 선화가 필요하지 않으니까요. 구도를 염두에 두고 이 스케치를 바탕으로 채색에 들어갑니다.

▶ 필요한 정보가 모두 들어갈 만큼만 러프 스케치를 다듬어 주세요.

06

프로크리에이트에서 스케치를 시작하면 자동으로 [배경 색상] 레이어 위에 만들어져 있는 새 레이어에 할 거예요. 각 레이어는 서로 다른 혼합 모드를 설정할 수 있습니다. 가장 기본적인 모드는 [곱하기]입니다. [곱하기]로 설정하면 이 레이어에 그린 모든 픽셀이 아래 레이어와 시각적으로 혼합(곱하기)된답니다. [스케치] 레이어를 [곱하기] 모드로 설정해 주세요.

▼ [곱하기]는 디지털 페인팅의 기본 레이어 혼합 모드입니다.

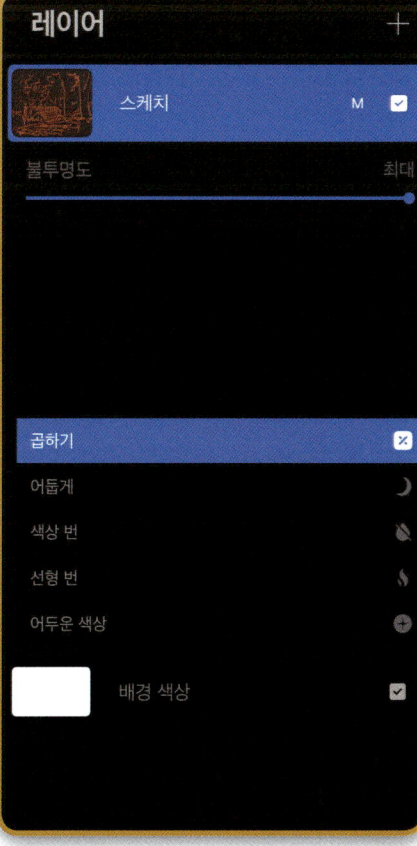

07

컬러 스케치를 시작하기 전에 [배경 색상] 레이어의 색을 바꿉니다. 녹색이 주를 이루는 야외 풍경이므로 빨간색을 선택하면 잘 어울릴 거예요. 빨간색은 녹색의 보색이니까요. 배경 색상으로 빨간색을 사용하면 군데군데 빨간색이 엿보이며 그림에 따뜻한 느낌이 들고 녹색이 더 밝게 빛나는 효과가 생깁니다. 배경 색상을 바꾸려면 [배경 색상] 레이어를 탭해 [색상] 창을 불러오세요.

▼ 배경 색상은 위에 칠하는 색이 더 생기 있어 보일 수 있는 색으로 정합니다.

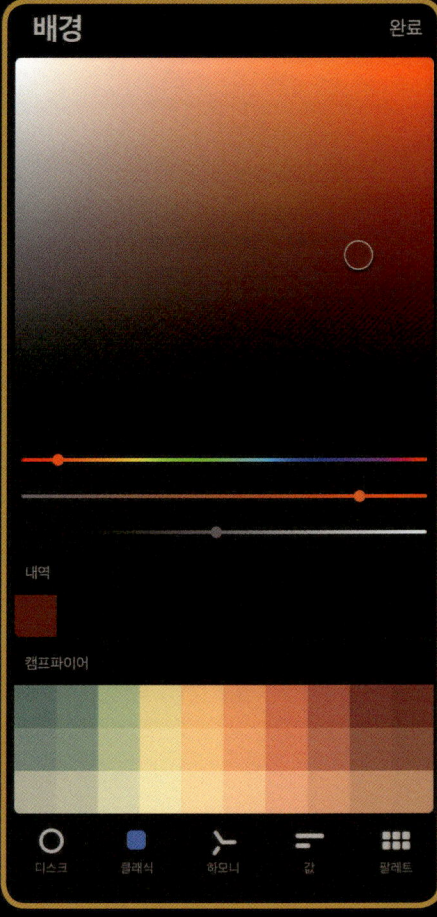

08

러프 스케치 아래 레이어에 컬러 스케치를 해요. 컬러 스케치는 전체 색 조합을 결정하는 데 중요한 역할을 합니다. 컬러 스케치를 먼저 하면 그림을 반쯤 그리다가 기존에 칠한 색이 마음에 들지 않는 상황이 발생하지 않도록 할 수 있어요.
컬러 스케치는 색 조합이 마음에 들고 표현하고 싶은 방향이 잘 나타날 때까지 반복하면서 여러 개 만들어 봅니다. 브러시 크기를 꽤 크게 설정하고 작업하면 디테일에 집착하는 함정에 빠지지 않을 거예요.

▶ 그림에 어울리는 색을 결정하기 위해 컬러 스케치를 합니다.

컬러 스케치 | 러프 스케치에 컬러 스케치를 적용한 모습

09

[스케치] 레이어 아래에 새로운 레이어를 만들고 혼합 모드는 [보통]으로 설정합니다. 그리고 가장 뒤에 있는 배경부터 칠하기 시작합니다. 뒤부터 시작하면 레이어를 쌓아 나갈 때 바탕색이 어우러져 비쳐 보이게 할 수 있어요.

이번에 그리는 풍경은 역광이고 나뭇잎 사이로 빛이 통과해야 하니 이 레이어에 가장 밝고 채도가 높은 색을 사용합니다. 가끔씩 [스케치] 레이어를 꺼서 색깔만 확인하는 것도 잊지 마세요.

▶ 뒷배경에 들어가는 색부터 칠합니다.

10

뒷배경에 알맞은 색을 넣어 준 다음에는 새로운 레이어에 나무를 그리기 시작합니다. 큰 나무는 레이어 두 개로 나눠서 작업해요. 하나는 앞부분용이고 다른 하나는 앞쪽 가지와 겹치는 뒤쪽 가지용입니다.

배경의 나무는 겹치는 부분이 없으니 하나의 레이어로 작업해도 좋아요. 대상을 별도의 레이어에 그리면 테두리를 조절하는 것도, 그림자를 넣기도 쉽습니다. 그림의 다른 부분을 망치지 않고 나무의 일부분을 지울 수도 있어요. 하지만 모든 요소마다 새로운 레이어를 만들지는 마세요. 복잡하고 혼란스러울 테니까요. 겹치는 요소만 새 레이어를 사용하는 것이 좋습니다.

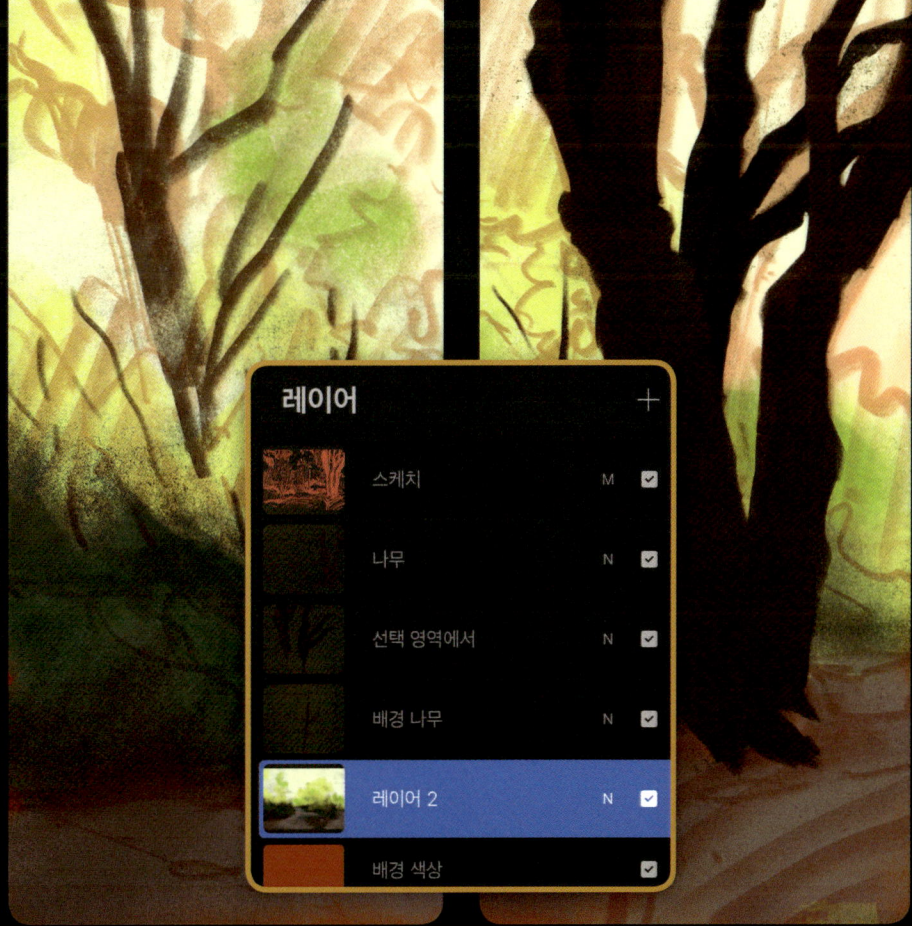

▶ 겹치는 요소는 레이어를 따로 만들어야 이후 렌더링 작업도 쉬워지고 형태도 깔끔하게 관리할 수 있어요.

11

다음으로 배경의 푸른 잎을 덩어리로 잡아서 그립니다. 애플 펜슬을 기울이면 넓고 가슬가슬한 느낌이 나는 획을 그을 수 있어요. 각도를 바꿔 가면서 사용해 보세요. [HB 연필] 브러시로 획을 그릴 때 애플 펜슬을 똑바로 잡으면 꽤 정확하게 나오지만, 기울이면 반투명하고 거칠어집니다. 다양한 녹색으로 잎을 큼직큼직하게 표현하며 변화를 줍니다.

나무의 종류가 다르면 나뭇잎의 색조도 다르답니다. 같은 나무에서도 위치에 따라 색조가 달라 보일 수 있어요. 예를 들어 특정 각도의 나뭇잎은 하늘의 파란색을 반사하고, 햇빛이 비쳐 보이는 나뭇잎은 훨씬 밝고 노란색에 가까워 보입니다.

아티스트의 팁

풍경이나 사진을 볼 때는 머릿속으로 레이어를 어떻게 나눌지 생각해 보세요. 레이어는 필요한 만큼만 사용하는 것이 좋으므로 장면을 어떤 식으로 분리해야 할지 미리 생각하는 거예요. 연습을 거듭할수록 어떤 것은 그룹으로 묶고 어떤 것은 별도로 나눠야 할지 감이 잡히기 시작할 거예요.

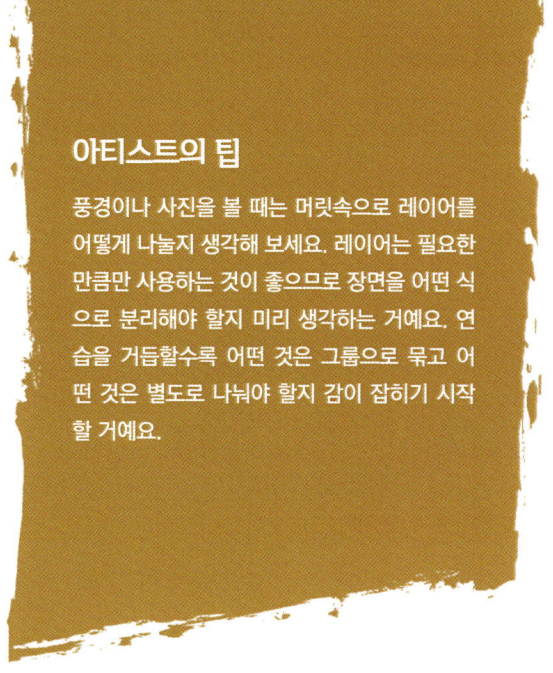

▲ 애플 펜슬의 각도를 다양하게 사용해 보고 녹색 잎을 큼직큼직하게 칠합니다.

12

앞쪽 나뭇잎에 색 변화를 넣고 테두리로 갈수록 밝고 옅어지게 처리하려면 레이어를 따로 쓰는 것이 좋습니다. 이번에도 겹치는 영역이 있기 때문이에요. 앞뒤로 초록색 잎이 겹친 상태에서 앞쪽 나무의 테두리만 찾아서 작업해야 하는 상황은 피하고 싶을 거예요. 이 작업을 가장 쉽게 할 수 있는 방법은 [알파 채널 잠금] 기능을 사용하는 것입니다.

▶ 나뭇잎에 색 변화를 넣으려면 레이어를 따로 만들어 쓰세요.

13

레이어에 [알파 채널 잠금]을 설정하면 기존 레이어에 존재하는 픽셀을 제외하고 나머지 부분을 잠금 처리합니다. 이렇게 하면 기존에 칠했던 부분 위에만 채색할 수 있고 다른 부분은 모두 투명하게 유지됩니다. 심지어는 반투명하게 칠한 부분도 같은 투명도를 유지한답니다.

[알파 채널 잠금]은 획을 크게 그어 부드러운 그러데이션으로 음영을 넣고 싶지만 기존에 칠한 형태나 테두리를 망가뜨리고 싶지 않을 때 아주 편리한 기능이에요.

▶ [알파 채널 잠금]은 색 변화를 추가할 수 있는 가장 쉽고 깔끔한 방법이에요.

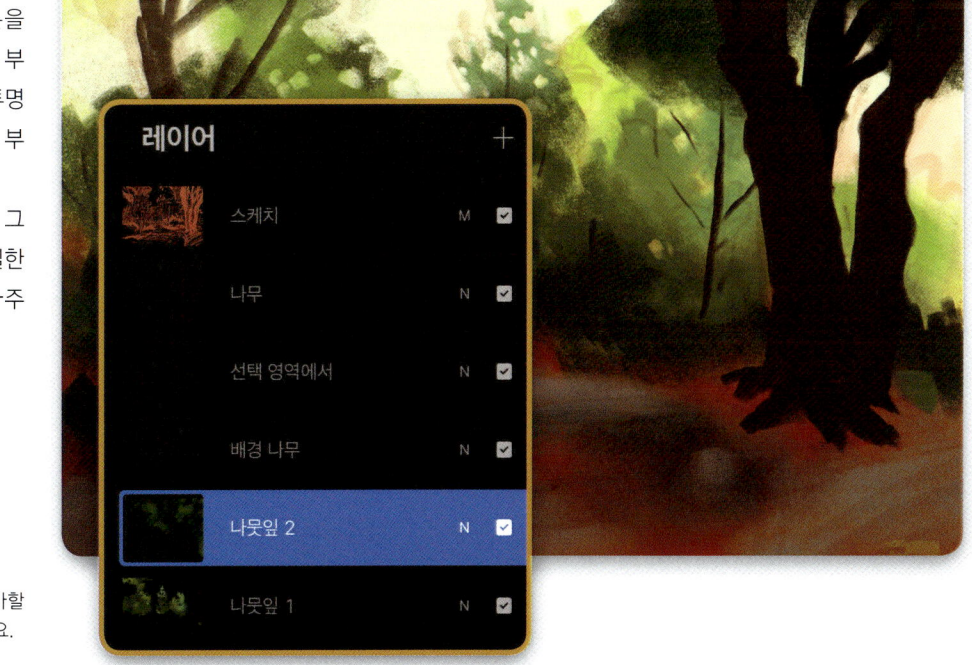

14

거의 모든 요소가 자리 잡혔으면 이제 조금씩 다듬기 시작합니다. 예를 들어 큼직하게 모양만 잡아 둔 나뭇잎 레이어를 부분부분 지워서 좀 더 복잡한 형태와 테두리를 만듭니다. 중간에 빈 부분을 남겨 두면 뒷배경으로 칠했던 색이 비쳐 보이죠. 그 덕분에 곧바로 잎사귀처럼 보입니다. 지울 때는 같은 브러시에 [불투명도]를 100%로 설정해 깔끔한 모양이 나오게 해주세요.

▶ [알파 채널 잠금]을 해제하고 덩어리로 칠한 부분을 지워 가며 모양을 다듬어요.

15

지금까지 작업 과정은 매우 기술적인 느낌이 들지도 모릅니다. 마치 그림을 그리기 전에 설정하고 정리하고 준비하는 과정으로만 여길 수도 있습니다. 하지만 이런 준비는 꼭 필요하답니다. 좋은 바탕이 좋은 그림을 그리는 열쇠니까요.
여기까지 정리를 마쳤다면 그림을 그리는 재미는 지금부터 시작됩니다. 형태를 다듬고 디테일을 더하고 기존에 칠한 색에 가까우면서 미묘하게 차이가 나는 섬세한 색을 추가하는 거예요. 브러시의 불투명도를 낮추세요. 그러면 좀 더 조절하기 편하고 거친 획이 생기는 경우를 피할 수 있어요. 새로운 레이어를 만들고 배경 위주로 부드럽게 전체 덧칠 작업을 합니다.

▶ 그림을 다듬을 때는 불투명도를 낮게 설정한 가는 브러시를 사용해요.

16

가장 중요한 디테일이 아직 빠져 있죠. 그림의 초점은 다리에 있습니다. 새로운 레이어에 다리의 윤곽을 가장 어두운 색조로 칠합니다. 테두리가 명확하게 그려지도록 브러시 [불투명도]를 100%로 설정하고 단색으로 깔끔하게 칠해 주세요. 초기 스케치는 계속해서 [곱하기] 모드로 설정하고 [불투명도]를 낮춰 다리의 위치와 투시를 참고합니다.

▼ 새로운 레이어에 다리를 단색으로 깔끔하게 그려 주세요.

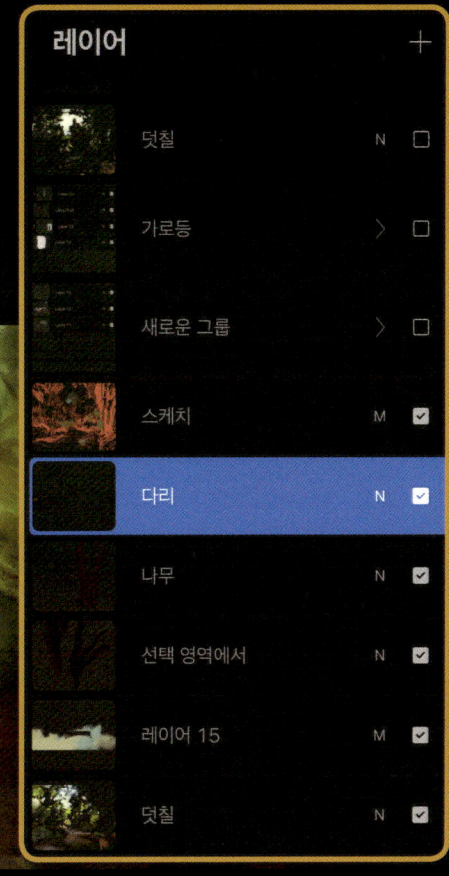

17

[다리] 레이어 위에 레이어를 두 개 추가해서 디테일 작업을 합니다. 한 레이어에는 큰 획을 부드럽게 그어서 그러데이션을 넣고, 다른 레이어에는 섬세한 빛의 변화를 추가해요. 두 레이어는 [클리핑 마스크]로 설정하고 작업하세요. 아래 레이어에 작업한 픽셀을 채색할 수 있는 모양으로 인식할 거예요. [알파 채널 잠금] 기능을 설정하는 것과 비슷하지만 하나 이상의 레이어를 쌓아가며 작업할 수 있다는 장점이 있습니다. 위 레이어에 작업한 부분을 건드리지 않고 아래의 모양만 바꾸기도 쉽죠.

▲ [클리핑 마스크]는 아래 레이어에 작업한 부분을 내부에 채색할 수 있는 스텐실처럼 이용합니다.

18

이 단계까지 따라왔다면 그림에 어느 정도 틀이 잡힌 게 보이기 시작합니다. 하지만 여전히 모호하고 심도가 부족한 느낌이 남아 있어요. 디테일이 모자란 부분도 있을 거예요. 빠뜨리는 부분 없이 모두 칠하고 다듬으려고 노력해 주세요.

장소를 이동해야 한다면 디지털 시대의 장점을 살려서 후반 디테일 작업에 참고할 수 있도록 사진을 찍습니다. 사실 그림은 언제나 현장에서 바로 그리는 것이 가장 좋습니다. 사진에서는 그곳의 분위기를 완전히 느낄 수 없기 때문이에요. 하지만 필요하다면 마무리 작업 정도는 집에서 해도 괜찮아요. 이미 그림에 현장 분위기를 담아냈을 테니까요.

▲ 현장에서 찍은 사진은 디테일과 마무리 작업할 때 사용할 수 있어요.

19

가로등은 마지막으로 추가한 요소입니다. 다리와 비슷한 방식으로 그릴 수 있어요. 전구와 기둥은 별도의 레이어에 작업합니다. 각각의 모양을 바탕으로 삼고 위에 [클리핑 마스크]를 설정한 음영 레이어를 만들어 작업합니다.

가로등을 다 그린 뒤에는 필요하다고 판단되는 곳에 새로운 레이어를 만들어 디테일을 쌓아 갑니다.

▶ 모든 레이어 위에 새로운 레이어를 만든 뒤 디테일을 추가하고 전체 채색 작업을 합니다.

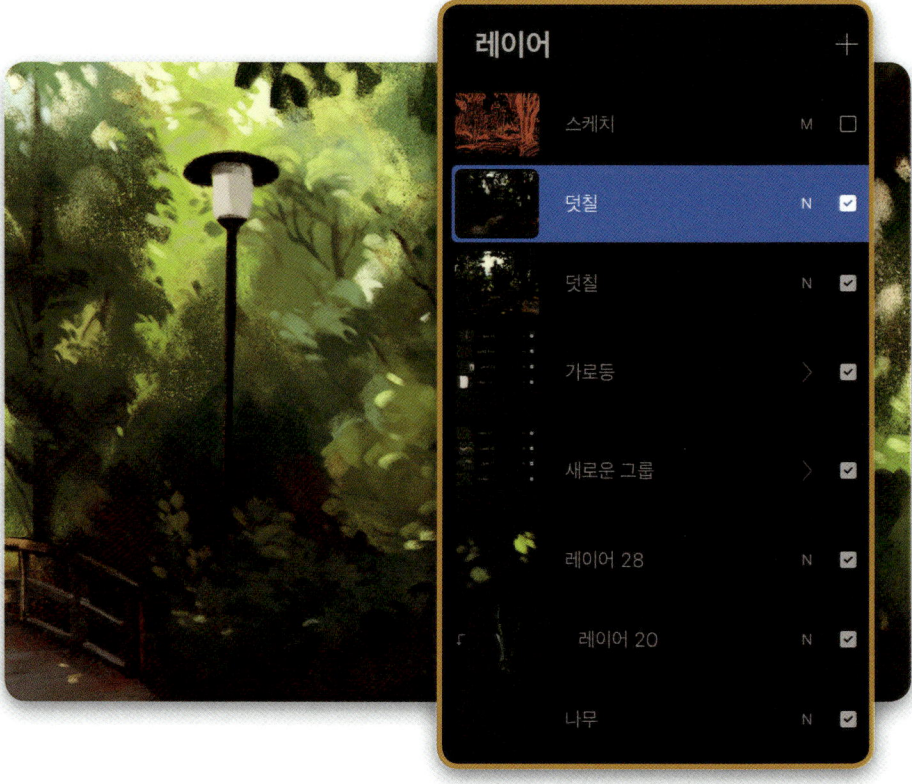

아티스트의 팁

작업을 하다가 잊지 말고 때때로 그림을 축소해 보세요. 두 손가락을 이미지 위에서 꼬집듯이 모으면 이미지가 축소된답니다. 그러면 작업 중인 이미지를 섬네일 크기로 보면서 그림을 잘 알아볼 수 있는지, 작업이 제대로 진행되었는지 확인할 수 있습니다.

20

채색 마지막 단계에서 전체 이미지의 복사본을 만들어요. 이미지 위에서 세 손가락을 쓸어내리고 [모두 복사하기]를 선택해 주세요. 그리고 같은 동작을 반복해 [붙여넣기]를 선택합니다. 지금까지 그린 것을 사진으로 찍는 것과 비슷한 기능을 해요. 이렇게 병합한 레이어는 '삽입한 이미지'라는 이름으로 나타납니다. [삽입한 이미지] 레이어를 가장 위로 옮겨 주세요.

▲ [모두 복사하기 > 붙여넣기]는 지금까지 그린 것을 사진으로 찍는 것과 같은 기능을 해요.

21

각기 다른 효과를 내기 위해 여러 레이어 혼합 모드를 사용해 봅니다. 예를 들어 [소프트 라이트]는 그림의 채도와 대비를 높여 작품에 마지막 변화를 줄 수 있습니다. [삽입한 이미지] 레이어 위에 [레이어 마스크] 레이어를 추가하면 실제 작업한 픽셀을 건드리지 않고도 일부를 지워 이 효과가 나타나지 않게 할 수 있어요.

지우는 작업은 자동으로 흑백 톤을 쓰게 되어 있는 [레이어 마스크] 레이어 안에서 합니다. 검은색을 칠하면 레이어 콘텐츠가 숨겨지고 흰색이나 회색을 쓰면 나타나요.

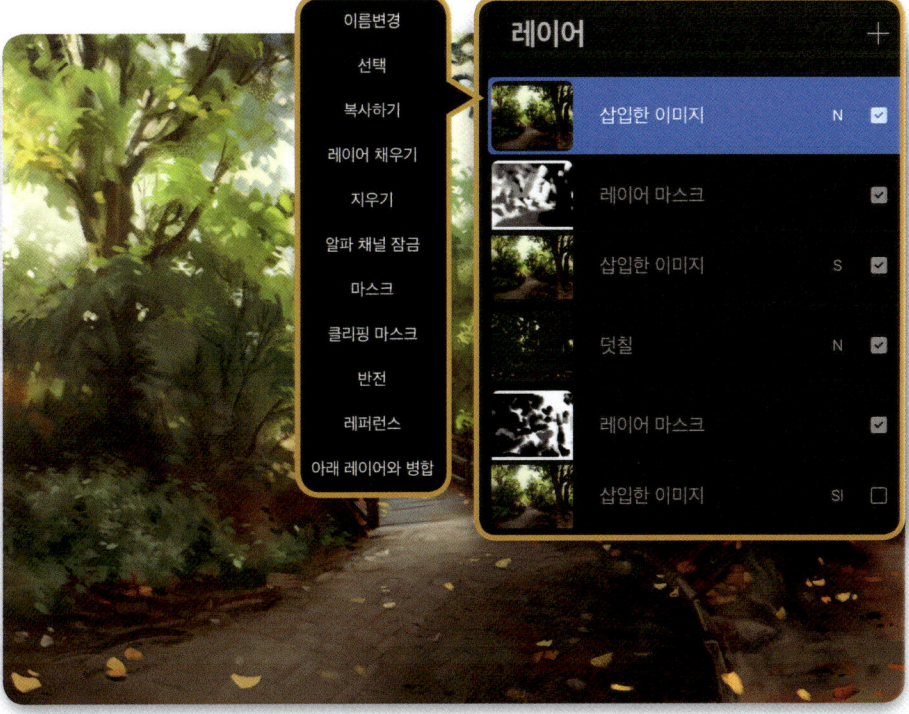

▶ 색과 대비에 변화를 줄 때 레이어 마스크를 선별해서 사용할 수 있습니다.

22

색과 깊이감을 추가하고 여러 혼합 모드를 적용해 줍니다. 그다음 최종 이미지를 평가해 보고 새로운 레이어를 만들어 마무리 터치를 해요. 레이어가 많아서 신경 쓰인다면 언제든 병합할 수 있어요. 그저 더는 바꾸지 않을 거란 자신감만 있으면 됩니다. 이 이미지에서 사용한 레이어 혼합 모드는 [곱하기], [소프트라이트], [스크린]입니다. 완성한 작품을 내보내고 공유하세요(22쪽 참고).

↓ 예랴니의 숲(Jerianie's Woods)

↓ 가을에 몸을 담그고(Bathing in Autumn)

↑ 밤송이 안에서(In a Nutshell)

18

SF 영화의 외계 생명체 캐릭터

샘 나소르(Sam Nassour)

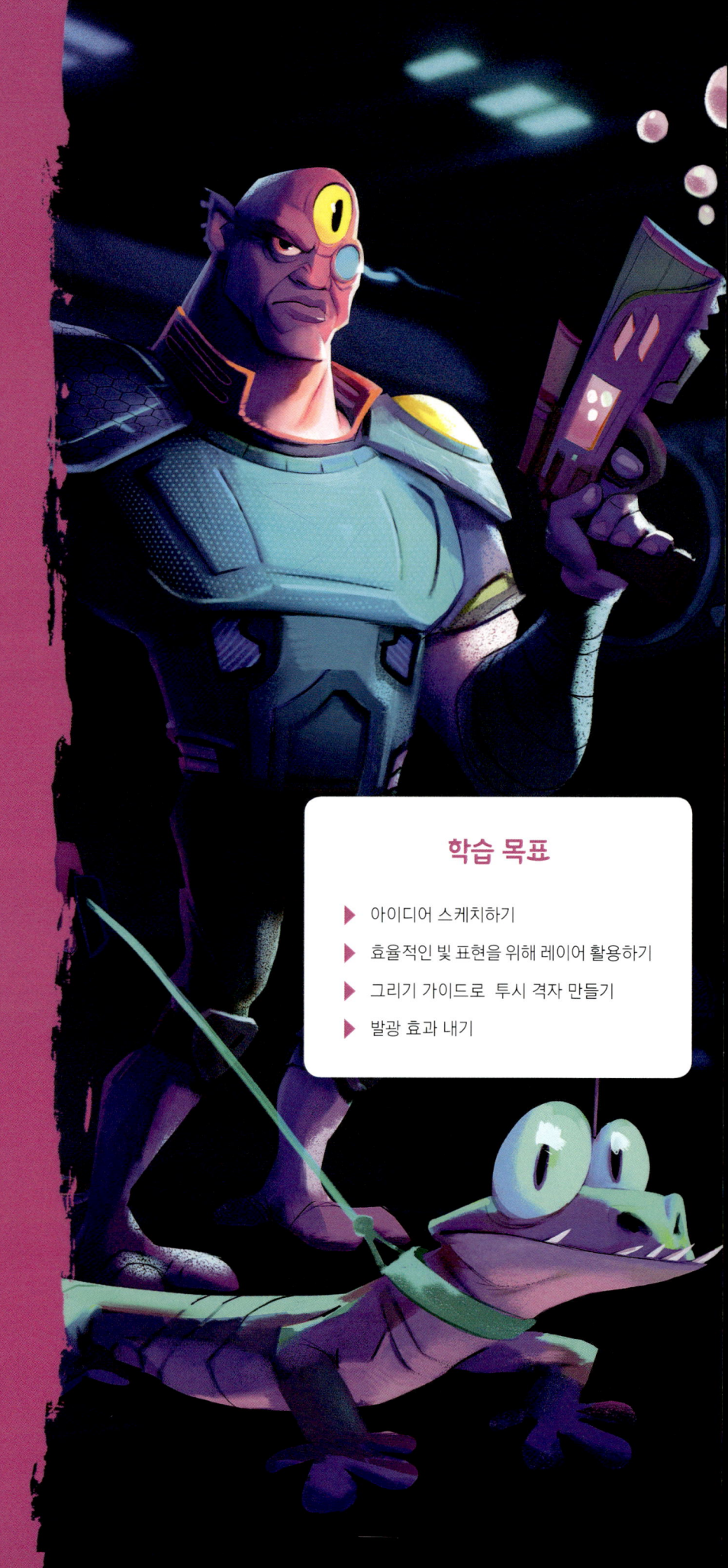

이번 프로젝트에서는 멋진 우주선을 배경으로 SF 캐릭터를 나만의 스타일로 그립니다.

아이디어 스케치와 선화를 포함해 첫 시작 단계부터 프로크리에이트를 사용하면 그림을 그리는 과정이 얼마나 쉬워지는지 알 수 있어요. [클리핑 마스크] 기능을 사용하면 작업해 둔 실루엣의 복잡한 외곽선을 벗어나지 않고 안쪽만 정확하게 채색할 수 있죠. 또, 혼합 모드로 광원 같은 효과를 줄 수도 있고, 캐릭터에 생명을 불어넣을 수도 있어요. 작업하는 동안 여러 레이어를 따로 사용했을 때와 그룹으로 합쳤을 때의 효과도 살펴볼 수 있습니다.

또한 배경 작업을 위한 2점 투시를 만드는 법, 사실적인 효과를 내기 위해 투시 격자와 선이 일치하도록 [스냅] 기능을 작동하는 [그리기 도우미] 사용법 등을 단계별로 자세히 설명합니다. 이번 마지막 프로젝트에서는 배경과 SF 캐릭터가 서로 돋보이게 해줄 빛 효과, 심도 효과, 텍스처 등을 다룹니다.

준비 파일
- 18_스케치 이미지
- 18_하프톤 브러시
- 18_ Sam Nassour's Painterly Miniset 브러시 세트

참고 영상
- 18_전 과정 타임랩스 영상

학습 목표

▶ 아이디어 스케치하기
▶ 효율적인 빛 표현을 위해 레이어 활용하기
▶ 그리기 가이드로 투시 격자 만들기
▶ 발광 효과 내기

01

[A4] 크기로 새로운 캔버스를 만듭니다. [스케치 > HB 연필]을 선택해 머릿속으로 떠올린 SF 캐릭터의 아이디어를 스케치로 옮깁니다. 이번 프로젝트에서는 터프한 외계인과 조금 우스꽝스러운 도마뱀 비슷한 캐릭터를 그릴 거예요. 이렇게 서로 대비되는 캐릭터 디자인 작업에서는 구성 요소를 조합하고 그리는 재미가 있습니다. 러프 스케치는 적어도 세 개쯤 하는 게 좋습니다. 모두 기본 레이어에 하면 됩니다. 이 단계에서는 레이어를 추가할 필요가 없어요.

▼ 섬네일 스케치를 적어도 세 개쯤 해서 어떤 아이디어가 좋을지 살펴봅니다.

02

마음에 드는 스케치를 선택해 주세요(여기에서는 스케치 ⓒ를 선택했어요). 그리고 스케치를 깨끗하게 다듬어 선화를 그립니다. 먼저 [선택 > 올가미]를 사용해 선택 영역을 나타내는 점선으로 러프 스케치 주위를 감싸 주세요. 그다음 세 손가락으로 [복사 붙여넣기]를 불러와 [잘라내기 및 붙여넣기]를 탭합니다. 이렇게 하면 마음에 든 스케치가 새로운 레이어로 만들어집니다. 새로 만들어진 레이어는 '러프 스케치'라고 이름을 바꿉니다. 이제 나머지 러프 스케치가 있는 기존 레이어는 숨기거나 삭제합니다.

[변형]을 선택하고 손가락을 벌리는 제스처로 스케치를 확대하거나 캔버스의 중앙으로 옮겨서 파일 해상도를 최대한 활용합니다. 이어서 레이어의 [불투명도] 슬라이더를 옮겨 50% 정도로 낮춰 주세요.

▶ 세 손가락을 쓸어내려 [복사 붙여넣기]를 불러와요.

03

[러프 스케치] 레이어 위에 새 레이어를 만들고 이름을 '선화'로 바꿉니다. 레이어 이름은 나중에 봐도 이해하기 쉽게 붙여 주세요. 이렇게 해야 레이어를 많이 사용하는 경우 엉뚱한 레이어에 작업할 확률이 낮아집니다.

앞의 프로젝트처럼 [HB 연필] 브러시를 사용해 캐릭터를 깔끔하게 그립니다. 디자인 요소를 천천히 생각하며 그려 주세요. 다양한 직선과 S 자 곡선, 아치 등을 포함해서 연습하면 좋습니다.

전반적으로 흥미롭고 실루엣이 한눈에 들어오는 비율을 목표로 합니다. 러프 스케치를 자유롭게 변형해도 좋아요. 여기서는 비눗방울을 만드는 총(버블 건)을 추가했습니다.

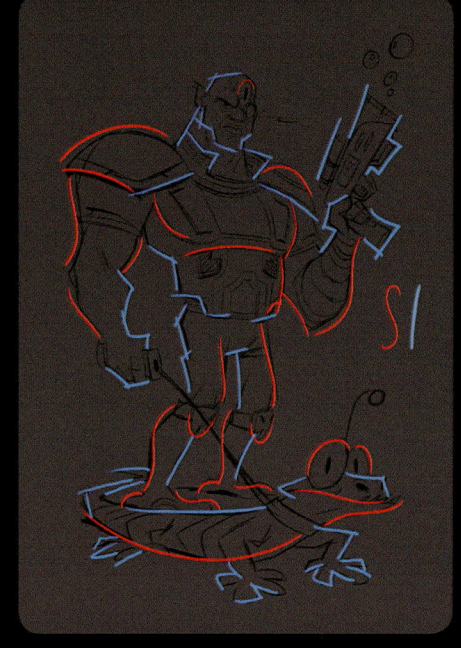 

▲ 곡선과 직선을 대비해서 디자인에 역동적인 리듬이 느껴지도록 하세요.

▲ 선화도 아주 깨끗할 필요는 없습니다. 채색을 할 수 있을 만큼만 정리하면 돼요.

04

잘 정리한 선화가 완성되었다면 이제 단색으로 채워 [바탕색] 레이어를 만들겠습니다. 나중에 빛 작업을 할 때 이 레이어가 필요해요. 빛은 캐릭터를 멋지게 보일 뿐 아니라 장면 전체 분위기를 살리는 데에도 도움을 줍니다. 레이어 혼합 모드로 간단하고 이해하기 쉬운 방식으로 만들 거예요. 새로운 레이어를 만들고 드래그해서 [선화] 레이어 아래로 옮겨 주세요. 그리고 레이어 이름을 '단색'이라고 붙입니다.

이어서 [올가미] 선택으로 캐릭터 전체 실루엣을 지정해 안쪽을 단색으로 채웁니다. 화면 오른쪽 상단에 있는 동그란 [색상] 아이콘을 드래그해서 선택 영역 안으로 끌고 오면 돼요.

▶ 단색으로 채운 레이어입니다. 고유색인 [바탕색] 레이어로 사용할 거예요.

05

[선화] 레이어의 불투명도를 낮추고 [단색] 레이어에 [알파 채널 잠금]을 설정합니다. 이렇게 하면 이미 칠해 둔 영역 바깥으로는 그림을 그릴 수 없게 돼요. [Hard Blob] 브러시처럼 둥글고 꽉 찬 브러시로 구역을 나누어 중심이 되는 색상을 칠합니다. 넓은 영역을 단색으로 칠하도록 노력해 보세요.

▶ [선화] 레이어와 [단색] 레이어를 함께 본 모습입니다.

06

단색으로 고유색을 모두 입혔으면 새로운 레이어를 만들고 '앰비언트 어클루전'(Ambient Occlusion: 3D 컴퓨터 그래픽 분야에서 환경 광원으로 그림자를 나타내는 기법)이라고 이름을 붙입니다. [클리핑 마스크]를 설정해 이 레이어에 작업할 때 아래 레이어의 경계 안으로 제한되어 나타나도록 해주세요. 그리고 레이어 혼합 모드를 [곱하기]로 바꾸어 줍니다. [곱하기] 모드는 아래 레이어의 색을 어둡게 해주므로 그림자를 넣을 때 편리해요. 다음으로 [Practical Strokes] 브러시나 [Simple Gouache] 브러시를 선택합니다. 레이어를 흰색으로 채우고 [스케치] 레이어는 보이는 상태를 유지해 주세요.

이제 검은색과 회색 톤으로 은은하게 형태를 묘사합니다. 오른쪽 위에 낮은 강도의 산란광이 있다고 생각하면서 작업합니다. 구석이나 깊이 파인 곳처럼 빛이 거의 닿지 않는 곳은 검은색에 가깝게 칠해 주세요. 이렇게 하면 캐릭터가 3D 형태로 보입니다. 때때로 레이어 혼합 모드를 [곱하기]에서 [보통]으로 바꿔 가면서 결과를 확인해 주세요. 빛이 부드럽게 변하는 곳은 [에어브러시 > 소프트 브러시]를 사용합니다.

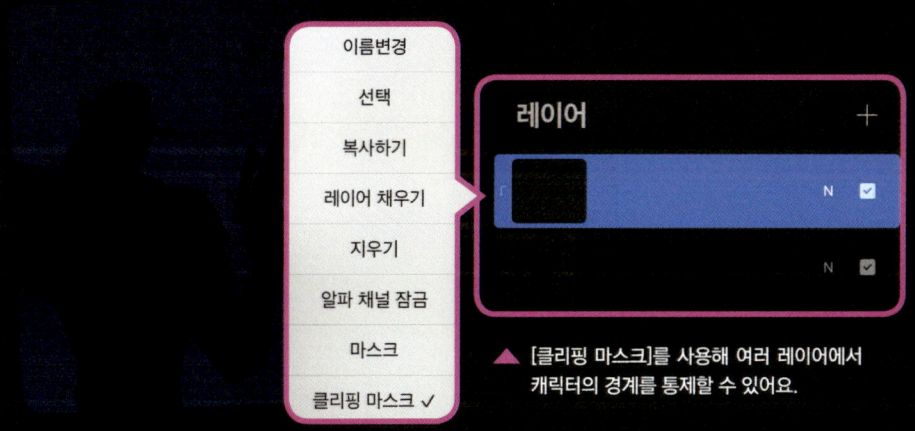

▲ [클리핑 마스크]를 사용해 여러 레이어에서 캐릭터의 경계를 통제할 수 있어요.

▶ [선화] 레이어를 숨겼을 때 [앰비언트 어클루전] 레이어의 모습입니다.

07

[앰비언트 어클루전] 레이어 위에 새로운 레이어를 만들고 '라이트 패스(Light Pass)'라는 이름을 붙입니다. 레이어 혼합 모드는 [추가]로 바꿔 주세요. 이 레이어에는 광원이 오른쪽 위에 있다는 사실을 염두에 두고 간단하게 영역을 잡아 빛을 표현해 주세요. 이때 [Sam's Roller] 브러시나 [Practical Strokes] 브러시를 사용합니다. 이 단계에서는 빛을 너무 부드럽게 표현하지 않도록 주의하세요.

▶ [라이트 패스] 레이어와 [앰비언트 어클루전] 레이어가 혼합된 결과입니다. [선화] 레이어는 숨김 상태예요.

08

모든 레이어를 보이는 상태로 설정하고 서로 영향을 받으면 어떤 모습으로 나타나는지 확인해 봅니다. 필요하면 각 레이어의 불투명도를 조절해 주세요. 핵심은 빛을 지나치게 과장하지 않는 거예요. 아직 그림을 그리는 초기 단계니까요.

◀ 기본 레이어 네 개를 합친 결과입니다.

▼ 현재 작업 단계의 레이어 구조입니다.

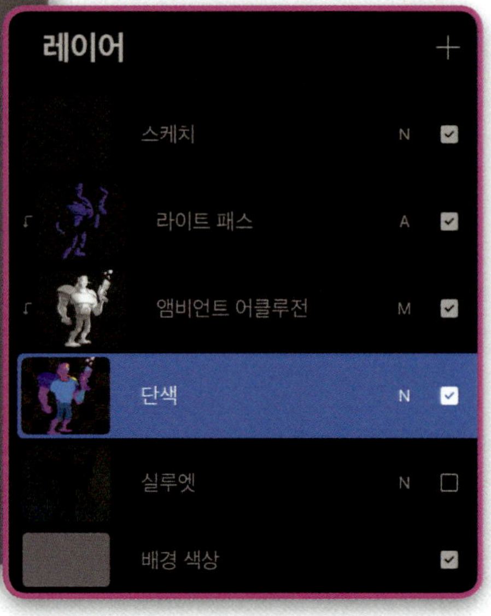

▲ 단색 + 앰비언트 어클루전 　　▲ 단색 + 앰비언트 어클루전 + 라이트 패스

▼ 스케치 + 단색으로 채운 실루엣　　▼ 단색([보통] 모드)　　▼ 앰비언트 어클루전([곱하기] 모드)

▶ 라이트 패스([추가] 모드)　　▶ 단색 + 앰비언트 어클루전 + 라이트 패스

▲ 나누어서 살펴본 각 레이어의 모습입니다.

09

이제 꼬집는 제스처로 개별 레이어를 모두 병합해 하나의 레이어로 만듭니다. 그리고 그 위에 바로 채색을 이어 나가요. 이렇게 하면 작업 과정이 레이어 관리가 아니라 그리기에 더 가까워집니다. 이 레이어는 [알파 채널 잠금]을 설정해 투명한 부분이 채색되지 않게 해주세요. 그리고 디테일을 추가하고 빛 효과를 더해 줍니다. 이 단계에서는 주로 [Flat Painterly] 브러시를 사용해요. 지금까지 진행한 과정을 도마뱀처럼 생긴 외계 생명체 작업을 할 때도 반복해서 적용합니다. 단, 레이어를 따로 만들어 사용해 주세요.

▶ 메인 캐릭터에 기본으로 적용한 빛 표현 레이어를 모두 하나로 병합하고 추가로 디테일과 빛을 넣어 줍니다.

10

[조정 > 곡선]을 이용해 색 대비를 조절합니다. [감마]를 선택한 뒤 곡선의 포인트를 살짝 움직여 대비를 높이고 색을 조금 더 선명하게 만들어요. S자 형태의 곡선으로 만들어 보세요. 진한 부분은 더 진해지고 밝은 부분은 더 밝아집니다.

▶ [곡선]을 이용해 대비를 높입니다.

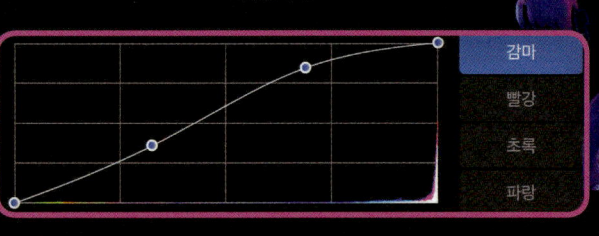

아티스트의 팁

프로크리에이트를 효과적으로 사용하고 싶다면 제스처를 확실하게 익혀야 합니다. 제스처에 익숙해질수록 작업 흐름이 빨라지니까요.

작업 속도를 높일 수 있는 또 한 가지 유용한 방법을 알려 줄게요. 바로 [수정] 버튼을 탭하는 거예요. [새로운 레이어], [레이어 지우기], [알파 채널 잠금] 등 자주 사용하는 여섯 가지 기능으로 구성된 [QuickMenu]를 불러올 수 있거든요.

이처럼 자신에게 필요한 기능을 맞춤 설정으로 할 수도 있답니다. [QuickMenu]를 불러오는 다양한 방법은 [동작 > 설정 > 제스처 제어]에서 활성화할 수 있습니다.

11

[픽셀 유동화]를 사용해 비율을 더 향상하고 전체 형태를 수정합니다. [픽셀 유동화]는 아주 강력한 기능이에요. 하지만 과하게 적용하거나 이미지를 크게 왜곡하지 않도록 조심하세요. 처음에 이 그림의 매력으로 작용했던 아이디어에서 멀어지는 결과를 얻을지도 몰라요.

더 역동적이고 유동적인 효과를 원한다면 [탄력] 슬라이더를 조절해 보세요. [탄력]은 새로 그리거나 칠하지 않고도 디자인을 더 많이 변형할 수 있어서 유용합니다. 하지만 마찬가지로 절대 지나치게 사용하지 않도록 주의하세요. 손으로 직접 수정해 조정하는 것과 도구의 자체 기능 사이에서 균형을 찾아야 합니다.

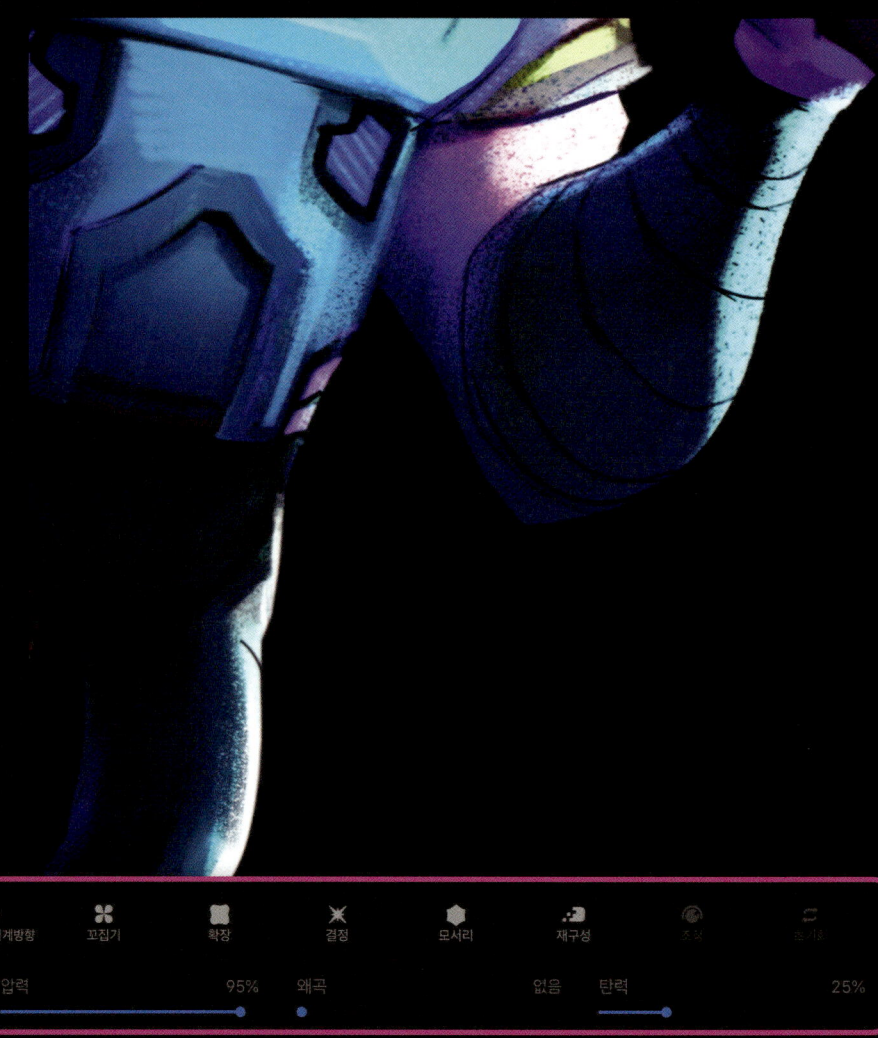

▶ [픽셀 유동화]는 형태와 비율을 조금씩 조절할 수 있어 편리합니다.

12

계속해서 외계인 캐릭터에 긁힘이나 텍스처 같은 작은 디테일을 추가합니다. [Flat Painterly] 브러시를 선택해 [불투명도]를 대략 75%로 설정해서 작업해요. 흑백 텍스처 이미지를 삽입하면 텍스처 오버레이를 사용할 수도 있습니다.

[동작 > 추가 > 사진 삽입하기]를 선택하고 아이패드의 사진 갤러리에서 원하는 이미지를 가져오세요(흑백 텍스처 이미지는 사진 갤러리에 미리 저장해 두세요). 삽입한 [흑백 텍스처 이미지] 레이어의 혼합 모드를 [오버레이]로 바꿉니다. [오버레이]는 텍스처 작업을 할 때 선택하기 좋은 모드예요.

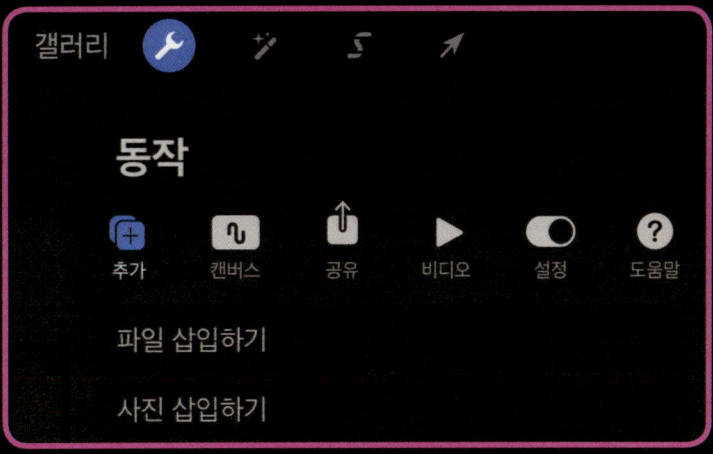

13

[변형 > 뒤틀기]로 텍스처를 변형해서 갑옷의 어깨 부분과 같은 둥근 표면에 패턴처럼 올려 주세요. 모서리의 동그란 핸들을 움직여서 텍스처를 구부리면 곡면에 맞출 수 있습니다. 모드를 [자유형태]와 [뒤틀기]로 바꿔 가면서 텍스처를 원하는 위치에 넣어요. 가슴 보호대에는 [하프톤] 브러시를 사용해 간단하고 일관적인 텍스처를 넣어 주세요.

▶ [오버레이] 기능을 이용해 [텍스처] 브러시로 패턴을 추가합니다. 여기에서는 단순한 육각형 패턴을 넣었어요.

▶ [뒤틀기]는 곡면 위에 텍스처를 입히기 좋은 [변형] 도구입니다.

14

배경은 캐릭터에서 시선이 분산되지 않도록 간단하게 그립니다. 투시를 정확하게 그리기 위해 프로크리에이트의 [그리기 가이드] 기능을 사용해요. [동작 > 캔버스]의 [그리기 가이드]를 활성화하고 [편집 그리기 가이드]를 탭합니다. 이제 아무 데나 탭해서 소실점을 만들 수 있습니다.

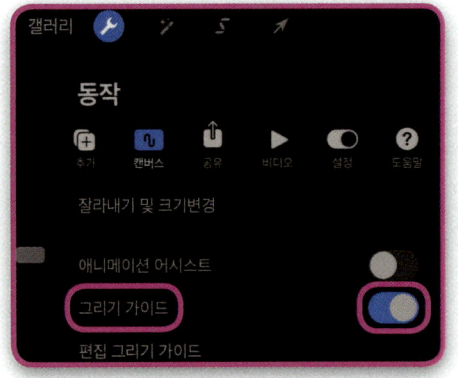

▶ [그리기 가이드]를 활성화하고 [원근]을 선택합니다.

15

2점 투시를 설정할 때는 양쪽 소실점이 멀리 있도록 하고 지평선이 기울어지지 않도록 연습하세요. 화면 아래 [두께] 슬라이더를 조절하면 안내선의 두께도 조절할 수 있습니다. 투시 격자가 마음에 들면 [완료]를 탭해 주세요. 그러면 배경을 스케치하는 동안 격자를 보면서 작업할 수 있습니다.

▶ 투시 격자 내부에서 캐릭터의 위치가 잘 잡히게 하고, 지평선을 기울지 않은 직선으로 유지합니다.

16

[스냅] 기능을 작동해서 마치 자를 대고 선을 그은 것처럼 투시 격자에 자연스럽게 일치되게 하려면 직선을 그리고 싶은 레이어에 [그리기 도우미]를 설정해 보세요. [그리기 도우미]는 설정한 레이어에만 적용된답니다.

배경 스케치를 할 새로운 레이어를 만들고 [그리기 도우미]를 설정해요. [그리기 도우미]는 배경을 그리는 동안 켜고 끌 수 있어요. 직선을 그은 뒤 자유롭게 스케치하고 싶을 때 편리하죠.

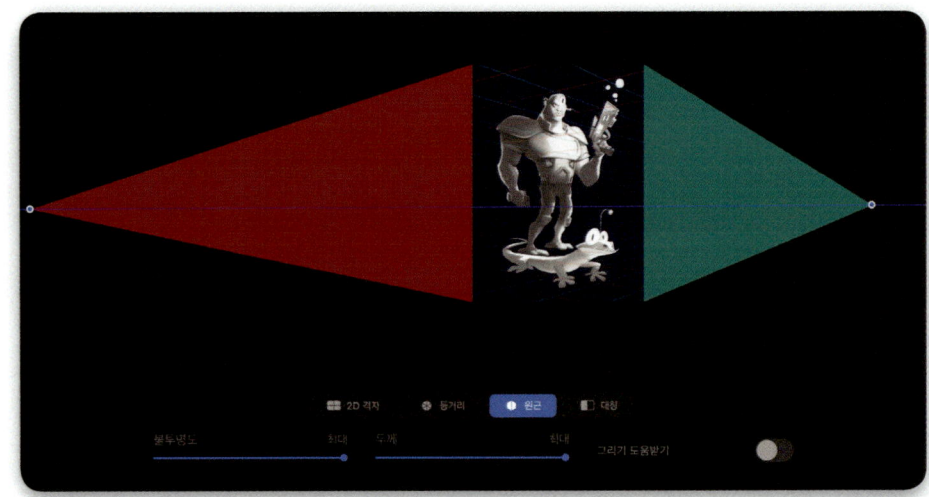

▶ [그리기 도우미]를 설정해 선을 그을 때에는 [그리기 가이드]로 만든 투시 격자에 자동으로 일치되도록 합니다.

17

계속해서 배경 스케치를 다듬어요. 그리고 스케치 밑에 새로운 레이어를 만들고 회색으로 채웁니다. [선택]으로 핵심 요소가 있는 부분을 선택하면서 작업해 윤곽이 뚜렷한 테두리를 유지합니다. 레이어 혼합 모드를 [곱하기]로 설정해 주세요.

▶ [선택]을 이용해 배경의 핵심 요소를 선택해요.

18

전체 배경 스케치가 마음에 들면 새로운 레이어를 만들어요. 앞서 스케치에서 구역을 나누어 회색을 채운 레이어 아래로 새로 만든 레이어를 드래그합니다. 배경에는 최소한의 디테일만 있어서 하나의 레이어에 모두 작업할 수 있어요.
작업 속도를 높이기 위해 새로 만든 빈 레이어를 단색으로 채웁니다. 여기에서는 짙은 파란색을 사용합니다.

19

바탕색으로 쓴 짙은 파란색과 비슷한 색을 선택해 [Flat Painterly] 브러시로 일부 디테일 작업을 합니다.
[선택]을 이용해 테두리를 깔끔하게 선택하고 안쪽만 칠해 주세요. 선택할 때는 [올가미]와 [다각형] 모드를 바꿔 가며 씁니다. 즉, 드래그해서 [올가미]를 쓰다가 탭해서 [다각형]을 쓰는 식으로 두 모드를 조합해서 사용하는 거예요.
이렇듯 선택 경계 안쪽에 직접 칠하는 것은 테두리를 깔끔하고 정확하게 표현할 수 있는 좋은 방법입니다.

▲ 배경 색상은 단색이 주가 되도록 합니다. 짙은 파란색을 쓰면 시선이 분산되지 않아 캐릭터가 돋보여요.

▲ 선택 영역 안쪽을 칠하는 기법은 윤곽을 명확하게 표현하는 좋은 방법이에요.

아티스트의 팁

프로크리에이트는 직관적이어서 누구나 빨리 배울 수 있습니다. 그래서 작품을 만드는 데 곧바로 뛰어들 수 있을 정도예요. 단지 연습이 조금 필요할 뿐입니다. 레이어를 잘 관리해야 한다는 점을 잊지 마세요.

20

이제 캐릭터를 다시 보이게 해주는 편이 좋습니다. 캐릭터에 가려질 부분인데 지나치게 시간을 들여 디테일 작업을 하지 않도록 방지할 수 있어요.

▶ 지금 단계에서 작업하는 배경 모습입니다.

21

배경의 조명에 발광 효과를 주기 위해 먼저 새로운 레이어를 만들고 조명 모양을 단색으로 칠합니다. [선택]에서 [다각형]을 활용해 깔끔한 직사각형을 만들고 안쪽을 단색으로 채우면 돼요. 다음으로 레이어를 복제한 뒤 레이어 혼합 모드를 [추가]로 바꿔 주세요.

▶ [선택]에서 [올가미]를 사용하면 드래그하는 대신 모서리를 탭해서 다각형을 선택할 수 있어요.

22

[조정 > 가우시안 흐림 효과]를 선택하고 손가락을 왼쪽에서 오른쪽으로 밀어 흐림 강도를 조절합니다. 마음에 드는 효과가 나오면 [조정 > 노이즈 효과]를 선택해 빛에 노이즈를 조금 추가해 주세요.

▼ 혼합 모드를 [추가]로 설정한 레이어에 [가우시안 흐림 효과]를 적용해 빛나는 효과를 냅니다.

23

[변형 > 왜곡]을 이용해 바닥에 텍스처를 입힙니다. 그림 속의 평면 텍스처를 변형한 뒤 투시에 맞게끔 적용할 때는 [왜곡] 모드를 쓰면 편리해요. 시선이 캐릭터에 집중되어야 하므로 디테일을 많이 추가해서 산만해지는 일이 없도록 하는 것이 중요합니다. 여기에서는 통일된 SF 스타일 텍스처를 살짝 보여 주는 정도면 충분해요.

▶ [조정 > 왜곡]은 투시에 맞게 텍스처를 입힐 때 편리한 옵션입니다.

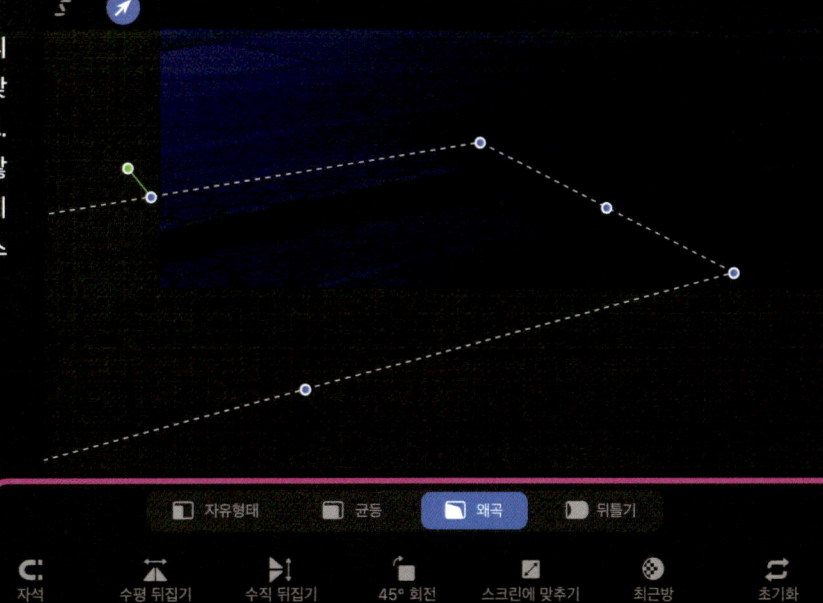

24

카메라 심도 효과를 내기 위해 [배경] 레이어를 복제하고 [조정 > 가우시안 흐림 효과]로 아웃포커싱 효과를 만들어 주세요. 그러면 배경에 깊이감이 생깁니다. [조정 > 노이즈 효과]를 이용해서 사진과 같은 그레인 효과를 만들 수도 있어요.

다음으로 [소프트 에어브러시]를 사용해 흐림 효과를 준 레이어에서 바닥 부분을 지웁니다. 전경을 제외한 먼 배경에만 흐림 효과를 약간 주고 싶을 때 좋습니다.

다시 [캐릭터] 레이어의 숨김을 해제해 배경 안에 캐릭터가 나타나게 합니다. 그러면 이제 완성이에요. 그림을 내보내고 세상과 공유하세요(22쪽 참고).

▲ 카메라 심도 효과를 줘서 완성한 배경 이미지입니다.

▲ 가우시안 흐림 효과와 노이즈 효과로 깊이감을 냈어요.

프로젝트를 마치며

이 프로젝트를 끝까지 따라 했다면 프로크리에이트로 SF 캐릭터와 배경을 그리는 데 필요한 기초 도구와 기법을 어떻게 사용하는지 익혔을 거예요. 이제 스스로 더 많은 가능성을 열어 보세요. 그리고 이러한 다양한 기법을 여러분이 좋아하는 스타일이나 장르에 적용해 보세요. 작업을 하다 보면 항상 새롭게 배우고 시도해 볼 기회가 생깁니다. 그러니 새로움을 발견하는 과정을 받아들이세요. 창의력과 실험 정신을 발휘하면 더 좋은 작품을 완성할 수 있으니까요. 과정을 마음껏 즐기세요.

↳ 바이킹(Viking)

↑ 수염이 멋진 선장(Captain Whiskers)

용어 해설

가져오기 Import 18, 20
프로크리에이트에 파일을 불러오는 것. 평면 이미지, 브러시는 물론이고 포토샵 고유의 PSD 형식 등 다른 소프트웨어의 파일도 가져올 수 있다.

갤러리 Galley 18~20, 22, 24~27
모든 파일을 보여 주는 프로크리에이트 홈 화면. 새로운 캔버스를 만들 수 있고 기존 파일을 미리보기로 확인하거나 삭제, 관리할 수 있다.

기울기 감도 Tilt sensitivity 34
화면에 닿은 애플 펜슬의 기울기를 해석해 디지털로 구현하는 소프트웨어의 성능을 말한다.

내보내기 Export 22, 77
프로크리에이트에서 완성한 작품 파일을 저장하는 것. 기기에 저장하도록 내보내거나 다른 앱으로 내보낼 수도 있다.

독 Dock 81, 101
최근 사용한 앱에 빠르게 접근할 수 있는 아이패드 메뉴. 아이패드 화면 아랫부분을 밀어 올려서 불러올 수 있다.

레이어 Layer 7, 19, 22, 30~31, 48~55
디지털 드로잉 & 페인팅 소프트웨어에서 투명한 종이를 쌓는 것과 같은 개념으로, 이미지 또는 텍스트를 분리하거나 겹쳐서 작업할 수 있다. 레이어는 생성, 재정렬, 삭제할 수 있으며 각 레이어에 따로 채색하거나 조작할 수 있다. 디지털 페인팅에서 가장 중요한 기능으로 손꼽힌다.

명도 Value 44~46, 53, 70, 115
색의 밝고 어두운 정도를 말한다.

배경 색상 레이어 Background color layer 48, 88, 105, 184
프로크리에이트에서 새로운 파일을 만들 때마다 자동으로 생성되며 삭제할 수 없다.

백업 Back-up 22, 26, 94, 174
디지털 작품의 복제본을 만들어서 파일 유실을 대비하는 방법을 말한다.

불투명도 Opacity 19, 34~35, 41, 50
대상이 얼마나 불투명한지 또는 투명한지를 나타내는 정도. 디지털 드로잉 & 페인팅에서는 레이어나 브러시로 그은 획의 투명도를 말한다.

브러시 라이브러리 Brush library 32, 36~37, 41
프로크리에이트에 포함된 브러시를 모아 둔 곳. 사용자 브러시를 직접 만들거나 다른 작가가 만든 브러시를 내려받아 브러시 종류를 늘릴 수 있다.

브러시 세트 Brush set 32~33, 36, 37, 146, 196
그림을 그릴 때 사용하는 브러시를 모아 놓은 그룹 또는 카테고리를 말한다.

선화 Line art 82, 99, 104, 131, 151, 165, 182
채색하지 않고 선으로만 그린 스케치 이미지로 라인 아트라고도 한다. 선화 자체가 완성 작품이 될 수도 있지만 몇몇 컴퓨터 그래픽 작가는 러프 스케치를 깔끔한 선화로 다듬어서 채색의 바탕으로 사용하기도 한다.

설정 Prefs 20, 76~77
동작의 하위 메뉴. 프로크리에이트의 기본 기능을 다양하게 설정할 수 있다.

섬네일 Thumbnails 48, 51
작게 그린 작품의 초안 또는 소프트웨어 내의 이미지 미리보기를 말한다.

스타일러스 펜 Stylus 6, 78
아이패드와 같이 터치에 반응하는 기기를 다룰 때 사용하는 펜 모양의 도구를 가리킨다. 서드파티 스타일러스 펜의 줄임말이다.

스택 Stacks 20, 24~26
프로크리에이트 갤러리에서 파일을 그룹으로 모아 관리하는 것을 말한다.

압력 감지 Pressure sensitivity 6, 34, 38, 40~41
획을 그을 때 화면에 닿은 애플 펜슬의 압력을 해석해서 디지털로 다시 구현하는 소프트웨어의 성능을 말한다.

애플 펜슬 Apple Pencil 6, 34~35, 38, 40~43, 72, 76, 78
애플에서 아이패드 전용으로 개발한 첨단 스타일러스 펜. 기울기 인식, 압력 감지, 사이드 버튼 등의 기능을 포함하고 있어서 프로크리에이트 사용자에게 추천하는 도구이다.

앰비언트 어클루전 Ambient Occlusion 199~201
흐린 날 빛에 의해 생기는 그림자처럼 주변 환경의 간접 광원으로부터 영향을 받아 생기는 그림자를 표현하는 기법. 주로 환경 광원이 닿을 수 없는 주름 등에 그림자가 생긴다.

이미지 형식 Image format 23
이미지 데이터를 기기가 해석할 수 있는 형식. 주요 형식으로 JPEG, PNG, GIF 등이 있다. 투명도가 필요하지 않을 때는 JPEG를, 투명도가 필요할 때는 PNG를 사용한다. 움직이는 이미지일 경우에는 GIF를, 레이어 구성 파일이 필요한 경우에는 PSD와 PROCREATE 형식을 쓴다.

작업 흐름 Workflow 14, 49~50, 77, 98
프로젝트를 시작부터 끝까지 발전시켜 나가는 과정을 말하며, 작가마다 접근 방식이 다르다. 몇몇 작가는 러프 스케치, 컬러 러프 등의 작업을 거쳐 스케치를 깔끔하게 정리하고 최종 채색에 들어가는 작업 흐름을 선택한다. 숙련된 프로 작가는 시간이 지나면서 점차 자기만의 작업 흐름을 개발해서 사용한다.

제스처 Gesture 15, 28~29, 31, 45, 50, 72
터치스크린 위의 손가락 움직임을 아이패드가 인식하여 명령을 실행하는 것으로, 프로크리에이트에서 다양하게 활용한다.

창 Popover 19, 44, 48~50, 52
추가 콘텐츠를 비롯해 설정, 옵션 등이 포함된 빠른 메뉴 또는 목록을 탭하면 열리는 화면을 말한다.

캔버스 Canvas 18~21, 26, 28, 30, 32, 38~41, 45, 47~48, 56, 58, 63, 72, 74~75
유화를 그릴 때 쓰는 천으로, 디지털 아트에서는 그림을 그리는 표면을 말한다.

타임랩스 영상 Time-laps video 77, 98
프로크리에이트에서만 제공하는 기능으로, 그림을 그리는 과정을 비디오 영상으로 기록해서 빠르게 다시 재생해 주는 기능이다.

투시(원근) Perspective 61, 64~65, 75~76
화면이나 지면과 같은 평면에서 3차원 심도를 나타내는 것을 뜻한다.

파일 File 14~15, 18, 20, 22, 24~27, 30, 48~49, 72, 74
디지털 아트에서는 캔버스와 동의어로 사용한다. 갤러리에 있는 작품을 하나의 파일로 취급한다.

RGB Red, Green, Blue 44, 46
빨간색, 녹색, 파란색의 양으로 색을 조절하는 색상 모드다.

도구 설명

곡선 Curves　70, 202
히스토그램을 이용해 주로 이미지의 밝기와 어둡기, 색을 조절한다.

그리기 가이드 Drawing guide　75, 147, 150
프로크리에이트 캔버스에 그림을 그릴 때 길잡이 역할을 하는 격자 생성 도구이다.

그리기 도움받기 Drawing assist　75, 77
마지막으로 사용한 그리기 가이드에 [스냅] 기능을 이용해 선을 맞춰 주는 도구. 각 레이어마다 이 기능을 켜고 끌 수 있다.

노이즈 효과 Noise　67, 110, 125
사진이나 영상에서 볼 수 있는 것과 유사한 노이즈를 레이어에 만들어 주는 도구. 텍스처를 만들고 싶을 때 유용하다.

레이어 혼합 모드 Layer blend modes　52~53, 98, 114, 119, 125
두 개 이상의 레이어에서 발생하는 상호 작용을 결정하는 설정. 기본 모드는 '보통'으로 종이 두 장을 겹친 것처럼 작용한다. 다른 모드를 사용하면 이미지를 밝거나 어둡게 만드는 등 여러 효과를 낼 수 있으며 색상과 색상이 만나서 발생하는 다른 상호 작용도 설정할 수 있다.

마스크 Mask　48, 54, 67, 134~136
레이어의 콘텐츠를 지우지 않고 숨긴 상태에서 새로운 레이어를 이용해 변화를 줄 수 있는 강력한 도구이다.

문지르기 Smudge　19, 28, 30, 32, 34, 40~41, 77
색을 칠하거나 지우는 대신 문질러서 번지거나 흐려지게 하는 효과를 낸다.

변형 Transform　19, 56, 60~63
작품을 구성하는 요소의 위치, 비율, 배율을 수정할 수 있는 도구. 각 요소를 이동·왜곡하거나 뒤틀기 효과를 줄 수 있다.

브러시 Paintbrush　32~41
디지털 드로잉 & 페인팅의 핵심 도구. 프로크리에이트의 [브러시 라이브러리]에는 다양한 브러시가 포함되어 있어서 재료의 질감과 효과를 다양하게 구현할 수 있다.

사용자 지정 브러시(맞춤 브러시) Custom brush　15, 37~38, 114
프로크리에이트 사용자가 처음부터 새로 만들거나 기존에 있던 내장 브러시를 변형해서 만든 브러시를 가리킨다.

색상 균형 Color balance　64, 69, 94, 149, 175
빨간색, 녹색, 파란색의 양으로 이미지의 색을 조절한다.

색상 아이콘 Color swatch　19, 44, 47, 86, 89, 198
사용자 인터페이스 오른쪽 상단에 있는 동그라미 아이콘으로, 현재 선택한 색상을 보여 준다.

색상 창 Color popover　44~47, 105, 157, 184
사용자 인터페이스 오른쪽 상단의 색상 아이콘을 탭하면 나타나는 창. 디스크, 클래식, 값, 팔레트, 하모니 등 다양한 모드로 색을 선택하거나 조합할 수 있다.

색조, 채도, 밝기 Hue, Satruation, Brightness(HSB)　64, 69, 102
색조, 채도, 밝기를 이용해 색을 조절할 수 있는 색상 모드. 프로크리에이트 등 디지털 드로잉 & 페인팅 소프트웨어에서 이미지의 색을 바꾸는 조정 메뉴로도 사용한다.

선택 Selection　19, 26~27, 56~59
거의 모든 디지털 드로잉 & 페인팅 소프트웨어에 들어 있는 기능으로, 특정 영역을 따로 분리해서 편집하거나 조작할 수 있다. 이렇게 콘텐츠가 분리된 영역을 '선택'이 활성화된 영역으로 본다.

실행 취소 Undo / **다시 실행** Redo　15, 19, 28~29, 49~50, 76
실행 취소는 채색 과정의 한 단계 이전으로, 다시 실행은 본래 작업하던 단계로 돌아갈 수 있다.

알파 채널 잠금 Alpha lock　50~51, 54~55, 89
레이어의 투명한 픽셀을 잠금 처리해 눈에 보이는 부분만 채색할 수 있도록 설정할 수 있다.

압력 곡선 Pressure curve　76
프로크리에이트의 [설정] 메뉴로, 소프트웨어가 애플펜슬의 획 강도를 어떻게 해석할지 정할 수 있다.

자석 Magnetics　63, 100
프로크리에이트의 [변형] 메뉴에서 대상을 수평, 수직, 대각선의 축을 따라 고정된 비율로 움직일 수 있도록 설정할 수 있다.

잘라내기 Crop　30, 72, 74
캔버스 크기를 자르고 조절할 수 있다.

잠금 Lock　50
개별 레이어를 수정하지 못하도록 잠그는 기능. 레이어를 잠금 처리하면 잠금 해제를 하기 전까진 해당 레이어에서 다른 조작을 할 수 없다.

재채색 Recolor　64, 71
선택 영역의 색을 미리 지정한 색으로 바꿀 수 있는 [조정] 메뉴를 가리킨다.

지우기 Eraser　19, 31~32, 34, 54, 59
캔버스에서 픽셀을 삭제하는 기능을 한다.

컬러 드롭(색 채우기) Colordrop　47, 54~55
[색상] 아이콘을 이미지로 드래그해 가져와서 닫힌 영역을 단색으로 채울 수 있는 프로크리에이트만의 독자적인 도구이다.

퀵메뉴 QuickMenu　77, 202
제스처 제어를 설정하면 불러올 수 있는 메뉴로, 여섯 가지 옵션을 포함하고 있다. 포함되는 옵션은 사용자 맞춤 설정을 할 수 있다.

퀵셰이프 QuickShape　32, 42~43, 55, 82, 85
자유롭게 그은 선이 자동으로 매끄럽게 바뀌어 완벽한 직선이나 기본 도형을 쉽게 그릴 수 있다.

클리핑 마스크 Clipping mask　48, 54~55, 89
여러 레이어 사이에서 상호 작용으로 한 레이어를 부모 레이어로, 나머지를 자식 레이어로 설정한다. 자식 레이어에서는 부모 레이어에 존재하는 픽셀 바깥으로 채색할 수 없다.

픽셀 유동화 Liquify　64, 68, 84
캔버스의 픽셀을 조작하고 왜곡할 수 있는 기능을 한다.

흐림 효과 Blur　64, 65
레이어의 픽셀에 분산 효과를 주는 조정 옵션. 반대 효과로 선명 효과가 있다.

찾아보기

[한글]

ㄱ, ㄴ, ㄷ

가우시안 흐림 효과 64, 67, 108~109
가져오기 18, 20
갤러리 18~19, 20, 22, 24~27
곡선 70, 202
곱하기(혼합 모드) 52, 86, 100, 103~104, 106
공유 22, 26, 33, 36, 47, 75~77
그러데이션 37, 50, 59, 64, 88
그리기 가이드 75, 147, 150
그리기 도우미 75, 147, 151, 165, 204
그리기 도움받기 75, 77
그림자 52, 90, 92, 103, 108~109
내보내기 22, 77
노이즈 효과 67, 110, 125
다시 실행 19, 28~29
대비 53, 56, 66
동작 19, 72~77
뒤집기 60, 63, 74, 84, 93, 120, 133, 150
뒤틀기 60, 62, 203
디스크 44, 46

ㄹ, ㅁ, ㅂ

라이브러리 32, 36~37, 41, 82, 87, 123, 152, 181
레이어 7, 19, 22, 30~31, 48~55
레이어 마스크 48, 54, 135, 149, 158, 191
레이어 혼합 모드 48, 52~53, 90, 119
마스크 48, 54, 67, 134~136
메뉴 6, 18~20, 28, 37, 52, 54
명도 44~46, 53, 70, 115
문지르기(Smudge) 19, 28, 30, 32, 34, 40~41, 77
반전 54, 56, 59, 123, 149, 166
반투명 133, 139, 186~187
밝게(혼합 모드) 90, 122
밝기 40, 64, 69, 102, 169
배경 색상 48, 88, 105, 183
변동성 41, 123,
변형 19, 56, 60~63
병합 30, 48~49, 54, 56, 71, 82, 93~94
보간법 63
복사하기 28, 30, 54, 56, 59, 72, 83, 100, 151
복제 20, 22, 26, 30, 33, 36, 48, 50, 59, 67, 82
분필 101, 103, 107
불투명도 19, 34~35, 41, 50
붙여넣기 28, 30, 56, 59, 83, 110
브러시 15, 16, 19, 32~43

브러시 라이브러리 32, 36~37, 41
브러시 세트 32~33, 36, 37, 146, 196
브러시 스튜디오 37~38, 152, 181
비율 39, 60~61, 63, 74, 100

ㅅ, ㅇ

사용자 인터페이스(UI) 18~19
사용자 지정 브러시 15, 37~38, 114
사이드바 19, 34~35, 45, 76, 99
삭제 22, 26, 47~48, 50, 59, 75, 87, 197
색상 19, 32, 39~40, 44~47
색상 균형 64, 69, 94, 116, 149, 175
색상 닷지 52, 119, 125
색조, 채도, 밝기(HSB) 64, 69, 102, 116, 119, 125, 134~135, 149
서체 73
선명 효과 64, 66~67, 125, 175
선택 19, 26~27, 56~59
설정 19~20, 76
순색 44~45
스냅 43, 58, 75, 168, 204
스와이프 15, 22
스케치 15, 25, 32, 50
스케치 이미지 15, 80, 98, 130, 146, 164, 196
스크린(혼합 모드) 52, 109, 149, 174, 192
스타일러스 펜 6, 78
스포이드툴 45, 77, 88, 104~106, 116~117
스프레이 92~93, 106
실루엣 51, 105, 117, 134~135, 149, 156, 198
실행 취소 15, 19, 28~29, 49~50, 76, 110
아크릴 40, 88, 106
알파 채널 잠금 50~51, 54~55, 89, 91~92
압력 6, 34, 38, 40~41, 68, 76
애플 펜슬 6, 34, 76, 78
앰비언트 어클루전 199~201
어둡게(혼합 모드) 52~53
에어브러시 32, 37
오버레이(혼합 모드) 53, 93, 109, 119, 120~121
올가미 선택 56~57, 59, 82, 100, 151, 182, 198, 205
왜곡 60~61, 68, 151, 202, 207
이동 28, 35, 49
인터페이스 18~19, 31, 34~35, 44, 48, 56, 76
잉크 번짐 99, 104, 108

ㅈ, ㅊ, ㅋ, ㅌ, ㅍ, ㅎ

자석 60, 63, 100
자유 형태 60~61, 63

작업 환경 81
작업 흐름 14, 49~50, 77, 98
잘라내기 30, 72, 74
잠금 50
제스처 15, 28~29, 31, 45, 50, 72
조정 19, 64, 66, 68~69, 119
지우기 19, 31~32, 34, 54, 59
지터 38, 40~41, 123
직선 42~43
채도 40, 44~16, 52~53, 64, 69, 102, 116
캐릭터 71, 98, 100, 130, 146, 196
캔버스 18~28, 30, 32, 38~41
컬러 드롭 47, 54~55
퀵메뉴 77, 202
퀵셰이프 32, 42~43, 55, 82, 85
퀵 핀치 28
클리핑 마스크 48, 54~55, 89
텍스처 32, 37, 51, 61, 99, 104, 203, 207
투명 149, 153~154, 187
투명도 22, 187
투시(원근) 61, 64~65, 75~76
툴바 19, 32, 47, 60, 72
파일 형식 22
팔레트 44, 47, 71, 89, 104, 116, 127, 149
페더 56, 59,
편집 22, 37, 42~43, 49, 54, 70, 72~76, 88
프로젝트 80, 100, 114, 130, 146, 164, 180, 196
픽셀 유동화 64, 68, 84
해상도 21~22, 74, 99, 197,
혼합 모드 39, 48, 52~53, 86, 90, 93, 98
확대 25, 28, 39, 44, 63, 74
회전 18, 26, 28, 38, 60, 63, 74~75
흐림 효과 64, 65
흩뿌리기 80, 88
히스토그램 70, 71

[영어]

Clipping mask 48, 54~55, 89, 106~107, 115
Custom brush 15, 37~38, 114
HSB 64, 69, 102, 116, 119, 125, 134~135, 149
QuickMenu 77, 202
QuickShape 32, 42~43, 55, 82, 85
RGB 44, 46
UI 18~19
wip 25, 30

프로에게 배우는 사진 노하우 & 카메라 제대로 쓰는 법

DCM 일본 프로 사진가들의 테크닉 모음집 시리즈 [전 6권]

미즈노 카츠히코 외 지음
세트 가격 129,600원

프로 사진가들의 아름다운 사진 촬영법

나도 한번쯤 아름다운 사진을 찍어 보고 싶다!

하기하라 시로 외 지음 | 27,000원

프로 사진가 92명의 사진 구도와 풍경 사진

전문가의 비법이 담긴 '구도 가이드' 부록 수록!

하기하라 시로 외 지음 | 27,000원

프로 사진가들이 사용하는 노출과 조리개값

지루한 개념은 이제 그만.
38가지 프로 테크닉으로 빛을 정복하자

요코기 아라오 외 지음 | 27,000원

프로 사진가들이 알려주는 사진 촬영 특강

사진 초보자를 위한 카메라 걸음마 교실!

후쿠다 켄타로 외 지음 | 27,000원

프로 사진가들의 사진 보정과 렌즈 활용법

프로는 연장을 탓하지 않고, 과하게 보정하지 않는다!

이시다 아키히사 외 지음 | 27,000원

전문 사진가 68명의 실전 촬영법

일본 최고 사진 전문가들의 진솔한 이야기

미즈노 카츠히코 외 지음 | 27,000원

4차 산업 혁명 시대 꼭 읽어야 할 데이터 과학

빅데이터의 다음 단계는 예측 분석이다

이제 예측 분석의 키워드를 이해하는 기업만 살아남는다!

에릭 시겔 지음 | 18,000원

데이터는 어떻게 자산이 되는가?

데이터 수집·생성부터 유통·생태계까지!
데이터 산업의 모든 것!

김옥기 지음 | 18,000원

기계는 어떻게 생각하는가?

4차 산업 혁명을 이끌 창의적인 개발자·CTO를 위한 인공 지능 교양서!

숀 게리시 지음 | 18,000원

전 세계에서 활약하는 프로 작가들의 작품을 그대로 따라 그린다!

1권
아이패드 드로잉 & 페인팅
with 프로크리에이트

3dtotal Publishing 지음 | 김혜연 옮김
가격 20,000원

2권
아이패드로 캐릭터 디자인
with 프로크리에이트

3dtotal Publishing 지음 | 김혜연 옮김
가격 20,000원